Dados Internacionais de Catalogação na Publicação (CIP)
(Câmara Brasileira do Livro, SP, Brasil)

Salvi, Luís A.W.
O livro dos portais : o testamento da terra / Luís A.W. Salvi (Quetzalcóatl). -- São Paulo : IBRASA, 1999. -- (Coleção Agartha ; 3)

1. Ciclos 2. Cosmologia 3. Eterno retorno 4. Evolução 5. Movimento da Nova Era I. Título II. Série

99-1673 CDD-299.93

Índices para catálogo sistemático:

1. Portais cósmicos : Religiões universalitas 299.93

O LIVRO DOS PORTAIS

O Testemunho da Terra

LUÍS A. W. SALVI

(Quetzalcóatl)

2ª Edição

IBRASA – INSTITUIÇÃO BRASILEIRA DE DIFUSÃO CULTURAL LTDA. – SP

SOCIEDADE UNIVERSALISTA NOVA ALBION

Direitos desta
edição reservados à

IBRASA
INSTITUIÇÃO BRASILEIRA DE DIFUSÃO CULTURAL LTDA.

Rua 13 de Maio, 446
Tel.: 3284-8382
01327-000 – São Paulo – Brasil

SOCIEDADE UNIVERSALISTA NOVA ALBION

Capa
Ilustração do Autor

Montagem de
MAURÍCIUS M. MARTINO

Ilustrações de texto do Autor

Editoração eletrônica
TERA DOREA

IMPRESSO NO BRASIL – PRINTED IN BRAZIL

SUMÁRIO

INTRODUÇÃO

A questão dos "Portais" tem mobilizado a muitos nos últimos anos.

Trata-se de um assunto que não é novo – os antigos sempre tiveram seus grandes Ritos de Passagem e inclusive suas Portas sagradas para empregar nestes ritos –, mas que merece ser hoje aprofundado em sua essência e natureza, em função das grandes transições de ciclos que vivemos, e uma vez que, sempre que bem abordados, tais Portais inevitavelmente conduzem a grandes revelações.

Todo portal cósmico é um umbral de renovação, vida (*anck*) e revelação. A presente obra é, em si mesma, uma Revelação desta natureza, surgida nas etapas finais deste importante ciclo de Portais destinado a gerar a Nova Era, mobilizando a sociedade do final de Milênio e conferindo-lhe novas e superiores energias. Trata-se, assim, de um compêndio sobre as datas iniciáticas da Nova Era, naquilo que diz respeito à sua introdução.

É também uma visão do processo dos Portais desde o ângulo da Hierarquia, no momento em que se abre o Portal da

Revelação do Trono divino, *Shambala*, complementando as etapas anteriores e preparando a fase final de trabalhos do Novo Mundo.

O processo múltiplo de Portais é necessário porque uma das grandes particularidades do nosso tempo é a confluência de vários ciclos, e portanto de seu reinício. Por isto, tal período histórico é único e denominado "A Grande Meia-Noite dos Tempos", expressão que aponta para a união dos três ponteiros do Relógio Cósmico, a saber:

1. Nova Era.
2. Nova Raça.
3. Nova Ronda.

Existe também o Novo Ashram solar. Encontra-se tão interligado ao processo racial que pode ser considerado como nele "inserido".

Por tudo isto, e pela própria dimensão de certos ciclos entrantes, é que hoje sucede uma série de Portais, mais ou menos associados a cada um destes ciclos. Isto corresponde a um *Plano Divino*, tal como damos a conhecer nesta obra, fundamento para o testemunho que a Terra realiza do advento da Hierarquia. Cada Buda que vem ao mundo toma a Terra como testemunho de sua Chegada, marco fundamental das grandes transições de épocas que representa. O Livro dos Portais é um importante testamento do novo Buda/Cristo, Maitreya, na sua gloriosa chegada a este planeta, dando verdadeiramente abertura à Nova Era sob o "amadurecimento dos tempos".

Particularmente, devemos observar que os conceitos de *Tempo* e *Templo* sempre estiveram profundamente associados. Assim, ao Novo Tempo corresponde também um Novo Templo – quer dizer, uma nova base espiritual no mundo, concretizada na expressão de uma Forma divina perfeita. Este Templo é o mesmo do qual fala o Apocalipse 11, com suas três variantes de exposição no Tempo – ver Capítulo 3 e o Apêndice 2 da presente obra – e destina-se a ser regularmente mantido na Terra através daquela Dinastia Espiritual que rege a Civilização em todos os tempos, definida como a *Sucessão Apostólica Universal*, instaurada pelo próprio Cristo em sua Vinda ao mundo.

Tudo isto – *forma* e *essência* – é pela primeira vez integrado e apresentado através do presente trabalho.

Inicialmente, partiremos da lógica de que os anos 2.000 e 2.001 constituem-se em grandes Portais *naturais* de tempo. Assim, independentemente do que poderão dizer os astrônomos e os astrólogos, a realidade é que o umbral está em si configurado na forte simbologia de renovação do Terceiro Milênio, e cristalizado pela massa de celebrações e eventos que ali ocorrerão.

Certamente muitos também encontrarão os necessários elementos corroborativos, e mais pessoas ainda terão em mente que a Hierarquia não deixaria de participar de tão grande momento, até porque o mundo está repleto de sinais de mudanças e urgências de transformação, sofrendo as dores deste grande parto mundial.

Pode-se então estimar que um Plano tenha sido elaborado, tendo em vista este complexo quadro.

É assim que, à parte a evidência do Grande Portal do Novo Milênio, junto à observação da regularidade dos Portais, este Plano arquetípico finalmente é dado a público, e nele enquadra-se de forma matemática o conjunto dos Portais de Tempo, gerando a compreensão cabal do grande trabalho realizado pela Hierarquia e por Shambala nestes tempos finais, juntamente à Humanidade, visando reunir todas as coisas.

Este Plano destina-se a construir o Grande Umbral, a estrutura de consciência necessária às transformações universais, envolvendo vários níveis de trabalhos de forma progressiva e cooperativa.

Esotericamente, trata-se da implantação da nova Tradição da Cúpula de Cristal, acarretando numa série de eventos que mobilizam toda a humanidade de uma forma ou de outra.

São os "tempos chegados". É preciso encher-se de solenidade e também de alegria, mas sobretudo de sabedoria para não perder a grandeza e a complexidade destes Eventos Finais, mormente ocultos sob a fumaça que a tudo envolve no torvelinho de um mundo em convulsão.

Em algum momento o reconhecimento do Chamado se dará

– talvez tarde demais para a imensa maioria, pois que a ferro e fogo a humanidade tem sido dominada. Por isto o Caos final poderá vingar. Mas os Sinais permanecerão registrados, e na revisão dos Passos Perdidos poderão ser porventura identificados.

Cada Buda que vem ao mundo realiza seu trabalho de par com a humanidade, demonstrando que é para ela que Ele vem. O presente trabalho apresenta os registros, as chaves e os documentos sobre estes grandes processos históricos que "fazem da Terra um testemunho" dos *tempos chegados*, revelando o cumprimento das Profecias.

L. A. W. S.

Quetzalcóatl / Mago Cósmico / Leo

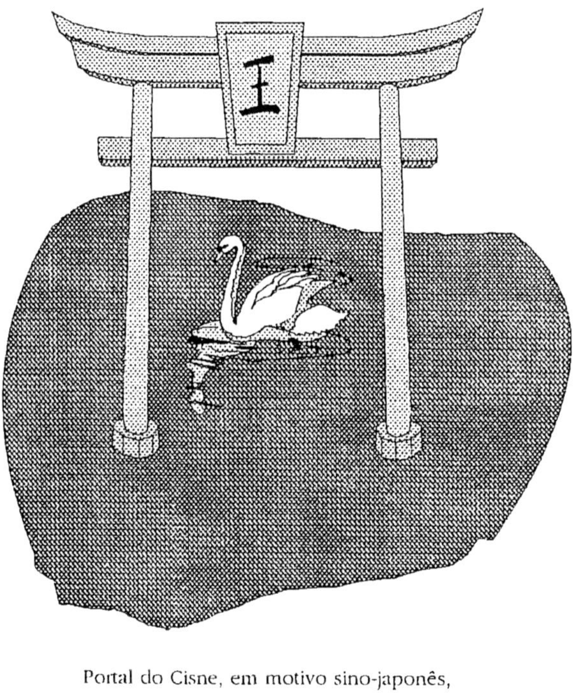

Portal do Cisne, em motivo sino-japonês,
com símbolo do Homem Universal.

Capítulo 1

O PORTAL DA CRUZ

Apesar de representar um importante evento cósmico, o primeiro Portal não se enquadra ainda no ciclo de Portais cósmicos que a humanidade vem transitando de forma já relativamente consciente neste final de século, porque representa uma base para os mesmos. Representa antes de tudo a disposição de certas energias elementares, trazidas pela Hierarquia sagrada ao mundo, através da qual a humanidade tem resgatado um tônus mínimo de consciência para dar início aos processos finais de transição para a Nova Era.

Por outro lado, este momento corresponde à culminação de um movimento que envolveu gerações inteiras, caracterizado como uma verdadeira busca pelo novo Graal da Terra. As novas energias alcançadas, com seus efeitos mundiais, dizem respeito à conquista deste Cálice santo, no ápice dos processos predestinados.

Na Árvore da Vida (ou Sefirótica), a existência deste Portal oculto destina-se a compensar a esfera decaída *Daath*, a do Conhecimento, em função do processo involutivo conhecido como

"A Queda do Homem", pela instauração do "Pecado Original". A condição corruptível humana, existente ainda ao longo deste ciclo mundial de implantação do Reino Humano, tem dificultado toda a busca espiritual no planeta, obrigando a hierarquia a realizar esforços especiais visando estabelecer certas bases preliminares, sobretudo nas grandes mudanças de época.

O presente Capítulo destina-se a analisar melhor este quadro, apresentando também a natureza geral dos Portais e os detalhes do Plano de Shambala para o final dos tempos, tendo em vista as grandes transformações cósmicas ou mundiais que estão por acontecer.

A. A Nova Busca pelo Santo Graal

O Portal da Cruz, visto isoladamente, foi portanto a culminação de um longo processo de buscas espirituais no mundo, movido especialmente pelas gerações deste final de século e milênio. Começou há cerca de um século atrás, através do Plano da Hierarquia,* do qual o atual Plano de Shambala é um *fractal*,** e seu momento mais forte foi no decurso da última geração, dando lugar a toda uma cultura espiritualizada e eclética conhecida como *hippies*.

Tal Portal foi, por assim dizer, a síntese ou o produto destilado deste processo, que tem exigido uma profunda revisão das instituições: relações conjugais, atividades artísticas, práticas religiosas, dogmas científicos, estilos pedagógicos, teorias econômicas, óticas raciais, etc.

Como todo questionamento acarreta uma autocrítica, estas provas foram também auto-dirigidas, de modo que exigiram a melhoria real de todos aqueles que *seriamente* realizavam suas buscas.

---

* Este Plano foi parcialmente divulgado por Alice A. Bailey em *Os Raios e as Iniciações*. Ver também nossa obra *Iniciação – O Plano da Hierarquia*.

** No caso, 1/10 de tempo do Plano da Hierarquia, da mesma forma como este ocupa 1/10 do Plano milenar da Humanidade. Ver mais sobre os fractais no Apêndice 1 desta obra.

Sentia-se que o mundo não podia andar no rumo em que estava. Os caminhos políticos tradicionais já não eram suficientes, e por isto as cabeças foram ceifadas: era mister procurar o Egito místico.

A condição humana é fraca demais para gerir um mundo tornado tão complexo. Intuitivamente, as gerações passaram cada vez mais a se dedicar à transcendência, à *síntese*, mas também à imanência, a *matese*, com um sentido não tanto de evasão, mas de reforma e melhoria, porque já não era possível pensar um mundo dividido.

Assim, nesta verdadeira busca pelo Santo Graal, forjaram-se as bases para as instituições do Novo Milênio e da nova Civilização mundial, na medida em que seus frutos têm surgido.

A busca em si teve seu ápice na conquista autóctone da Iluminação por um Buscador predestinado – o que o caracteriza como o novo Buda –, fato que demarca o reinício de todas as coisas, um novo Gênesis para *todos*, porque tudo está associado entre si, e a diferença entre a Unidade e a Diversidade é apenas uma ilusão.

A palavra "conquista" deve ser lida, aqui, em todo o seu sentido dramático de busca, esforço e sacrifício, porque já não se tratava de receber altos dotes e bens espirituais *dentro* de uma Ordem Espiritual; estas não estavam mais configuradas no mundo (sobretudo no Novo Mundo), apesar de já se poder contar com rudimentos de restauração na época (e na região), sobre as clássicas bases orientais especialmente.

Daí a necessidade de uma nova Busca mundial, onde deveriam ser reintegrados os elementos difusos e separados da Criação, visando uma nova síntese. Tal coisa começou muito longe, mais visivelmente nos movimentos de circunavegação da Terra, a partir, sobretudo, das iniciativas dos Novos Templários em suas caravelas.

Afinal, o resultado esperado era a edificação de um novo Templo divino, coisa destinada a ocorrer no final de Milênio, revelando uma vez mais aqueles aspectos espirituais básicos do presente ciclo evolutivo da Hierarquia e da Humanidade: o *sacrifício e a compaixão divinos.*

O processo dos Portais destina-se a gerar a Quintessência

cósmica, e tal coisa sempre é dada através do sacrifício. Por isto este portal tem como símbolo a Cruz Quintessencial hindu com suásticas, que é uma perfeita mandala cósmica.

Esta é a mesma cruz na qual Jesus e todos os Avatares subiram por compaixão à humanidade, visando saldar uma parte importante do carma racial através de seu auto-sacrifício, dando o exemplo do verdadeiro sacerdócio, chamado *solar*, porque a cruz destina-se a gerar a luz (espiritual), que é a quintessência.

Cada chaga do Cristo corresponde a um braço da suástica e ao seu centro, no coração. Representam Iniciações superiores, potencializadas ou geradas desta forma. Relacionam-se por isto aos Chakras e aos Sephirot centrais da Árvore da Vida na Cabala. O Portal da Cruz é, em especial, o oculto "Malkut antes de Malkut", a síntese de toda a materialidade dispersa, simbolizada pelos 56 Arcanos Menores do Tarot, que subjazem à Árvore da Vida. O número 55 (5x11)* se lhe relaciona, seja na forma 5+5 ou como 5x5, porque gera tanto o Logos como o Mandala, para trás e para a frente, concluindo ou implantando.

Por ser um Portal oculto, o primeiro *Testemunho da Terra* se daria de forma bastante discreta, no sentido da consciência geral da presença de forças cósmicas em atuação, apesar de muitos virem a suspeitar fortemente disto em função da grandiosidade e da transcendência dos eventos que logo viriam a ocorrer.

---

* Sobre a importância do número 11 e seus ciclos no ocultismo em geral e para o Plano dos Portais em especial, ver Apêndice 1 ao final desta obra.

A Compaixão define o ciclo decimal "sefirótico" aberto por este Portal, relacionado ao *Sambogakhaya* do novo Buda.

A necessidade da Cruz espiritual se faria presente por uma última vez nesta Ronda que termina.

Tais processos cármico-expiatórios apresentam um significado especial no atual ciclo de evolução mundial, como veremos adiante.

B. Os Portais Cósmicos: *Forma e Essência*

Os grandes Portais de Tempo representam etapas de transformação da sociedade mundial, centralizadas nos processos de Manifestação da Hierarquia e também de preparação da Humanidade para novos padrões culturais.

As grandes chaves sempre são dadas pela Hierarquia. Mas é certo que a Humanidade também atua conjuntamente porque, afinal, todas as coisas estão reunidas, e a colaboração é vital em tudo. Pode-se até mesmo definir graus iniciáticos para o reino humano, a par com os altos processos propriamente hierárquicos, como veremos adiante.

Importantes eventos de alcance coletivo e planetário decorrem em momentos-chave da evolução do mundo, para os quais é muito importante a participação da humanidade. E para que possamos estar com a mente num estado adequado a fim de usufruir todo o conteúdo destes momentos, e também contribuir com nossa própria quota de participação, cabe analisarmos o que vem a ser realmente um "Portal".

O Portal Místico é um umbral que, assim como tudo o que existe, é constituído por uma *forma* e uma *essência.*

A forma é dada pela *configuração astrológica* do momento, enquanto a essência deriva da *potência iniciática* envolvida. Estes dois aspectos resumem também, na atualidade, a participação de ambas as sub-raças *sintetizantes,* mencionadas por Alice A. Bailey, no processo de implantação da Nova Raça-Raiz. Trata-se, pois, da 6ª Sub-raça seminal (Norte-americana), trazendo o fundo astrológico (aspecto "lunar"), e a 7ª Sub-raça avatárica (Sul-americana), com seus processos iniciáticos (aspecto "solar"). Perfazem, igualmente, a imagem do conteúdo e da forma, ou seja, do sétimo elemento que centraliza e irradia através da sêxtupla estrutura externa completa.

Isto em termos gerais, porque ambos fazem também as duas partes, inclusive a nível de calendários. Tanto é assim, que José Argüelles escreveu em *A Ascensão da Terra*, que a Porta do Sol andina oculta um calendário para o Hemisfério Sul, da mesma forma que a Pedra do Sol asteca traz um calendário para o Hemisfério Norte. Empenhados na tarefa de apurar estes conteúdos, temos realizado e restaurado calendários para os padrões meridionais, baseados nas tradições locais, nas profecias e no trabalho dos pioneiros. E tal coisa fundamenta-se sempre sobre a manifestação da essência espiritual divina, sem a qual os calendários de pouco serviriam.

Analisemos sumariamente estes dois elementos profundamente associados.

A. Aspectos Iniciáticos

No que se refere à questão iniciática, pode-se relacioná-la a dois níveis de iniciações, associados a:

a. Iniciações cósmicas que tomam os Mestres;

b. Iniciações grupais ou raciais que recebe a humanidade.

Ambas as coisas sempre encontram-se vinculadas e cada uma proporciona a outra, numa grande colaboração entre mundos, segundo a correspondência clássica que existe entre o Mestre e a Igreja enquanto coletividade (o termo vem de *eclesia*, "assembléia"), ou entre o Microcosmo e o Macrocosmo.

Isto significa que cada Portal representa um marco definido no processo de evolução e mesmo de manifestação da Hierarquia, assim como no progresso espiritual de toda a Humanidade. Em todos estes novos Portais tem sido invocada a presença dos 144.000 eleitos (um número simbólico) mencionados no Apocalipse de São João.

O Mestre divino realiza um *sacrifício* especial em favor da humanidade, cuja cronologia determina o Plano dos Portais, através do qual a humanidade pode ascender seus próprios degraus. É isto que significa a expressão "lavaram suas vestes no sangue do cordeiro".

Neste aspecto, pode-se dizer que se trata da volta do Cristo "na glória do Pai", ou da chegada do Buda Maitreya ou do Kalki Avatar, assim como do *verdadeiro* retorno de Quetzalcóatl.

As iniciações procuradas são coletivas e em sua maior parte até mesmo *atávicas*. Tratam-se de evoluções já vividas por humanidades anteriores, razão pela qual podem ser alcançadas com relativa facilidade num ambiente propício e sob uma orientação adequada. Por isto também permitem boa parte das auto-iniciações que caracterizam o processo dos Portais, o qual, afinal de contas, é também uma espécie de Busca pelo Santo Graal, inicialmente de forma interior *(Gestação da Hierarquia)*, e logo exteriormente *(Manifestação da Hierarquia)*.

A segunda etapa – que é propriamente a do Plano de Shambala – inclui uma ascensão coletiva real e exige da Hierarquia um duplicado esforço, o que mantém os Mestres ocupados com trabalhos ocultos, embora em progressiva manifestação.

Ao longo desta obra nos depararemos em muitos momentos com os elementos iniciático-espirituais do Plano dos Portais em seus três grandes níveis de expressão: *Humanidade, Hierarquia* e *Shambala*.

Os Calendários esotéricos regulam os ciclos da manifestação divina em todos os seus níveis, trazendo alternadamente os avatares das esferas de *Brahma* (Humanidade), *Vishnu* (Hierarquia) e *Shiva* (Shambala), assim como da grande esfera de *Brahman* (Logos), a qual reúne todas as outras na "Meia-Noite dos Tempos".

B. Aspectos Astrológicos

A questão iniciática, portanto, não está desvinculada da astrologia e dos calendários, os quais servem como planos e programas para a evolução espiritual.

O Plano dos Portais envolve por isto um amplo resgate da Astrologia Universal, integrada à Cosmologia, à Hierofania e à Alquimia. Uma completa adaptação tem sido também buscada, tendo em vista a penetração das novas energias no mundo.

Para isto, uma das principais fontes de referência tem sido a Astrologia pré-colombiana, e isto por duas razões:

a. Ela se encontra melhor adequada à dimensão superior dos eventos mundiais atualmente em curso;

b. O Novo Mundo de evolução espiritual encontra-se sediado no Extremo Ocidente, cujas energias acham-se melhor catalogadas pelas civilizações superiores da antiga América, sobretudo a Maia (Hemisfério Norte) e a Inca (Hemisfério Sul).*

Tal coisa resulta inevitavelmente na questão dos Calendários. Cada Portal corresponde a uma das Iniciações da nova Raça-Raiz, que são em número de quatro, instaurando para isto um *tipo* de Calendário, uma estrutura de tempo-energia para reger uma certa Iniciação. Estes são calendários do Sistema solar. Existem também as iniciações hierárquicas do Novo Ashram, para as quais correspondem Calendários superiores da esfera cósmica.

Pode-se fazer então as seguintes correlações para os ciclos sistêmicos/raciais:

Calendários Sistêmicos (Individuais)

a. Portal da Cruz .... Calendário Saturnino: profano...... 1° grau
b. Portal da Terra ... Calendário Joviano: místico .... 2° grau
c. Portal da Lua ...... Calendário Lunar: sagrado............. 3° grau
d. Portal do Sol ...... Calendário Solar: divino .... 4° grau
e. Portal do Reino .. Calendário Venusiano: cósmico .... 5° grau

Neste quadro, o Calendário que realiza a síntese entre todos os existentes, inclusive os cósmicos, é o Venusiano – referimonos ao *Tzolkin*, o Calendário sagrado pré-colombiano. No plano cósmico/hierárquico, temos então estas associações:

* Na prática, o Calendário da Nova Era incorpora *elementos* da Astrologia pré-colombiana (inclusive incaica), mas mantém um padrão ocidental, restaurando tanto os princípios originais do calendário cristão, como adaptando-os ao Hemisfério Sul.

a. Portal da Cruz .... Calendário Pleidiano (Plêiades) .... 6º grau
b. Portal da Terra ... Calendário Oriano (Órion) .... 7º grau
c. Portal da Lua ...... Calendário Siríaco (Sírius) .... 8º grau
d. Portal do Sol ...... Calendário Arturiano (Ursa Maior) 9º grau
e. Portal do Reino .. Calendário Draconiano (Vega) ..... 10º grau

Neste grupo, a síntese é realizada por Dragão, mas a estrutura geral é dada por Órion. O quadro preenche as 10 iniciações clássicas do Logos solar, alcançando a esfera búdica-cósmica, que é o grau mínimo de trabalhos espirituais necessário ao Plano de Shambala.

Pode-se ilustrar organicamente este quadro através da imagem de uma *casa*. Na relação abaixo incluímos os ciclos-padrão que abrangem tais calendários:

Individuais

1. Piso .... Saturno .... 28 anos
2. Alicerces .... Júpiter .... 12 anos
3. Paredes .... Vênus .... 260 dias
4. Janelas .... Lua .... 364 dias
5. Portas .... Sol .... 360 dias

Total: 33 anos (Ciclo Crístico)

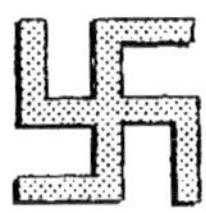

Coletivos

6. Vigamento .... Órion .... 8.000 anos
7. Madeiramento .. Sírius .... 1.500 anos
8. Telhado .... Plêiades .... 2.000 anos
9. Cumeeira .... Ursa Maior ... 4.320 anos
10. Clarabóia .... Vega .... 10.000 anos

Total: 26.000 anos (Ano Cósmico)

Nesta comparação, podemos ver que a soma dos grupos resulta no Ciclo Crístico para os Calendários individuais e no Grande Ano de Platão para os Calendários coletivos. Obviamente, ambas as coisas se relacionam, neste duplo *mandala* que associa o superior ao inferior ("assim como é em cima é em baixo"). A conquista de um estágio crístico por um Mestre sempre corresponde à chegada de um momento cósmico especial para a humanidade, por vezes relacionado à totalidade (*Marco Zero*) dentro de algum dos Zodíacos cósmicos.

Na presente obra trataremos especialmente dos Calendários Cósmicos, empregando sua análise em material extraído de nosso trabalho *Os Peregrinos de Tula*, parcialmente publicado na Revista Órion de Ciência Astrológica.

Para os Calendários Sistêmicos, remetemos o leitor às nossas obras *O Calendário da Nova Era* (Calendários Lunar e Saturniano), e *Terra 2001 – A Cúpula de Cristal* (Calendários Joviano e Solar). De resto, ambas as obras apresentam abordagens complementares sobre ambos os grupos. O Calendário Venusiano é abordado em particular n'*O Livro dos Códices.*

Certamente existem vínculos muito esclarecedores entre os dois grandes grupos – cósmicos e sistêmicos –, que serão explanados ao longo deste livro.

O conhecimento integrado dos Calendários representa portanto estruturas iniciáticas de importância crescente. Seu conhecimento permite realizar uma recuperação das forças em ação no universo, com a conseqüente reintegração dos seres e das raças.

O *Livro dos Portais* não apenas revela e restaura uma série de Calendários, como também os reestrutura através dos processos internos nele revelados. O mesmo se aplica às Ordens iniciáticas, espirituais e religiosas, que se fundamentam nos diversos níveis da Verdade divina expressos por tais Calendários. Existem basicamente três Ordens – a *Tripla Chama* da Sinarquia –, relacionadas aos Calendários solar, lunar e sagrado, assim como às três coroas do Egito que atendem aos aspectos real, sacerdotal e científico; idêntico às três Ordens pré-colombianas – Jaguar, Águia e Serpente. A *Sinarquia* é o Governo Tríplice do Mundo, sedimentado sobre as Três Ordens de Iluminados do Novo Ashram Solar, a Quarta Grande Rama de Shambala. O Cristo a representa de início unificadamente, através dos símbolos da Trindade e dos Três Reis Magos, por exemplo, e vem para implantá-la. A *Cúpula de Cristal*, a nova Tradição ocidental, traz em si todos estes signos.

Assim como a questão dos Mensageiros, o tema dos Calendários é sempre capaz de suscitar polêmicas. De nossa parte, alicerçamo-nos em premissas tradicionais, as quais colocam as *bases espirituais* clássicas e necessárias, sem descurar dos "sinais dos céus". "Novo céu e nova terra", enfim.

Os povos sábios da Antiguidade sempre observaram este princípio: todo o verdadeiro Calendário está baseado numa Fundação espiritual única e universal. Sem isto, não passaria de matemática vazia ou de idolatria. Não se pode propor seriamente qualquer espécie de renovação cronológica na ausência deste processo cósmico-iniciático que abrange a preparação de raças e continentes inteiros, assim como de indivíduos superiormente consagrados – os Mestres de Sabedoria.

A partir disto, podemos deduzir que até agora não tem surgido nenhum trabalho completo e realmente sério, sobre o tema, no âmbito da chamada "Nova Era", porque tais propostas isoladas demonstram no geral um excesso de fracionamento e parcialidade.

Na verdade, segundo as premissas tradicionais, o conteúdo espiritual necessário a isto apenas poderia ser proporcionado a partir da América do Sul. Muitos místicos e profetas têm apontado nesta direção, sem contudo compreender exatamente todas as suas implicações.

As pessoas aguardam o Novo, mas ninguém se esforça em procurar muito longe ou bem alto a verdadeira Fonte de renovação. Acendem-se muitas velas, como se isto pudesse iluminar algum dia o mundo. O tempo da escuridão permaneceria desta forma, e isto já não pode acontecer. Os tempos mostram que o dia é chegado.

Na verdade, nem é preciso desejar levar a luz: basta, em princípio, dela saber gozar sabiamente. É preciso para isto estar atento à chegada do Sol, despertando a tempo. Apenas a sua luz pode realmente iluminar, vivificar e aquecer a Terra. Esta é a tríplice tarefa da Hierarquia.

Por isto, através de nossas considerações sobre os Calendários, voltamos sempre ao ponto principal: a *Manifestação da Hierarquia,* da qual o ciclo dos Portais dão o testemunho. Desejar estabelecer novos marcos de tempo, sem afirmar uma nova e sólida Fundação espiritual, seria certamente gerar enganos; os materialistas têm-no intentado sempre, mas tal coisa jamais frutificou na História.

A presente obra reúne portanto ambas as realidades: *Tempo* e *Templo*, numa revelação ímpar e inédita sobre o amadurecimento dos processos mundiais, e que já não poderá passar desapercebida por nenhum tipo de indivíduo, porque aquilo que está implicado diz respeito a todos.

Voltaremos adiante ao tema geral dos Calendários através da abordagem à Constelação de Órion, que rege o presente Portal. Órion é o grande Articulador Cósmico, que entretece os ciclos, da mesma forma como este Portal oculto dispõe as bases para todo o Plano.

C. O Crepúsculo da Quarta Ronda

A Quarta Ronda é aquela destinada a formar o reino humano como tal. Por sua própria natureza, este reino é repleto de contradições, por isto acumula sempre muito carma. Matéria e espírito debatem-se ali diretamente, visando progredir no rumo da harmonia e da síntese desejada.

Por ser um ciclo regido pelo 4° Raio, de Harmonia-Mediante-o-Conflito, a Cruz – encontro da verticalidade espiritual com a horizontalidade material – é muito necessária para embasar a Criação. Isto é feito, acima de tudo, visando resgatar o Carma acumulado pela humanidade. Os Mestres sacrificam-se como cordeiros expiatórios, renunciando a uma parte de sua glória em nome da salvação do mundo, e exercendo trabalhos adicionais em favor da salvação do mundo – tal como é o Plano de Shambala.

Certamente existe um vínculo muito forte entre este Portal da Cruz e o seguinte Portal da Terra, que abre os ciclos do Novo Mundo. Correspondem, por exemplo, à 4ª e à 8ª (2x4) iniciações do novo Buda, sendo a última uma forma de complementação da Cruz pessoal no plano coletivo. O 8, como sua forma revela, é como a própria espiral evolutiva anunciada no Portal da Terra, um elemento de transição e de integração, sobre base do Portal da Cruz. O 8 é a base de todos os 5 Chakras no sistema budista.

Devido ao Pecado Original da separatividade, o conflito, a

rebeldia e o mau uso do livre-arbítrio humano, surgiu uma nova esfera da Árvore da Vida, uma orla no Jardim do Éden e um átrio especial no Templo, destinados a proteger a humanidade caída.

Na Árvore sefirótica, Malkut já representa um *deslocamento* de Yesod. Mas o Portal da Cruz evoca as regiões infernais, que devem ser sanadas para que a Criação (*Malkut*, o Reino) possa recuperar o seu equilíbrio. Tal coisa é feita pelo sacrifício divino.

A. As Primícias: *A Idade dos Conflitos*

Em função da natureza conflituosa da Ronda quaternária, que estabelece a harmonia apenas através da fusão crítica entre matéria e espírito, enquanto durou este ciclo toda e qualquer renovação espiritual necessitou uma expiação especial por parte do Centro do Amor divino, a Hierarquia. Cada novo Templo teve que ter seus fundamentos regados a sangue, suor e lágrimas.

Por isto, qualquer trabalho espiritual está necessariamente baseado em atos desta natureza, e acima de tudo, em solidarizar-se com eles através da participação em alguma Igreja fundada por um Emissário divino (e que, por justiça, torna-se também, através de seus atos, o Senhor ou o Regente espiritual de um ciclo evolutivo da humanidade). Tal atitude é que abre todas as portas necessárias, uma após outra.

Na Ronda futura, a ser simbolicamente aberta em breve na consumação do Plano de Shambala, a idéia do sacrifício não terá tal importância. Com isto estaremos preservados de muitas distorções. A nova Ronda já diz respeito a um processo ascensional definitivo. A quarta etapa é sempre o ponto de conflito e de acomodação. Ir além disto representa uma liberação real.

O grande sacrifício de Maitreya (já identificado a Sanat Kumara, isto é: *substituindo-o*) é, por isto, o último a ser realizado nestes termos. A devida assimilação deste processo e do princípio que o rege, com suas causas e conseqüências, permitirá que a humanidade possa dar o seu grande passo adiante.

Para isto, o fundamental é conhecer o seu Deus e o seu Propósito. O Deus é o grande "símbolo" da Ronda, é a força que a anima desde seu começo, ao menos naquilo que se refere aos trabalhos espirituais educativos-iniciáticos que há muitos milênios promove.

Na Índia Ele é conhecido como *Sanat Kumara.*

I. Sanat Kumara, a Luz do Mundo

Cada mundo em evolução tem o seu regente, e o regente deste ciclo mundial é um ser que a tradição hindu denomina *Sanat Kumara*, termo que significa "o Virgem Eterno", e que costuma ser traduzido como "o jovem eterno". No Oriente, mesmo na Palestina, as palavras "virgem" e "jovem" costumam ser sinônimas, sendo esta uma das causas da estranha atribuição de virgindade à Maria, mãe de Jesus. Sanat Kumara é o mesmo Ser que os judeus chamam de Iahweh, o "inefável" IHVH dos cabalistas hebreus. Porém, de IHVH não se diz ser jovem, mas eterno. Pois a realidade é que tais questões de cronologia não importam neste nível em que os seres são mesmo eternos, ou quase. A idéia de "juventude" está associada antes à pureza, e a "eternidade" ao estado incorruptível em que se mantém, numa faixa de idade aparente que corresponde à metade da vida humana, uns 36 anos. A idéia da criança divina associa-se também ao mito do deus-menino, que se refere na verdade à precoce idade de iluminação dos Avatares, caracterizando assim a sua augusta condição.

A origem "venusiana" de Sanat Kumara, assim como o séquito quaternário com que veio, atestam sua Missão e determinam a natureza geral dos Planos de Shambala nesta Ronda. Ao longo desta obra vamos aclarar muitas destas profundas questões.*

* Para uma análise detalhada da Quarta Ronda, assim como dos mistérios do *Tetragrammaton* IHVH, ver nossa obra *O Portal de Farohar.*

Iahweh é o Deus não apenas dos judeus mas de todos os povos desta Ronda, sendo o mesmo deus cultuado por todos os povos do Oriente e Ocidente. É o Deus que a Bíblia chama de "O Eterno", *Aquele que Era, Aquele que É e Aquele que Será*. Jesus o chamava "O Pai", e a razão disto é que trata-se do grande Progenitor espiritual da raça humana.

Os Pais da humanidade são também aqueles que os Orientais denominavam os *Sete Rishis*, os "habitantes" da Ursa Maior. São verdadeiros Sóis de amor, uma forma esplendorosa de amor ainda desconhecida desta humanidade. Habitam originalmente o Plano Búdico-Cósmico, onde se encontram os Sete Centros esotéricos de nosso Logos Solar. Suas energias chegam à Terra através dos sete planetas sagrados de nosso Sistema solar.

Quando assumem tais tarefas, estes Seres permanecem em trabalhos espirituais intensos durante todo o largo ciclo em que devem animar um planeta. Por todo este período, ficam impedidos de prosseguir em suas evoluções (junto a boa parte da Hierarquia, vale dizer). Daí a idéia do "grande sacrifício" a eles relacionada, pois esta renúncia dura todo o tempo de sua longuíssima Missão. A presente Ronda, então, apresenta um desafio especial, porque se trata da própria *energia do sacrifício*. Daí a imagem relativamente verdadeira do "sacrifício eterno" atribuída a Sanat Kumara. Os quatro Kumaras dividem com ele esta tarefa, sendo os hierarcas que propriamente tomam este caminho cósmico.

O caminho para se tornar um Pai da humanidade é o Terceiro Sendeiro dos Chohans, chamada *A Via de Treinamento para Logos Planetários*, cujo símbolo está abaixo representado.

Segundo Alice A. Bailey, consiste em trabalhar principalmente com a psique ou o aspecto *alma* do sistema solar, ocupando-se das expressões mais sutis da consciência, da "impressionabilidade esotérica" e dessa sensibilidade aguda que produz o registro instantâneo e exato de todas as reações da Alma, dentro de qualquer vida planetária, não necessariamente idênticas às da Terra. Os Mestres que recebem este treinamento não se relacionam individualmente com nenhum grupo ou unidade. O que ocupa Sua atenção é a *consciência do todo* e sua resposta aos impactos cósmicos. Ou seja: não se atém à suscetibilidade e resposta às energias, mas a identificações superiores, inicialmente na Mônada planetária, e logo através do sistema solar.

Todo o seu treinamento se resume à construção do *antahkarana* planetário, visando integrar o espírito do Logos à esfera material e vice-versa. Isto significa vincular nosso planeta a Vênus, e daí passar ao Coração do Sol, e por fim ao Plano Mental Cósmico. Estes Mestres empregam as "pontes" que levam as energias dos sete raios de uma esfera a outra. Sua tarefa é a de desenvolverem a sensibilidade ao propósito do sistema e a capacidade de transmitir este propósito à Câmara do Concílio de Shambala. Neste sentido, é um trabalho auxiliar para atrair as grandes energias de síntese ao planeta. Maiores detalhes sobre esta e as outras seis Vias cósmicas de evolução podem ser encontrados nas obras *Iniciação Humana e Solar*, *Os Raios e as Iniciações* e *Tratado Sobre Fogo Cósmico* de Alice A. Bailey, assim como em nosso *O Livro dos Chohans*.

III. O Carma do Conhecimento

O carma do conhecimento foi uma constante na presente ronda. Foi o mal uso do saber que motivou a queda do homem do Paraíso.

A Cabala registra este fato através da supressão da esfera *Daath*, "Conhecimento" (reativada globalmente através do 4° Portal no Plano de Shambala).

A filosofia esotérica lembra a Atlântida, cujo afundamento se deveria aos pecados daquela raça. Na Bíblia o Dilúvio universal é motivado pela queda dos anjos, sábios, reis e heróis que teriam tomado mulheres de forma indiscriminada (Gênesis 6,2), conspurcando a função sexual, reduzindo a imagem divina-humana e negligenciando a fidelidade conjugal. Muito mais tarde, Moisés teria de refazer as Tábuas da Lei para um povo que não estava à altura da liberdade, da justiça e da soberania do Deus único, preferindo a idolatria e a escravidão.

Mesmo que os meios de conhecimento tivessem uma base emocional, seria essencialmente a *experiência*, baseada na informação e no desejo, que ataria o homem ao círculo do pecado. Existia muita ilusão sobre os valores reais que a informação produz. Além disto, ela era empregada diretamente para o mal. Na Atlântida a feitiçaria se desenvolveu a tal ponto que mantinha as populações aterradas.

Aquele que recebe uma migalha de conhecimento sente-se um deus, seus olhos se abrem e ele passa a ameaçar o mundo (cf. Gênesis 3,22), demonstrando não estar à altura de merecer o saber. Seria preciso desenvolver a compaixão como a única forma de obter a base ética necessária, por segurança do mundo. Não foi portanto mero obscurantismo das religiões. A própria humanidade não estava preparada para bem gerir o conhecimento. E provas disto dá novamente a ciência atual, tornada serva da indústria e dos exércitos, mantendo o mundo inteiro de refém, sob ameaça constante, gerando um quadro caótico no qual a alma da humanidade virtualmente terminou por se perder, até o evento supremo da divina intervenção no mundo neste final de século, restabelecendo as bases para a grande harmonia final.

Foi isto que levou a humanidade a viver na mais densa ignorância por tanto tempo. A Ciência espiritual e as conquistas da Alma apenas poderiam ser obtidas neste quadro através dos mais árduos esforços. As Escolas de Sabedoria cerraram suas portas e aquele que desejasse recolher alguns grãos de sapiência deveria prescrutar o mais fundo de seu coração e perscrutar as mais áridas vias para alcançar alguma luz. Os Monastérios estavam retirados aos mais ermos locais, e a Pérola de vida, luz e verdade que cada homem traz também ficou sob uma "camada" de carma que apenas o sacrifício real poderia remover.

As trevas eram profundas e a expiação em nome do bem

geral deveria ser realizada, de modo que cada um que palmilhasse o caminho deveria compartilhar dos sacrifícios realizados pelos Grandes nas origens. A intercessão sacerdotal foi colocada como uma proteção da Verdade (cf. Gênesis 3,24). O sacerdócio estaria acima da realeza. O serviço e a renúncia se tornariam cada vez mais a grande chave para a Síntese nesta Quarta Ronda. O verdadeiro direito ao usufruto apenas seria dado aos liberados através da conquista realizada junto às Ordens espirituais. A protelação da ciência se fez necessária, até porque era ela a energia de uma Ronda futura.

Nada disto asseguraria no entanto contra a decadência do próprio sacerdócio, e graves abusos certamente seriam verificados um sem-número de vezes. Ainda assim, entendia-se ser melhor dar o poder a uma classe consagrada ao espiritual, mesmo com seus fanatismos e irregularidades, do que ao mundano ambicioso e materialista.

Nos Capítulos seguintes vamos abordar outros aspectos sobre Sanat Kumara, os mistérios de Vênus e os Pais da Humanidade, entre eles o Grande herdeiro cósmico Maitreya que sustenta este Plano de Portais, culminando com uma Mensagem especial de Sanat Kumara revelando o grande Propósito desta Ronda, até então profundamente velado aos profanos, embora sempre expresso nos atos da Hierarquia e do Senhor do Mundo. Agora cabe analisar os dois princípios fundamentais para a *vitória* na Quarta Ronda, que são o divino sacrifício e a compaixão espiritual, essenciais para a expressão deste Propósito sagrado.

B. A Via: *Sacrifício e a Compaixão*

O Portal da Cruz coroa historicamente um dos grandes princípios que subjazem à evolução cósmica: o do *sacrifício divino*, caracterizando também a existência da divina compaixão redentora. No Plano de Shambala, dá início a um ciclo no qual suas etapas representam elas mesmas uma Grande Cruz, para formar o novo *mandala* do mundo. Coroando o passado, o Cristo estabelece as bases para o futuro.

Esta Quarta Ronda que terminamos de viver se caracteriza através da "Harmonia-pelo-Conflito" (4º Raio). A grande busca é pela integração dos mundos. Mas isto não se dá sem conflitos entre as energias opostas: matéria e espírito, luz e trevas, que se confrontam neste momento cósmico, verdadeiro cenário do *Kurukshetra* mítico.

Existem as Artes como tradução do sagrado, a busca da imortalidade da Alma e o Amor como corolário da auto-realização. A síntese seria obtida, sim, mas sempre através de recursos dificultosos e contraditórios. Da mesma forma como os caminhos limitavam-se a comer unicamente da Árvore da Vida situada no meio do jardim (ou seja: o coração – ver Gênesis 2,9), no cerne de toda a problemática estava o fruto proibido, ou o "conhecimento do bem e do mal" (Gênesis 2,17).

I. O Divino Sacrifício

O princípio do divino sacrifício está representado em todas as religiões, mesmo as mais primitivas. As mais puras ou preservadas são aquelas que mantêm o ideal do *sacerdócio*, palavra que significa "aquele que sacrifica", no caso, se *auto-sacrifica* através da renúncia.

Esta renúncia atinge não só a experiência inferior, mas por vezes, nos casos mais elevados, até mesmo o próprio conforto espiritual, como Jesus, ao sentir-se abandonado pelo Pai no alto de sua cruz.

Todos os Avatares devem se submeter a processos de divino sacrifício, tanto maior quanto mais gloriosa for sua missão. Por isto as religiões sempre preservam em suas raízes a imagem do sacrifício divino. Todos conhecemos a imagem judaica do cordeiro expiatório, símbolo de uma profecia que Jesus Cristo veio cumprir em parte. No Extremo Ocidente existe o mito de Quetzalcóatl, que se incendeia por amor e ascende aos céus como uma estrela. Odin, Osíris, Krishna e Orfeu se submetem a coisas semelhantes. No Oriente, existe um protótipo *astrológico* do divino sacrifício na figura de Sanat Kumara.

Segundo o ideário popular, este exaltado Ser veio de Vênus, ou, como a Hierarquia esclareceu através de Alice A. Bailey, do *subciclo venusiano da Terra*, relacionado à energia astral de amor, sacrifício, artes, etc., do que propriamente ao planeta assim denominado.

O amor sacrificial não é simples renúncia: é Justiça. O sacrifício do egoísmo e do vulgar em nome do mais alto *abre portas* e traz o Destino real à humanidade.

Como afirmamos no Jornal Paralelo ॐ – A Cultura da Idade de Ouro (nº 21), "Vênus e Terra são esferas quaternárias, assim como o são a presente Ronda mundial e o atual Ashram solar em implantação, razão pela qual é chegada a hora para A Grande Revelação".

II. A Divina Compaixão

A Compaixão é o *sentimento* que move o auto-sacrifício e portanto fundamenta o verdadeiro sacerdócio. Este sacerdócio tem sido realmente essencial num mundo instável como o nosso. Abordamos o tema no Jornal Paralelo ॐ (nº 21): "Deus cria o mundo e seu desejo é sempre o de salvá-lo do caos. Para isto providencia os métodos mais eficazes, harmoniosos e também compassivos possíveis. É devido à natureza sagrada primeira e última das coisas que isto é realizado. Para que a evolução se dê no plano material são necessários tempo e paciência. Aspectos inferiores devem ser desenvolvidos e isto acarreta muitas vezes o surgimento do Mal, que é a especialização da materialidade."

Com isto, vemos que a Hierarquia de Luz permanece como uma salvaguarda para a evolução humana, um elemento de segurança e equilíbrio permanente, sem a qual tudo teria sido arruinado muitas vezes. Cada gesto de auto-sacrifício reequilibra um pouco o mundo.

Tecemos também, na ocasião, os seguintes comentários astrológicos sobre o que denominamos como o "mistério supremo da compaixão":

> "Ainda que represente uma fundação eterna responsável pela salvação e renovação periódica da humanidade, a revelação desta Lei-maior que é a compaixão (*karunâ*

em sânscrito) divina apenas pôde ser feita através de Jesus Cristo, há 2 mil anos atrás. Vejamos a razão disto.

"Aquele se tratava do próprio começo de um Grande Ano cósmico de 26 mil anos, através do ingresso precessional na constelação de Peixes, que é por excelência o signo da compaixão. Rege os pés no corpo humano, a parte mais humilde e em contato com o solo, ou seja: a base espiritual da humanidade. Diz-se que representa a perfeição divina, a impessoalidade perfeita. E o fato de o mundo evoluir coletivamente num grande ciclo iniciado por Peixes denota que esta energia rege de alguma forma todo o ciclo, da mesma forma como o zodíaco solar não-precessional está regido por Áries e pela individualidade. Por isto se diz n'*A Voz do Silêncio* ser a compaixão a essência de *Alaya*, a alma universal, pois o ciclo precessional rege a evolução *coletiva* da humanidade (enquanto que o não-precessional ou solar-sazonal rege a evolução individual).

"Assim, mais do que a energia de uma época, a compaixão representa a própria essência cósmica da vida. Através das Eras ela adapta-se a distintas formas de expressão, sempre permanecendo no fundo de tudo com um sentido perpétuo de progresso e evolução. Por isto a compaixão também se expressa em muitos atributos, sendo alguns dos mais característicos o amor, a fraternidade e a humildade."

A forma de expressar a compaixão também pode variar conforme as épocas. Ela deve ser desenvolvida como uma espécie de yoga interior pelos iniciados, até se tornar *um estado permanente de ser* nos Mestres, inspirando atos de resultados transcendentes:

"Por sua elevada qualidade, a compaixão não é um sentimento muito comum no plano da humanidade, que necessita ser educada para isto. Apenas aos poucos o eu vai se purificando e expandindo no serviço à luz. Sua perfeição apenas é alcançada pelos Mestres, tornando-se a sua característica principal, através da qual alcançam então transformar a face do mundo, porque a compaixão, como sentimento transcendente e divino que é, pode ser realmente capaz de recriar todas as coisas.

"A compaixão se expressa como identificação com o Todo, um sentimento portanto de unidade, de religião ou de yoga ("união"). Isto é desenvolvido pela vida de serviço à luz, sendo coroado na experiência suprema dos Iluminados, em quem esta Unidade se torna algo pleno. Neste caso, muitas vezes ter-se-á passado por provas de transcendente dificuldade, a fim de gerar a luz necessária à salvação do mundo. As biografias de todos os Avatares falam dos supremos esforços pelos quais devem passar para alcançar a Verdade e gerar um novo contexto cultural perfeito a partir de si mesmos.

"Estas provas são universais, simbolizadas pela cruz que reúne matéria e espírito. Por viver toda a miséria humana ao mesmo tempo em que experimenta a glória divina redentora, um Avatar aprende na carne que o Mal só pode ser combatido ou curado pelo Bem, e a separação deve ser neutralizada pela Unidade. Transcende totalmente assim a tendência maniqueísta dos místicos e moralistas de classificar tudo em termos de Bem e Mal, eu e tu, pureza e impureza, etc. Por outro lado, é preciso saber discernir em que consiste este "estar além do Bem e do Mal", pois o não-iluminado tende a confundir isto com a indulgência. Neste aspecto, pode-se dizer que um Mestre deve saber tolerar, mas sem perder jamais de vista o Ideal que deve implantar. Sua atitude é a de um educador paciente ou a de um médico. Ele é um reformador, não um revolucionário, e em seu diagnóstico das raízes deste mal, cada Buda tem um enfoque adequado à natureza da raça na qual vem trabalhar.

"Houve um tempo, muito antigo, em que o supremo Mal era identificado diretamente à *sexualidade*. Isto pertence à raça atlante, que estava aprendendo a sublimar esta energia.

"Na época de Gautama, sob a intelectualidade da raça

árya, o diagnóstico seria basicamente a *ignorância*. De modo que a cura deveria ser obtida pelo esclarecimento e a liberação da *maya*, o fascínio dos sentidos e a ilusão da autonomia da matéria. Na verdade, esta liberação apenas se completa no Nirvana ou na Iluminação real, sendo o "vazio" *(Sunya)* apenas uma etapa de "limpeza" do Mal. Ainda assim, terminou sendo a nota dominante do *dharma* de Sidarta Gautama.

"Já nesta época de Maitreya, com a sensibilidade da raça *Ayam* (pan-americana), a fonte de todo o "Mal" será vista sobretudo *na dor e no sofrimento humano*. O *Dharma* do Novo Budha Maitreya baseia-se no amor e se dirige a neutralizar a dor em suas próprias raízes, além de trazer as chaves para a felicidade positiva e plena, o que exigirá certamente uma aplicação não apenas de toda a ciência moderna, mas também a de todos os tempos, posto que as raças apresentam virtudes cumulativas. Com isto se estará na verdade respondendo ao Supremo Dharma, jamais contemplado por qualquer humanidade, posto que destina-se a suprir a sua essência mais própria, que é a busca da felicidade completa e a conquista do amor total e universal, unindo céu e terra num enlace perfeito e sagrado."

C. A Apoteose: *A Harmonia Final*

A Harmonia final nesta Ronda, resultante da resolução do conflito original entre espírito e matéria característico, é sempre dada pela Iluminação, obtida originalmente através da Cruz espiritual deste ciclo mundial. O resultado é aquisição dos *dons humanos*, – que são basicamente *padrões cósmicos de relacionamento* – conferidos progressivamente através das leis espirituais dos Avatares. Maitreya traz a grande síntese final através de seu **Dharma de Totalidade**, pelo qual a Suprema Harmonia é alcançada.

I. Maitreya, o Herdeiro Cósmico

Maitreya é o nome budista do Herdeiro Cósmico de Sanat Kumara. É também Jesus Cristo, numa certa acepção dos processos hierárquicos. É o grande Messias aguardado pelos hebreus. Além disto, corresponde ao Kalki Avatar, a última encarnação de Vishnu esperada pelos hindus.

O Novo Buda ou Cristo realiza o último grande programa iniciático-avatárico desta Ronda, o qual serve também para iniciar o próximo grande ciclo mundial. No caso de Maitreya, esta tarefa apresenta uma magnitude suprema – sua cruz espiritual é a mais extensa – razão pela qual é colocado como o grande Sucessor do Senhor do Mundo, Sanat Kumara.

Sua Lei integra todas as dimensões do Cosmos, permitindo a organização e a sublimação final de todo o Universo.

Ao contrário da antiga Lei de Vazio do Buda Gautama, as grandes verdades de Maitreya, baseadas na sua Lei de Plenitude, são positivas, afirmando que o homem destina-se a ser feliz e pleno, realizando *na vida, pela vida e para a vida* os seus maiores objetivos. Ao invés de almejar a abstração absoluta dos valores existenciais, trata de depurá-los e elevá-los.

Este novo dharma é apresentado em nossa obra *Tushita – O Reino da Felicidade (O Dharma do Arco-Íris de Maitreya Buda)*. Sobre a natureza e a missão do novo Buda/Cristo, ver *Maitreya – A Luz do Novo Mundo*.

No último Capítulo desta obra, voltaremos a abordar outros aspectos da Herança cósmica de Maitreya,

II. A Chegada do Divino Interventor

O Portal da Cruz (*Crucificação Iniciática*) deu abertura a um novo grande ciclo de Luz espiritual no mundo.

Ocorreu no ano de 1988.* Ora, o VIII é o Arcano da Justiça.

---

* Pode-se dizer que tal evento magno tenha sido "preparado" através da "Convergência Harmônica" de 1987, coordenada pelo professor José Argüelles, uma vez que a idéia da convergência "concorda" com a da cruz (ver Apêndice 2 para isto, adiante). No Brasil, a data de 1988 tem sido celebrada por certos intuitivos, razão pela qual têm

Nele se procede ao resgate do carma. É quando as forças da matéria são depuradas, confrontadas entre o Bem e o Mal. É a dupla cruz, onde o Material deve servir de base e gerar em definitivo o Espiritual. Esta foi a função da década de Oitenta, e o Ano em questão somente poderia vir a ser o Oitavo, pelas mesmas razões (da mesma forma, o ano de 1977, o do duplo setenário, foi importante para gerar o *despertar espiritual* do futuro Buda).

Esta cruz dispôs as bases da nova Pirâmide divina no mundo, a Cúpula de Cristal. Nos quatro anos que se seguiram, o Avatar viveu seus quatro graus de iniciação solar (4°, 5°, 6° e 7°), tal como os 4 "dias" passados por Quetzalcóatl em seu féretro, e os 3,5 dias expiatórios em Apocalipse 11 ou da sepultura de Jesus. Finalmente, tal momento deu abertura ao Plano de 12 anos que culmina no Ano 2000 (ver mais ao final do Capítulo).

Também é preciso compreender que tal assistência apenas é sustentada pela manutenção voluntária do Mestre na cruz, uma cruz especial, é certo, tanto maior quanto mais ampla é a sua Missão.

Esta é a única razão pela qual Maitreya "tarda" aparentemente, quando na verdade já está junto à humanidade há vários anos, embora de forma parcial e progressiva. Sua luz, ciência e sabedoria chegam aos poucos no mundo, dando tempo para que a humanidade se prepare para ela.

É o momento então de rememorar os grandes eventos ocorridos desde então, e que podem ser assim resumidos algo simbolicamente:

Quaternário: Portal da Cruz

1988: Crucificação Iniciática/Iluminação.
1989: Resgate da *Anima Mundi* racial.
1990: Derrubada das Muralhas de Jericó (Muro de Berlim).
1991: Restauração da Transmissão Sagrada.

alcançado alguma repercussão em seus trabalhos. Representam o padrão lunar (87+13) e o padrão solar (88+12).

Tudo isto expressa os primeiros passos do trabalho do **Divino Interventor**, cuja ação oculta iniciou a nível mundial através deste Portal. Os Portais Cósmicos propriamente ditos, apenas teriam início em 1992, porque então o Cristo alcançaria um grau cósmico ou avatárico, fundamentando os novos grandes ciclos mundiais.

Nos Capítulos seguintes vamos acompanhar os seus passos, juntamente com os da humanidade.

III. O Ultimato da Terra: *O Mundo nas Mãos de Deus**

Como um louco qualquer, ou como uma criança mal educada, o homem botou fogo em sua própria casa. Já diziam os sábios antigos que este mundo iria terminar em fogo, e assim está acontecendo realmente hoje, diante de nossos olhos.

Os pré-colombianos transmitiram a idéia de que cada mundo é regido por um elemento, e por ele é destruído ao final. O mesmo princípio é apresentado na Bíblia por São Pedro:

> "... eles fingem não perceber que existiram outrora céus e terra, esta tirada da água e estabelecida no meio da água pela Palavra de Deus, e que por estas mesmas causas o mundo de então pereceu, submergido pela água. Ora, os céus e a terra de agora estão reservados pela mesma palavra ao fogo, aguardando o dia do Julgamento e da destruição dos homens ímpios." (II Pe 3, 5-7)

O Apóstolo se refere portanto inicialmente ao Dilúvio, que os filósofos também associam à Atlântida, submersa pelas águas num único dia e noite. Astrologicamente, sabemos que a raça atlante estava associada ao elemento água, e a raça ariana ao elemento fogo. Profetiza então que, havendo sido feito este mundo a partir do fogo, também por este elemento ele será destruído. É o que realmente estamos observando, na catás-

---

* Publicado no Jornal Paralelo ॐ – A Cultura da Idade de Ouro, nº 21, Maio de 1996, FEEU, Porto Alegre.

trofe sem par para a qual estamos rumando atados como cordeiros.

É preciso acrescentar ainda que, ao lado da crise racial, existe agora, também associada a ela, a grande crise mundial de final de Ronda. A Quarta Ronda mundial está naturalmente associada ao quarto elemento, *Fogo*. Por isto vamos observar também que existem quatro formas deste fogo agir, para bem ou para mal.

Além das várias enfermidades trazidas pela civilização moderna, atuando sobretudo ao nível nervoso (relacionado ao elemento Fogo), certos problemas ecológicos tornam-se cada vez mais graves.

Temia-se (e ainda há riscos) que o mundo sucumbisse sob uma conflagração nuclear. Mas o caos derradeiro se está insinuando através de algo talvez ainda mais difuso, decorrente de uma série de atitudes envolvidas no que o homem chama "progresso", mas que, como diria Guénon, no fundo é apenas indústria,* e envolve hoje fortes interesses comerciais, não raro bastante irresponsáveis.

O fato é que a situação ecológica do mundo já é trágica, possivelmente *terminal*. Isto não é mais palavra de ecologistas alarmistas, mas *dos próprios cientistas*, os quais há alguns anos dizem que, mesmo sendo possível interromper totalmente a destruição da camada de ozônio nesta altura, o processo encontra-se já tão avançado, que a crise prosseguirá até um ponto em que ninguém pode prever o que realmente sucederá (os Yanomanis afirmam que quando o último *Xabori* – Xamã – morrer, o céu desabará sobre o mundo, e este dia parece estar se aproximando). Isto se aplica tanto ao efeito-estufa como à camada de ozônio, duas expressões de fogo, interno e externo, às quais se acrescentam a neurose grupal e a "ameaça" nuclear. Estes são os Quatro Fogos das Trevas, relacionados aos quatro Cavaleiros do Apocalipse. Ambos são expressões do Fogo Cósmico, cujo emprego depende inteiramente da humanidade.

Para compensar os fogos trevosos, existem os Fogos divi-

* *O Reino da Quantidade e os Sinais dos Tempos*, Ed.Dom Quixote, Lisboa.

nos, que visam neutralizar o processo na medida do possível. Os esforços dos Portais buscam a consolidação destas energias.

Fogos Cósmicos (Planos)	Fogos da Luz	Fogos das Trevas
a. Frictivo (Físico)	Personalidade	Efeito Estufa
b. Magnético (Emocional)	Alma	Neurose Coletiva
c. Elétrico (Mental)	Espírito	Guerra Nuclear
d. Plasmático (Intuitivo)	Logos	"Camada de Ozônio"

O emprego do Fogo Cósmico pode ser positivo, neutro ou negativo. A geração dos fogos de destruição, juntamente aos fogos de regeneração, corresponde ao rito da Fênix, que se destrói para renovar-se, conforme comentamos no Capítulo 5.

Com tudo isto, pode-se até dizer que *o mundo já acabou* – o que é certamente verdadeiro a nível de instituições, de modo que uma profunda revisão das atuais estruturas de civilização deve ser buscada – cabendo-lhe agora um período de expiação especial por obra da misericórdia divina, para que a humanidade se conscientize de sua trágica condição. Deus sustenta em suas próprias mãos este mundo que caiu no abismo. Mas isto pode durar apenas alguns poucos anos.

Sabe-se que os microrganismos do mar serão rapidamente destruídos, pela infiltração de raios nocivos causada pelo buraco na camada de ozônio, comprometendo a cadeia biológica e a produção de oxigênio na Terra. O câncer e a cegueira são conseqüências alarmantes nas regiões mais afetadas, onde as populações e o gado estão ficando rapidamente cegos, sob a luz solar não filtrada. O buraco no ozônio já ultrapassa o paralelo 30 e o crescimento segue. O colapso repentino da capa de ozônio é uma temível possibilidade, como tende a acontecer a partir de certo ponto em qualquer enfermidade.

E no que se refere ao efeito-estufa, sabe-se que, inicialmente, as calotas polares começarão a derreter – e isto já começou a acontecer de forma dramática, há alguns anos. O clima do mundo está substancialmente alterado. O que era exceção vira regra e o caos se instaura, afetando drasticamente a agricultura.

Tentando colocar panos quentes na situação, um "otimismo" cínico toma conta de alguns cientistas. Há entre eles os que sustentam que a "breve" chegada da próxima glaciação poderá controlar o quadro. Outros elocubram malabarismos mentais, dizendo que o próprio frio dos pólos será suficiente para repor o gelo derretido, o que obviamente é uma leviandade, posto que o calor aumenta em toda a parte.

Além disto, já se viu que para alguns povos modernos (inclusive os mais poluidores) não importa que o mundo "frite um pouco", porquanto isto aquece mais as suas frias pátrias. Afinal, o quanto gastam anualmente os países da Europa e da América do Norte em aquecimento doméstico e industrial? Ou seja, agem como um tolo que diz que o incêndio ainda queima na sala e portanto pode dormir um pouco mais em seu próprio quarto, aproveitando o calorzinho que vem de lá... Neste sentido, muitas nações mais desenvolvidas nunca serão boas aliadas num processo de salvação global, a não ser quando for talvez tarde demais – o que já pode ser...

IV. A Intervenção Divina

É certo que Deus, por sua vez, não ficaria apenas olhando tudo isto "de braços cruzados"...

À época da Queda do Muro de Berlim, por exemplo, o mundo começou a despertar para a sua crise ambiental. Tudo isto fazia parte de certas intervenções espirituais realizadas pela Hierarquia de Luz sobre a atmosfera psíquica do planeta, a partir de 1988, alterando o carma da humanidade e o grau de autoconsciência da sociedade mundial.

Sob o ápice da Guerra Fria, o mundo vivia até então sob um fantástico estupor, pessimismo e falta de entusiasmo. Quem estava atento sentia que o Mal reinava soberano, e a moda obscura dos anos 80 era um reflexo disto. Até que aconteceu o que foi visto, sob a atividade do Divino Interventor, numa ação característica de sua Onipresença, e que não deixou de lembrar a lenda da derrubada das muralhas de Jericó.

O carma mundial foi alterado substancialmente pelo impacto das energias divinas entrantes, a ponto de *reunificar o mundo*. O Muro de Berlim simbolizava a separação do mundo em dois blocos principais. Sua derrubada no fim de 1989 anunciava a chegada da nova década e de um novo momento na consciência mundial.

Percebeu-se que algo muito especial estava acontecendo, da noite para o dia. Ninguém esperava aquilo e alguns não hesitaram em denominar "milagre" a ruína do Império Soviético, mesmo que o fato fosse comumente atribuído à atuação de líderes como Gorbachov e o Papa, que na verdade foram apenas os agentes externos para os aspectos *material* e *psíquico* do processo, o qual não teria sido possível sem o elemento *espiritual* oculto, ou teria gerado ainda muito mais sangue.

As preocupações ecológicas logo se fizeram sentir em toda a parte, e o clamor das massas foi forte o bastante para motivar os governos a realizarem, através da ONU, o maior encontro-de-cúpula da História. O palco escolhido foi o Brasil, um símbolo ecológico em si, e um grande encontro repleto de "boas intenções" foi promovido neste solo.

Os resultados, porém, foram e são por demais tímidos, a ponto de se considerar que tudo aquilo caiu num vazio, não passando de mais um "teatro" armado para desativar um movimento que estava crescendo e que poderia gerar *sabe-se lá o quê*. Existem, afinal, interesses demais em jogo, e industriais e governos não podem correr riscos deste nível, mesmo a um preço inimaginável.

Tudo isto prova, em definitivo, que a precária organização de nações e a fragilidade da consciência de seus governantes não mais servem para gerir um mundo com problemas tão globais e transcendentes. Da mesma forma como não é possível a um doente curar a si mesmo, também esta sociedade que se globaliza necessita da intervenção de algo maior, e é isto que ela deve buscar agora, como último recurso para reverter o quadro, uma vez que Deus é o verdadeiro Senhor e, se alguém ainda pode alguma coisa, este é certamente o Criador de tudo.

Estas palavras podem até parecer fé cega, mas apóiam-se em muita lógica e ciência. Realmente, para Deus não será difícil curar o mundo *através de seu Enviado*. Mas seus métodos de trabalho não são os mesmos dos homens, inclusive porque estes não têm sequer capacidade moral e nem interesse em buscar soluções de alcance global e definitivo, e em última análise, porque o homem materialista que existe hoje não vê o mundo como algo assim tão importante. "Deixa como está para ver no que vai dar", é a senha dos novos alienados.

Não somos catastrofistas – muito pelo contrário: empreendemos todos os esforços para buscar compensar as tendências caóticas da humanidade. Compreendemos porém que existe muita lógica no fato de que, se o mundo é criado por Deus, somente Ele pode realmente trazer as grandes soluções, de modo que a Ele é que deve ser concedido o Governo mundial. Neste caso, o caos está irremediavelmente destinado a prosseguir, até o momento em que a sociedade tenha plena consciência daquela única, eterna e divina Solução.

Algo de *ético* estaria no fundo deste processo, razão pela qual ele será permitido, mesmo que Deus tenha até certo ponto o poder de sustar e atenuar seu andamento, para além das debilidades humanas. Ainda assim, tudo tem o seu limite. Dão-se sinais, apontam-se direções. Mas não se grita e nem se impõem atitudes.

Por ora, a ação do Divino Interventor foi apenas suficiente para resgatar uma parcela do carma humano. A rigor, todo o trabalho oculto serve somente para *potencializar* mudanças, como vimos ter ocorrido, porque ele ainda não penetra de forma *consciente* nas mentes das pessoas. A transformação real e ativa depende de uma ação também exterior e de uma receptividade consciente por parte do mundo para a tarefa renovadora, e talvez mesmo de um *clamor* neste sentido. Deus se manifesta aos poucos para que o mundo vá se conscientizando de todas as mudanças necessárias. Por isto a Eco-92 caiu no vazio e as grandes ameaças não foram realmente removidas ainda – poluição, miséria, armamentos, etc. E o mundo seguirá em direção ao caos derradeiro caso não sejam tomadas medidas *concretas* no sentido de se redirecionar profundamente as coisas, rumo ao Sagrado.

Para isto, é fundamental rever as instituições, colocando os sábios e os iluminados no poder. É preciso contar com a *autoridade impoluta.*

Mas, terá a humanidade, embalada entre sonhos e pesadelos, pelo menos a capacidade de reconhecer o **Avatar** em Sua chegada? Eis a grande questão do momento.*

D. A Idade do Diamante – "A Meia-Noite dos Tempos"

Vivemos hoje um momento único na evolução do mundo. É a chamada "Grande Meia-Noite dos Tempos", na qual os três ponteiros do Relógio Cósmico se reúnem para encerrar e iniciar novos ciclos, determinando uma fenda praticamente *absoluta* na estrutura do tempo universal.

A imagem da "Cúpula de Cristal" – símbolo máximo do Novo Dharma – tem um reflexo histórico preciso. É um fato que os Avatares apenas vêm ao mundo nas grandes mudanças de ciclos, e a época atual apresenta uma conotação *única* neste sentido.

Este momento terminal, no qual todos os grandes ciclos mundiais se encerram e culminam, é denominado no Oriente "A Idade do Diamante". A idéia é que o diamante surge da pressão e do calor gerado sobre o carvão (por isto as grandes minas surgem em vulcões). É uma época terrível, de passagem da Idade Negra para a Idade de Ouro.

Na verdade, o epíteto "Idade do Diamante" serve também para acontecimentos menores que os atuais. As características do momento são realmente únicas, e demonstradas pelas condições do mundo.

É apenas nesta época que a **Cúpula Crística** pode ser realmente integrada, porque o *próprio Deus-Pai se manifesta no mundo*, por assim dizer, através de Seu Filho amado que vem em Seu Trono, conforme rezam as profecias.

---

* Para a questão do reconhecimento avatárico, ver nossa obra *Maitreya – A Luz do Novo Mundo*, Ed. IBRASA/Nova Albion, São Paulo, 1998.

A. O Plano-Ômega de Shambala

Tudo isto é que explica o grande número de Portais que estão sendo abertos na atualidade (nem tantos como se diz, é verdade; é preciso verificar os fundamentos *reais* de qualquer proposta desta natureza).

Pode-se, no geral, considerar que os Portais estão relacionados aos ciclos entrantes, da seguinte forma:

1. Portal da Terra (1992)... *Nova Era* (7° Raio)........ Humanidade
2. Portal da Lua (1995)...... *Nova Raça* (6° Raio) ..... Hierarquia
3. Portal do Sol (1998)...... *Novo Ashram* (4° Raio) . Shambala
4. Portal do Reino (2001) .. *Nova Ronda* (5° Raio)... O Trono

O quadro acima revela um fato inusitado no que se refere aos Raios: as posições dos quatro ciclos entrantes encontram-se em seqüência numérica, nestes termos: 4, 5, 6, 7; fato este muito propiciatório para a definição de *pontes contínuas de trabalhos*, sobretudo no plano da Hierarquia. Esta seqüência é, na verdade, muito própria da conclusão da Ronda atual, evocando a participação de vários Mestres da Hierarquia nestes trabalhos.

Devido a isto, Shambala determinou um Plano especial que visa **tecer** *(tantra, weber)* todos estes ciclos entre si, de modo a organizar os vários mundos em transição.

Não se tratam dos Planos macrocósmico-planetários ou dos Planos para os mesocosmo-raciais, mas dos Planos individuais-microcósmicos *destinados às grandes encarnações divinas,* trabalhando de par com todas as restantes esferas na consumação das coisas.

O sistema oriental Tantra apresenta esta característica. Pertence ao Budismo *Vajrayana* ("Sendeiro do Raio") do Tibet, relacionado à esfera de Shambala. Ao se definir como o mais elevado e abrangente dos veículos espirituais, conjuga energias pertencentes aos vários níveis do universo.

B. A Reimplantação da "Árvore da Vida"

O Plano destina-se a reimplantar a Árvore da Vida para toda a humanidade e, portanto, a centralizar todas as coisas, resgatando oportunamente a imagem perdida do Paraíso para a Terra.

A estrutura cabalística do Plano obedece a um padrão universal, simbolizado na tradição da Cúpula de Cristal pela Chave Cromática.

Esta Chave traduz esquemas como o da *Árvore dos Números* da Cabala hebraica, baseada no *Livro do Zohar* (ou do Esplendor), abaixo, e que está na base de jogos populares como o da Amarelinha e do Futebol.

Podemos relacionar o Plano a diversas formas de apresentar o decimal, como a *Tetraktys* pitagórica e a fórmula hindu do *Manvantara*. Os Portais propriamente ditos correspondem às esferas do Pilar de Equilíbrio, no centro, e podem ser relacionadas aos signos fixos do Zodíaco, às Esfinges ou aos Querubins, ao *Tetragrammaton* IHVH, o "inefável" Nome Divino hebraico, ao *Farohar* (globo-alado-com-serpentes), etc.

Os Portais na Árvore Sefirótica
(Plano de 10 Anos)

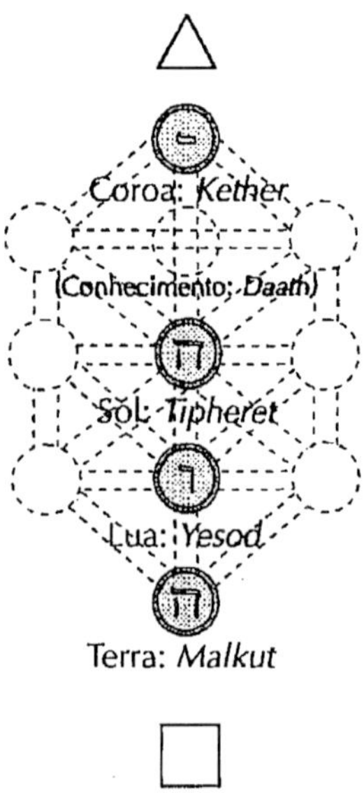

Portal do Reino (2001)
(Logos, O Reino, Nova Ronda)

(Portal Oculto)

Portal do Sol (1998)
(Espírito, Shambala, Novo Ashram)

Portal da Lua (1995)
(Alma, Hierarquia, Nova Raça)

Portal da Terra (1992)
(Personalidade, Humanidade, Nova Era)

I. O "Malkut de Malkut"

Como se observa no esquema, os nomes dos Portais são os mesmos dos *sephiroth* centrais, com pequenas variantes derivadas da própria complexidade do sistema. O diagrama está simplificado porque nele não encontramos o "Malkut antes de Malkut" que configura o Portal da Cruz. Antes, conta-se *Daath* junto a *Tipheret,* celebrando-se simbolicamente este Portal Oculto.

Sabe-se que, com o Pecado Original, a sephira *Daath* (Conhecimento) foi deslocada de sua posição (pontilhada no diagrama). Este fato gerou uma inversão na tríade central, deslocando uma tríade para baixo, e acarretando em certa indefinição quanto a saber se uma data iniciática – um "Portal" de qualquer natureza e dimensão – é começo ou fim de processo.

O rebaixamento exigiu esforços especiais da Hierarquia para compensar a quebra dos elos entre a Humanidade e o Criador, dando origem à Religião e à Iniciação. O homem já não podia elevar-se pessoalmente porque seu vínculo direto com o Criador se havia rompido. Era preciso estabelecer uma esfera intermediária. Esta é a função-Malkut na Árvore da Vida.

Malkut significa "Reino" e, no Plano de Shambala, o Reino tem o começo *espiritual* na manifestação avatárica, uma vez que a partir daí todas as coisas se organizam em torno deste Propósito.

No mesmo sentido, *Kether*, a Coroa, começa já a ser obtida *espiritualmente* no primeiro Portal. Consta ainda que a seqüência dos Portais pode ser vista de forma oposta, porque a ordem no Microcosmo é contrária à do Macrocosmo (ver adiante sobre as três formas de percorrer a Árvore da Vida).

Na base de tudo acha-se um quadrado, que simboliza a origem e a natureza do conjunto, estando associado ao Portal da Cruz, que é o "Malkut antes do Malkut". Sem a Queda, este Portal seria incluído na Fase Iniciática do Plano *(Malkuth),* mas com a perda da unidade de consciência, foi preciso estabelecer fundamentos hierárquicos prévios na humanidade, substituindo-os ao Conhecimento *(Daath)* e à realização pessoal ao nível predestinado. Para isto surgiu a esfera intermediária da *Hierar-*

quia, visando religar o Homem a Deus. Antes da Queda não havia sequer a Religião (do latim *religare*) como a conhecemos, porque tudo já estava unido. Da mesma forma, no sagrado Milênio vindouro, este padrão cultural tampouco terá uma forma própria, mas estará diluído no conjunto das instituições, tal como ocorre em qualquer verdadeira Idade de Ouro. Por isto João afirma em seu Apocalipse que na Jerusalém Celeste não existe Templo.

Certamente o rebaixamento produz uma grande dualidade no quadro. Por isto o Gênesis define o Pecado Original como o "Conhecimento do Bem e do Mal". O Conhecimento (*Daath*) foi usado de forma inferior e traiçoeira pela humanidade, acarretando em que todas as esferas abaixo de *Daath* também se sujeitassem a esta mesma dualidade de Bem e Mal. Isto gerou uma nova esfera de compensação, na forma de *Malkuth*. As quatro divisões de *Malkuth* se referem às três esferas rebaixadas (*HVH*, EVE a Eva decaída) mais *Daath*, visando compensar suas deficiências. Apenas o Conhecimento foi realmente banido do contato humano. Quando o homem chega a este nível, deve atravessar um abismo antes de ter a visão do Paraíso (leia-se: *Imortalidade-Harmonia-Abundância-Saúde*). Por isto, na Árvore Sefirótica encontra-se neste nível o Véu do Abismo. Este abismo é o da Morte, que o ser humano apenas pode vencer com ajuda da Hierarquia, simbolizada no Gênesis pelo Anjo Guardião com a espada de fogo, impedindo que o homem pecador tenha acesso ao Paraíso, ficando sujeito à morte. A sephirah *Daath* se relaciona tanto à 4ª Iniciação (morte, *death* em inglês), como ao grau do Buda "oculto" ou *Pratyeka.*

Alguém poderá argüir que, apesar de praticamente ignorada, a esfera *Daath* permanece lá, na sua posição, e que por isto deve existir um Portal que lhe corresponda. Ele existe, porém diluído no conjunto. Não se pode deixar uma lacuna completa no tempo/espaço, mesmo que sua energia seja compensada por outro Portal, no caso, pelo Portal da Cruz. E isto gera uma dualidade nos ciclos espirituais.

É preciso compreender que, com o rebaixamento, as esferas inferiores passam a acumular ou dividir funções com as superiores, gerando dualidade. O Pecado Original do Conhecimento do Bem e do Mal gerou dualidade, duplicidade e indefinição. Todas as esferas abaixo de *Daath* são duplas e "embaralhadas", confundindo-se com a superior e gerando os paradoxos presentes no saber racional.

Assim, *Tipheret* reúne também certas virtudes de *Daath*. Yesod acumula energias de *Tipheret*. E *Malkuth* ancora forças de *Yesod*, apesar de também reunir, como dissemos, emanações de todas as esferas e estar por elas constituídas. Por isto, certamente podemos associar também o Portal da Cruz à *Malkuth*, o Portal da Terra a *Yesod*, o Portal da Lua a *Tipheret*, e o Portal do Sol a *Daath*, mesmo que não haja um Portal específico para esta última e ocultada esfera.

Antes da Queda, as esferas centrais (Iniciação Real) eram as fontes de equilíbrio, personificado pela Hierarquia manifestada. Depois, a harmonia se tornou resultante da experiência dual, gerando aspectos hierárquicos.

Como as esferas perderam poder e se confundiram com a inferior, dizemos que a esfera decaída representa *por procuração* a superior. Esta "representação" é concedida na forma de assistência interna e bênçãos especiais a nível psíquico através do trabalho dos Anjos (incluindo o Eu Superior), recebidas por aquele que ascende a tais esferas, como forma de compensar o rebaixamento.

II. A Coluna do Equilíbrio

Retomando nossa análise, encontramos no alto um triângulo, que recebe o nome de *Tríplice AIN* (ou Tríplice Logos), base de uma outra Árvore da Vida que tem início em 2000 e culmina no Portal "maia" 2012. Mas isto se relaciona antes ao padrão setentrional, que emprega ciclos de 20 anos. O Hemisfério Sul é IOD (valor 10), e aqui o *Tetragrammaton* (10+5+6+5=26) se transforma na *Tetraktys* (1+2+3+4=10). O Hemisfério Norte é antes HE-VAU-HE (5+6+5=21).

O "Malkut de Malkut" também relaciona-se a isto. Equivale à letra hebraica *SHIN*, valor posicional 21, que é o número de Arcanos Maiores do Tarô (sem o XXII, O Mundo, que é uma esfera de transição). Significa o percorrer prévio da Árvore da Vida pelo Avatar, dispondo a base para uma nova Árvore.

O ciclo de 20 anos é de tal importância que os maias fizeram dele a base de sua Astrologia. Trata-se, por exemplo, do ciclo de conjunções "mínimas" entre os *cronocratores* Júpiter e Saturno, conjunções estas que correspondem à "Estrela de Belém" dos Evangelhos, demarcando os ciclos da existência avatárica, e também da Civilização através de outros ciclos maiores.

No Livro Egípcio dos Mortos, o *Tuat* encontra-se ladeado por duas *Tet* (ou colunas *Djed*, que são Árvores da Vida) relacionadas a Osíris e a Hórus. Trata-se portanto do mesmo duplo processo a que se submetem os grandes Avatares em favor do mundo.

Outras gravuras apresentam um número ainda maior de *Tet*, até sete deles evocando, quiçá, o ciclo de 72 anos. Tal coisa nos reporta ao Plano Extensivo de Shambala, que ocupa os clássicos 40 anos de (trans)formação racial. Pois o Plano de Shambala também teve uma base decimal através do período de formação do Avatar, de 1978 a 1988 (ou de 1982 a 1992 para a tríade logóica-avatárica), formando os 12 anos da "Infância divina" de Deus, que correspondeu ao período místico do *Nirmanakaya* (Personalidade) do Buda. O decênio sagrado dos Portais, edificado sobre esta base, representa a expansão de seu *Sambhogakaya* (Alma). E o decênio divino que se abre em 2001 corresponderá à difusão de seu *Dharmakaya* (Espírito), quando a Sua Vontade será amplamente revelada e conhecida, processo que segue até a data-chave de 2011. Pode-se estimar ainda um quarto decênio, logóico, no qual se conceberão realizações de alta monta, relacionado ao *Vajrakaya* (Corpo Crístico) do Buda. Tudo isto integra os Quatro Mundos da Cabala, nos quais se pode encontrar a Árvore da Vida: *Atziluth*, *Briah*, *Yetzirah* e *Assiah*. E corresponde aproximadamente aos ciclos místicos de 11 anos mencionados no Apêndice 1, que pontificam nos anos de 1977, 1988, 1999 e 2011.

O PLANO EXTENSIVO DE SHAMBALA (40 ANOS)

1° Decênio: Místico (1982-1992) .... Nirmanakaya ...... Personalidade ...... *Assiah*
2° Decênio: Sagrado (1992-2001)... Sambhogakaya ... Alma .... *Yetzirah*
3° Decênio: Divino (2002-2011)..... Dharmakaya .... Espírito ... *Briah*
4° Decênio: Logóico (2012-2022)... Vajrakaya .... Logos ...... *Atziluth*

Cada Plano sumário de 10 anos de Shambala é apenas um fractal, a coroação do Plano de 100 anos da Hierarquia,* o qual é, por sua vez, o ápice de um Plano de 1.000 anos do centro da Humanidade, por sua vez a síntese do Grande Plano de 10.000 anos de uma Ronda cósmica. No ápice de tudo, existe 1 ano único para a revelação do Trono. Também deve-se associar padrões entre si: 1 e 1.000, 10 e 10.000.

Todos estes ciclos serão retomados, em sentido inverso, após a Conclusão de 2.000. Haverão outros 1, 10, 100, 1.000 e 10.000 anos, contemplados nas Escrituras (o Apocalipse, em especial) através de expressões como *espada, chifres, millenium* e "séculos de séculos".**

O Sol tem valor 10, sendo portanto um símbolo do Plano de Shambala. Deste modo, o Portal do Sol (1998) é também o seu ponto mais característico, relacionado mesmo a Shambala, que é a fonte do Plano decimal. Os 3 anos que seguem, 1999, 2000 e 2001, são *logóicos,* como o tríplice AIN da Árvore Sefirótica.

Vimos que os Anos-Portais são apenas o elemento central ou de síntese nos grupos ternários de anos (triênios) presentes no Pilar de Equilíbrio da Árvore da Vida. Correspondem ao sagrado ritmo Fixo (*guna Satwa*), relacionado ao tempo Presente, tido como o *Tempo Místico* porque representa um portal para a Eternidade, que é o *Tempo Sagrado.* Relacionam-se tam-

---

* Ver sobre isto em nossa obra *Iniciação – O Plano da Hierarquia.*

** A espada que o Logos porta em sua boca no Apocalipse 19,15 é idêntica à lâmina que Tonatuih, o deus solar asteca, traz em sua boca na Pedra do Sol (e que alude também ao signo de *pedernal* ou faca no horóscopo nahuatl). No Apêndice 2 o leitor encontrará uma ampla análise de cronologia bíblica simbólica.

bém os Signos Fixos do Zodíaco. Seus números são: 1, 4, 7 e 10. Tratam-se de *Unicidades*, ou seja, algarismos cujas operações cabalísticas resultam na unidade, da seguinte forma:

4 = 1+2+3+4= 10 = 1+0 = 1;
7 = 1+2+3+4+5+6+7= 28 = 2+8 = 10= 1+0 = 1;
10= 1+2+3+4+5+6+7+8+9+10 = 55 = 5+5 = 10= 1+0 = 1.

O mesmo se passa com todos os restantes algarismos que evoluem a um ritmo ternário: 13, 16, 19, 22, 25, 28... Certamente, os três acima são os mais importantes. Os próprios símbolos geométricos resultam comumente centrais, como se observa abaixo:

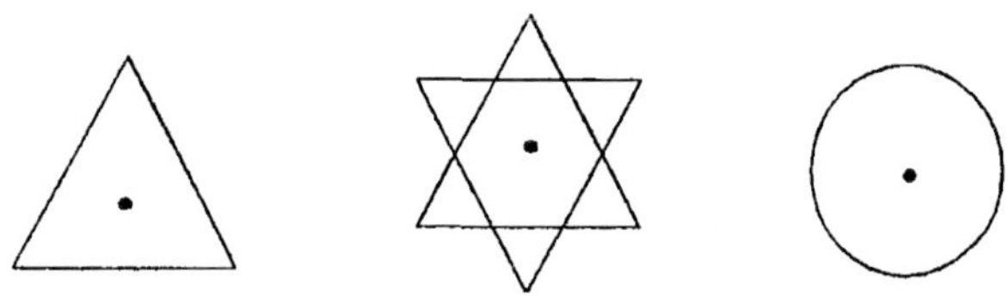

4 (3+1) 7 (6+1) 10 (9+1)

Assim, ao invés de formar uma realidade própria, a tendência é que estes números meramente centralizem formas já existentes. A exceção relativa é o 4, que pode ser relacionado ao quadrado, uma forma regular e "natural". O hexagrama pode ser relacionado à Lua, na medida em que esta é dual e reflexiva. O decimal é inclusive o símbolo do Sol, esfera todavia relacionada na Cabala a *Tipheret*, a "Beleza".

É muito importante observar que a Queda acarreta o rebaixamento das esferas abaixo de Kether, a "Coroa", gerando dualidade. Tal coisa faz com que a Iniciação, ao invés de ser um estado (Ser, estável), seja um processo (Vir-a-Ser, instável). Os centros tanto podem abrir como encerrar ciclos.

A separação ou o rebaixamento das três esferas centrais relaciona-se aos três graus que caracterizam o *Homem Verdadeiro* na Raça Árya. Este padrão ainda pode ser usado porque a presente transição pertence à 7ª Sub-Raça aryana. Neste momento tudo é relativo e está em transição.

III. As Três Vias

Vimos que todo este processo corresponde ao decênio divino relacionado à manifestação de Shambala – isto é: do Cristo e seu Reino – sendo, também, a coroação de outros que se relacionam a distintos Centros: o da Humanidade (1.000 anos) e o da Hierarquia (100 anos).

As três formas de percorrer a Árvore da Vida estão relacionadas a isto. Corresponde também às três fórmulas (aparentemente idênticas) dadas no Apocalipse 11 para se completar o templo ou seja, 1260 dias, 3,5 anos ou 42 meses.

a. *O Caminho do Círculo.* A via mais lenta corresponde ao trabalho da Humanidade, ao *Samsara* e ao processo de Reencarnação. Corresponde às 12 esferas do Círculo Zodiacal e apresenta um sentido descendente na Árvore da Vida expresso pelos 22 "caminhos" que conectam as suas 10 esferas, através dos 22 Arcanos do Tarô. Por isto se associa à Era Zodiacal, com seus 22 séculos.

b. *O Caminho do Ciclo.* O processo intermediário corresponde ao trabalho da Hierarquia, no chamado "Caminho do Raio" ou "da Serpente". Seus padrões combinam *Samsara* e *Nirvana*, no "Caminho do Meio", que é o do Vazio *(Sunya)*. Corresponde ao ciclo setenário e ao sistema budista de 5 chakras; emprega diretamente as 10 esferas da Árvore da Vida em forma espiralada; por isto usa-se os naipes com suas seqüências decimais, tendo como base os dez primeiros Arcanos do Tarô. Seu tempo é o do Milênio.

c. *O Caminho da Síntese.* O padrão mais veloz é chamado "Caminho da Flecha", relacionado a Shambala ou aos Avatares, ao *Nirvana* e à Ressurreição. Segue pelo centro da Árvore Sefirótica, empregando apenas as 4 (ou 5) esferas centrais, em sentido ascendente, e corresponde ao sistema budista de 5 chakras. Trabalha-se aqui sobretudo com os 4 naipes dos Arcanos Menores do Tarô e 4 Cartas específicas dos Arcanos Maiores. Tal coisa pode ser realizada nestes 10 Anos finais, divididos em 4 etapas sob o impacto da energia divina, tal como um Mestre divino emprega apenas 10 anos para chegar à sua Coroação espiritual.

Cada indivíduo pode afirmar o padrão de sua consciência através do vínculo com Ensinamentos dados nestes períodos. Existem doutrinas medievais, antigas ou atuais. Aqueles que pertencem às Religiões tradicionais, por exemplo, pertencem à esfera da Humanidade. Aqueles que se dedicam a algum dos vários ensinamentos trazidos há um século aproximadamente, estão associados ao trabalho amoroso da Hierarquia. E aqueles que buscam a renovação (o que nem sempre representa mera inconstância e superficialidade), estão alinhados com a energia criativa de Shambala. Certamente cada pessoa deve buscar participar de todas estas esferas em algum nível.

IV. A Cúpula de Cristal: *Uma Nova Tradição*

Todo este quadro arquetípico pode ser adaptado e empregado pela humanidade em qualquer tempo, em situações análogas, como plano de trabalhos grupais ou individuais. Pode-se elaborar jogos, mitos e ritos com seus eventos, como por exemplo, nos processos espirituais que envolvem a nova Raça-Raiz, com suas quatro iniciações regulares.

Também deve-se ver nos Quatro Portais certos processos quádruplos narrados pelo Apocalipse de João, como os Quatro Cavaleiros (em Ap 5) com seus cavalos amarelo, negro, vermelho e branco, nesta ordem; todas cores alquímicas.

A Coluna Central da Árvore da Vida é a Cruz Fixa, que é o tempo presente obtido pela conjunção das cruzes opostas Cardinal e Mutável que representam passado e futuro. Relaciona-se aos 4 elementos em equilíbrio, formando 4 triângulos. A Cruz Fixa é, justamente, a fusão de duas suásticas opostas, símbolo que corresponde à Coluna *Tet* egípcia, o quádruplo-tau no qual se coloca Osíris, portador do açoite e do báculo associados às deusas Ísis e Néftis, que personificam as Duas Terras do Egito pré-dinástico, depois reunidas em Hórus. Outro símbolo de Osíris é o da escada *(rued)*, em forma vertical ou "escalonada", seja com 12, 7 ou 4 degraus, aludindo sempre aos processos osiríacos de ressurreição, com seus efeitos nos distintos planos, no caso, na Humanidade (12), na Hierarquia (7) e em Shambala (4).

É o mesmo plano da Árvore da Vida com suas 4 esferas centrais que regem tríades (ou os 4 Portais do Plano de Shambala).

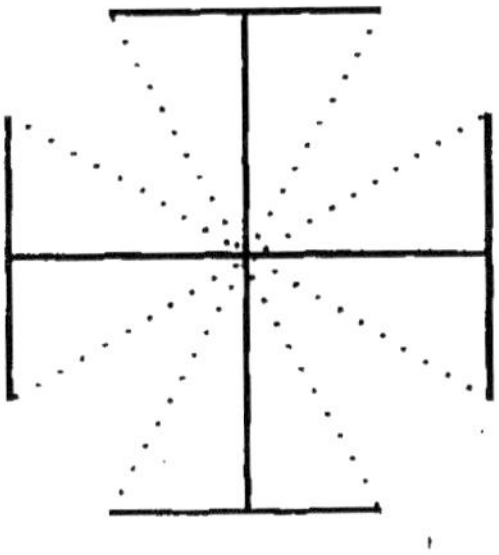

Cruz Fixa

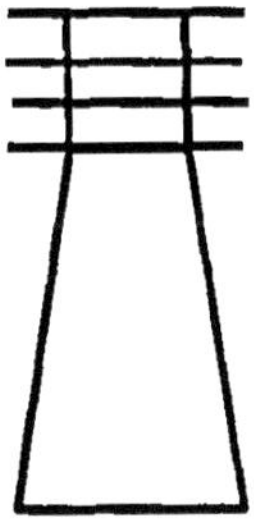

Coluna *Djed*

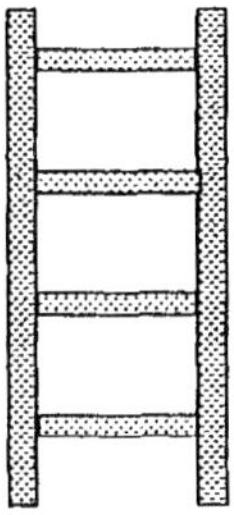

Escada *Rued*

Formam os quatro pilares que sustentam o dossel no Carro divino (Arcano VII, a *Mercabah* dos cabalistas), permitindo o contato com o superior: as estrelas do dossel, que correspondem aos macacos que cercam o falcão solar das figuras egípcias no Livro dos Mortos. São os 7 Rishis clássicos que vêm junto ao Manu. O macaco é o símbolo da mente (manas), e estes trabalhadores atuam basicamente neste plano, fornecendo elementos para que o Senhor realize a sua grande síntese, depois retornando-lhes em perfeição. O falcão que os centraliza é o Sol, tanto Hórus, o Filho, como Rá, o Pai.

Assim, a Árvore Sefirótica também pode ser vista como o agrupamento de quatro triângulos, que pode representar tanto Elementos como Alinhamentos, abaixo.

Logos (*Ain*)		Fogo
Espírito	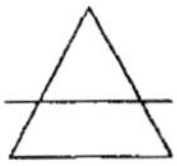	Ar
Alma	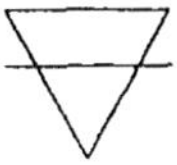	Terra
Personalidade		Água

Estes símbolos expressam situações particulares das energias planetárias e divinas, sob o processo de manifestação e ascensão.

Água é uma energia radicalmente descendente e cármica, gerada pelo processo de materialização da energia divina, sob o impacto do Portal da Terra. *Terra* é uma energia relativamente descendente, sustentada pelo Portal da Lua. Normalmente *Terra* se situaria por baixo de tudo. Esta inversão aparente entre os elementos femininos Terra e Água deve-se em parte à Queda. A Terra *verdadeira* é o "Malkut de Malkut" estabelecido pelo oculto Portal da Cruz.

Ar é uma energia relativamente ascendente, que culmina no Portal do Sol. *Fogo* é a energia radicalmente ascencional e "liberada" acionada pelo Portal do Reino.

A tríade suprema é também o Tríplice Ain (Logos), que atualmente está fora da Árvore da Vida. Quando *Daath* estava ativo, esta tríade era incorporada à Árvore de uma forma sintética. Com o "adormecimento" do Conhecimento, este teve que ser substituído pelo sacrifício oculto da Hierarquia. A impossibilidade de se manter uma eficaz Tradição de Conhecimento espiritual numa humanidade decaída, de modo a poder influenciar seus rumos com este saber, obriga a Hierarquia a evoluir sob processos cármicos para compensar os pecados humanos. Sem o acesso ao Conhecimento, a única via que resta é a do Sacrifício, uma prova que seleciona drasticamente os pretendentes às Verdades Eternas, mantendo também fracionadas as instituições.

Tal coisa corresponde à tarefa especial que a Hierarquia realiza nas Idades Anárquicas (Bronze e Ferro). Mas quando os ciclos Hierárquicos (Idades de Ouro e de Prata) retornam, então Shambala volta a se relacionar mais diretamente com a Humanidade e a controlar os seus rumos.

A correlação entre os Portais, os Sephiroth centrais, os Alinhamentos, os Signos, os Elementos por eles centralizados e os "Vs" é a seguinte:

1. P. DA TERRA (1992) . Malkuth . Personalidade .. Terra .. Touro .... Vida
2. P. DA LUA (1995) ..... Yesod ..... Alma .... Água .. Escorpião . Via
3. P. DO SOL (1998) ..... Tipheret . Espírito .... Fogo .. Leão .... Verdade
4. P. DO REINO (2001) . Kether .... Logos .... Ar .... Aquário .... Vitória

Todo este processo destina-se portanto a forjar *uma nova Tradição Sagrada*, numa nova linguagem universal, com raízes na Tradição Eterna e apta a ser acatada por todos, porque sedimentada sobre premissas tão científicas como podem ser os elementos da Natureza, as *cores*, os *sons* e as *formas*. É a nova *Tradição da Cúpula de Cristal*.

Observando a Árvore da Vida, podemos ver que ela se assemelha a um cristal de quartzo. As etapas centralizadas pelos Portais representam efetivamente a "sedimentação" do Cristal Divino, do Cristo para a Humanidade.

Mas o processo somente se completa pela restauração de *Daath*, o Conhecimento. É a Quintessência, a força oculta que transforma IHVH, Iavé o Pai, em IHSVH, Jesus o Filho.

Os Cinco Portais representam a geração progressiva de energias cósmicas chamadas as Cinco Forças Vitoriosas, que formam os Poderes-mandala do novo Buda na forma de:

1. Pirâmide (presença),
2. Lótus (compaixão),
3. Espada (autoridade),
4. Olho (visão),
5. Sol (glória).

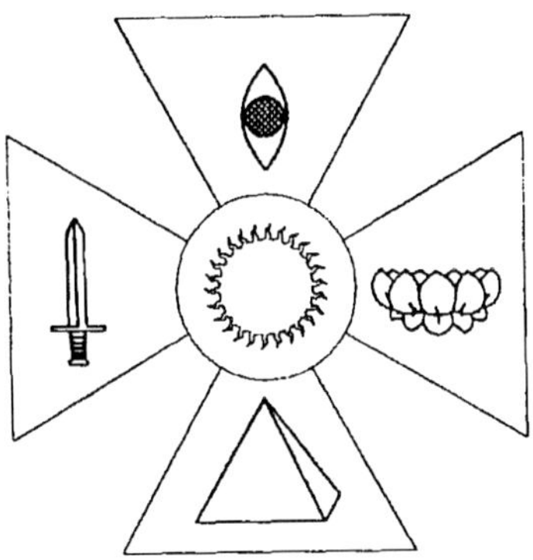

Poderes-mandala são energias especiais administradas pelo Buda através de seu processo de saneamento do carma mundial.

O carma racial impede a imediata expressão da glória divina, e o Mestre toma sobre seus ombros a tarefa de elevar a energia planetária *cármica*, renunciando a viver e a gozar os frutos de suas conquistas de forma imediata, através de seu voto de Bodhisatwa. Isto difere no entanto do conceito budista, porque aqui a idéia da *ressurreição* ocupa a função da reencarnação.

Esta renúncia toma na prática a forma de graves enfermidades que impedem a expressão fluente da energia crística, tal como sugerem profecias como Isaías 53 e as crônicas essênias.

Torna-se necessário refazer tudo novamente, tardando-se outro ciclo idêntico de evolução. Por isto Hórus perde seu Olho único, cabendo reavê-lo com o auxílio de Ísis.

O Cristo abre mão de gozar suas energias pelo período de um ciclo espiritual padrão (10 anos), em favor do mundo. E quando volta a obtê-las, esta energia toma a forma de poder-mandala porque todos podem dela já participar de uma forma muito direta.

Expressam os Cinco Poderes Divinos: onipresença, onisenciência, onigerência, onisciência e onipotência. Aludem também aos cinco grandes temas da pregação do Buda Maitreya: ecologia, almas-gêmeas, teocracia, ciência espiritual e iluminação.

Esta estrutura, cujo símbolo é a Constelação do Cruzeiro do Sul, é a base do novo mandala cósmico e seus calendários raciais.* Corresponde aos símbolos dos quatro *Jinas* ou *Dhyani-Budas*, que representam as deidades dos mandalas de meditação no Budismo, a seguir.

* Ver, em nossa obra *O Calendário da Nova Era*, o Códice mixteca *Huahom-Che* (Fejérvary-Mayer), onde o deus "Coração da Montanha" irradia quatro poderes a partir de sua posição central.

Jina (Significado)	Posição	Símbolo
1. Vairochana ("semelhante ao Sol")	Centro	Roda da Lei
2. Ratnasambhava ("nascido da jóia")	Sul	Jóia
3. Amithaba ("luz ilimitada")	Oeste	Lótus
4. Akshobya ("o inabalável")	Leste	Diamante
5. Amoghadishi ("que atinge seu alvo")	Norte	Duplo-Vajra

Os quatro *Jinas* cardeais associam-se aos quatro Elementos alquímicos (sendo o 5º Jina a Quintessência, ou Éter) e aos quatro naipes do Tarot. Na Tradição da Cúpula de Cristal, correspondem também às Quatro Ciências Sagradas: Cosmologia, Astrologia, Alquimia e Hierofania, com as seguintes construções simbólicas: *Zodíaco, Yantra, Ba-Guá* e *Mandala.* Tudo isto é desenvolvido com o progresso dos poderes-mandala do Buda através do Plano de Shambala. Vários Calendários são ativados por suas energias, e a própria estrutura do Plano configura um Zodíaco próprio, o *joviano* (esfera de Júpiter), relacionado à Árvore da Vida.*

A Tradição deve ser recriada a cada novo ciclo racial. Aspectos como novos preceitos evolutivos e mudança de Hemisférios exigem graves modificações nos padrões de conhecimento e cultura.

E. Conexão-Órion: *A Ampulheta do Tempo*

A grande Constelação de Órion é uma chave capital no processo dos portais.

Órion se estende pelos dois Hemisférios formando, para os antigos egípcios, uma espécie de *ampulheta,* centralizada em seu cinturão, o qual reúne as polaridades gerando uma tríade.

Segundo Max Müller (em *Mitologia Egípcia*), Órion esteve muito antigamente associada a Hórus ou ao Cristo, embora mais

* Para maiores detalhes, ver nossa obra *Terra 2001 – A Cúpula de Cristal* (Nos Bastiões da Cidade Quadrangular).

comumente a Osíris, o Senhor do Tempo. Ora; conforme demonstramos na REVISTA ÓRION DE CIÊNCIA ASTROLÓGICA (n° 1), esta Constelação, com seu centro (as famosas "Três Marias" ou "Três Reis Magos") exatamente sobre o Equador celeste, configura uma *ponte* entre os hemisférios do globo, transladando seu corpo mais ao Norte ou ao Sul da Eclíptica, conforme as épocas. Atualmente ele se acha abaixo da Eclíptica, no Hemisfério Sul. Daí sinalizar a mudança das épocas e regiões do globo:

> "Observando a posição da constelação Órion no planisfério celeste, vemos que situa-se num contexto de imensa riqueza cósmica, junto a constelações e faixas estelares de importância maior para a evolução cósmica em geral e planetária em particular. Está *no cruzamento do Equador Celeste com a Via Láctea*, esta última simbolizada pelos egípcios através do Nilo Superior e pelos gregos mediante o Rio dos Argonautas. Esta é a situação atual de Órion, no início da Era de Aquário. No passado, este contexto se achava alterado, quando o Equador tangia a *eclíptica na região,* ou o *Nilo inferior*, segundo a analogia com a geografia mítica do Egito, durante a *Era de Taurus.*
>
> "Acha-se perfeitamente dividida pelo Equador Celeste, fazendo a imagem de uma *ponte* entre ambos os hemisférios, com os pés ao Norte e a cabeça ao Sul – tal como sugere, aliás, a natureza das polaridades magnéticas de nosso globo, onde o pólo positivo corresponde àquilo que denominamos atualmente o Sul, como é do conhecimento dos cientistas. Seu oposto é *Serpens*, na região de Libra, dando origem à idéia de primordialidade deste signo.
>
> "De modo que não deixa de existir nisto tudo, uma alusão à transferência de forças de um pólo a outro do Globo, ou mesmo de um hemisfério para outro, mediante um processo definido através do próprio contexto sideral que envolve Órion e que se revela através da mitologia associada à constelação. Neste caso, a focalização no mito indica a necessidade de se efetuar esta mudança planetária uma vez mais na História, tal como ocorrera

em outras épocas, quando, *simbolicamente*, o Norte ocupou o lugar onde hoje é o Sul e vice-versa, segundo se observaria em culturas como a egípcia e a chinesa (fato este ainda muito presente nas cartas náuticas de origem árabe usadas pelos navegantes da Europa medieval)."

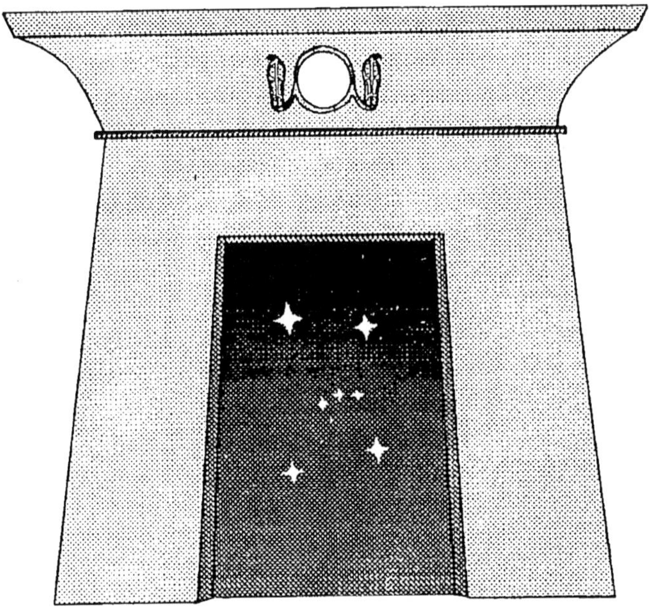

Portal de Órion, em motivo egípcio.

O Portal da Cruz está associado ao pivô do mundo, e Órion faz este papel na presente Ronda. Por isto se associa a Hércules, o herói divino que auxilia Atlas a carregar o fardo do Mundo.

A idéia de nascimento espiritual está igualmente vinculado a ela, através do mito dos Reis Magos. Escreveu a Mensageira Solara:

> "A constelação de Órion é de suma importância na nossa procura sagrada, para a total lembrança, uma vez que é o modelo-mestre da dualidade neste universo dimensional."

Inicialmente, a idéia de *lembrança* é muito importante. A memória não é um livro eternamente aberto em nossa mente. Ele é antes como uma biblioteca ou como arquivos de computador que devem ser abertos para que as informações ali contidas sejam acessadas. E para isto existem certas chaves e energias. No caso em questão, a idéia-base se refere à dualidade cósmica, isto é: às Polaridades. Prossigamos.

> "As três estrelas no cinturão de Órion chamamos EL:AN:RA (Mintaka, Al Nilam, Al Nitah, na astronomia tradicional), são os pontos principais de controle que mantém o nosso universo em posição. É através da estrela central do cinturão de Órion, o olho de AN, que devemos viajar para que possamos fazer nossa jornada através do portal do 11:11."

As Três Marias ou os Três Reis Magos são colocadas como o próprio Pivô cósmico. Através delas os tempos mudam. Relacionam-se às três grandes Pirâmides de Gizeh, que por sua vez se associam às três raças sagradas, etc. O "olho de AN" é a Grande Pirâmide, a central, a qual diz Solara conter "a chave de nossa viagem de volta para casa".

> "Órion é dividida em três zonas. A zona mais elevada é regida pela estrela Betelgueuse. Aqui estão os conselhos da Luz. A zona mais baixa é controlada pela estrela Rigel, e é a casa do Lorde das Trevas. Na parte central de Órion está uma zona de justaposição que contém o EL:AN:RA. Esta área poderia ser chamada de "Grande Luz", pois representa a união alquímica e sagrada da escuridão e da luz em Um. É guiada pelo Lorde Metatron e o conselho dos Elohins."

Betelgueuse se vincula à luz porque o Norte era a região espiritual no ciclo áryo. Tal coisa está no entanto mudando. Existem de resto outras aplicações.

> "Órion é como uma grande conversão de Antarion.

> Dentro desta zona de justaposição todas as dualidades se fundiram em Um. Nosso desafio atual é criar esta zona de justaposição dentro de nós mesmos até que estejamos irrevogavelmente ancorados na Unidade."

Assim, Órion simboliza aquilo que devemos realizar em cada um de nós: gerar uma zona de encontro para as polaridades. Isto resume a tarefa deste Portal.

Novamente a idéia de dualidade surge forte para Órion, que tem pés e mãos (é o que significam *Rigel* e *Betelgueuse*) em Hemisférios opostos do globo. A transição de energias da Nova Era exigirá um processo ao qual a simbologia de Órion pode corresponder, posto que retira dos pés ao Norte e conduz à cabeça no sul, se considerarmos um processo evolutivo ou espiritual para as energias desta constelação. Naturalmente, isto não se dá de forma imediata, implicando antes uma harmonização central simbolizada pelas Três Marias.

Eis algumas implicações míticas e calendáricas encontradas na REVISTA ÓRION DE CIÊNCIA ASTROLÓGICA:

> "Deve-se observar que Órion, em sua marcha ascensional, atinge o zênite no início do ano (entre Janeiro e Fevereiro). É a época em que iniciam alguns calendários, como o sino-tibetano joviano e o asteca solar. De modo que o Ano Novo e o simbolismo dos atos litúrgicos desta época, inclusive o Natal, são realizados sob os influxos desta constelação.
>
> "Estas três estrelas são na verdade seis, pois uma é dupla e outra é tripla. E isto acarretaria um sem-número de considerações simbólicas, valendo 6, 33, etc. É muito possível que isto tenha dado lugar à simbologia egípcia do 'duplo-Órion'.
>
> "A função das três estrelas centrais de Órion é ampla na mitologia, e podem ser equiparadas às três damas da barca de Arthur (nome que se relaciona à Ursa Maior), às três fiandeiras do destino na mitologia grega e às três Marias da vida de Jesus, que lhes deram o nome na cultura cristã. São conhecidas no Hemisfério Norte como os

três Reis Magos, cuja festa se realiza a 6 de janeiro, 12 dias após o Natal, ciclo este que segundo os hindus simbolizam os 12 meses do ano, função clássica dos epagomenais (os dias que excedem os 360)."

Segundo uma teoria, relacionam-se também às três grandes Pirâmides de Gizeh (o tema é melhor desenvolvido em nossa obra *Terra 2001 – A Cúpula de Cristal*).

De qualquer forma, Órion relaciona o 3 e o 4, e tal coisa reforça a idéia setenária oculta neste Portal, presente conjunturalmente na Astrologia (3x4) e estruturalmente na Alquimia (3=4), dando margem para todas as possíveis variantes.

O formato de Órion presta-se também para simbolizar as duas grandes naturezas de Dharmas históricos, caracterizados como quaternário, negativo ou "Vazio" *(Sunyata)* como o de Gautama, e ternário, positivo ou de "Plenitude" *(Sarvagata)* como o de Maitreya.

A. Calendário Oriano: *Reconversão ao Sul*

É através de Órion que as grandes conversões e alquimias cósmicas se dão na atualidade. Sua natureza central e setenária simboliza o conjunto dos processos ora em andamento. Ainda que apresente um vínculo direto com "Malkut de Malkut" (Portal da Cruz), é Órion que realiza a ponte entre as Plêiades e Sírius no espaço sideral, como se observa na imagem adiante. Corresponde a Gêmeos, que une Touro a Câncer através de sua dualidade, assim como o passado ao futuro, gerando a *experiência real* do presente. É por isto o símbolo da humanidade em evolução, do Eu Superior, do Intermediário místico ou do Anjo solar. Suas estrelas representam o Homem arquetípico-celeste, e sua imagem ensina que os extremos são sempre duais. Apenas o Centro comporta a síntese.

Alude à conhecida classificação esotérica de um Quaternário material e uma Tríade espiritual: a *totalidade*, na união dos opostos.

Órion representa a atuação mediadora da Hierarquia na redenção pessoal da humanidade. Sua forma visível é como o corpo de Deus, representando o divino ao longo dos tempos. A função da Hierarquia é apresentar a *ancoragem divina*, substituindo de algum modo o corpo divino sacrificado em favor do mundo.

A Hierarquia assume a sua parte na expiação contínua do carma humano. Órion também se relaciona à crucificação por situar-se sobre o Equador celeste, no centro do planisfério.

Assim centralizado, a mais vistosa das Constelações apresenta no céu a imagem de um perfeito mandala. De um modo geral, Órion simboliza a Quarta Ronda planetária que está atualmente por encerrar.

As quatro estrelas externas desta Constelação – as mãos e os pés do Gigante – representam as quatro Raças Sagradas distribuídas pelo mundo, e o cinturão de Órion as quatro Ramas de Shambala, acrescidas de uma quarta associada a Sírius, que é para onde aponta o Cinturão (ou a "lança" do Gigante). Esta quarta Rama resume tudo, pois Sírius, o 5º Logos Cósmico do esoterismo, simboliza o final desta 4ª Ronda Cósmica e o início da próxima. É a grande Estrela do Ocidente, e a nova Ronda relaciona-se particularmente a este hemisfério.

Os Centros externos dividem-se em grupos norte-oriental e sul-ocidental. A Linha Sagrada nordeste-sudoeste, sempre anunciada pelo *Feng Shui* e acompanhando a Via Láctea, passa exatamente sobre o Cinturão de Órion situado sobre o Equador celeste, reunindo as Plêiades a Sírius. Atlas encontra-se nas Plêiades, que chamam-se também Atlântidas em função disto. Seu nome embasa o Oceano Atlântico, simbolizado pela Era de Peixes, a das grandes navegações. A travessia deste tempo (Era) e espaço (Oceano) representa igualmente a todo este processo decorrido através das Colunas de Hércules (outro nome de Órion), situadas geograficamente nas proximidades dos Montes Atlas na África.

A idéia das duas colunas está associada ao signo de Gêmeos e também a Órion, muito próximo do anterior, e cujo quadrângulo expressa a travessia Leste-Oeste e depois Norte-Sul. Isto gera um ângulo reto que simboliza a matéria, o aspecto exterior da evolução.

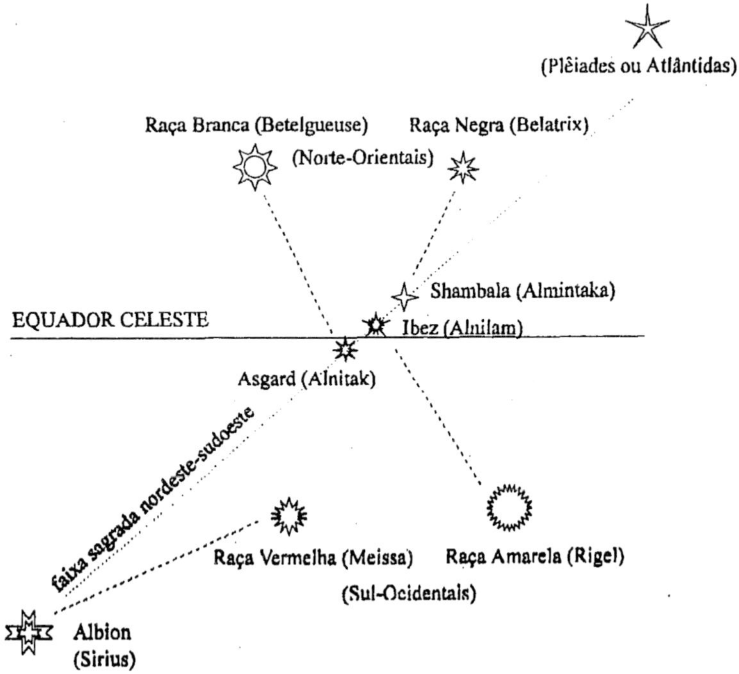

As Três Marias representam o aspecto *interno* deste processo, realizado de forma espiritual. São as Três Ramas sagradas de Shambala simbolizadas pelos três Reis Magos, que trazem as dádivas divinas ao Cristo nascente, no caso, simbolizado por Sírius, que representa também o Ocidente (e o Sul). O norte é regido por Mercúrio e o sul por Vênus (associado a Sírius). Simbolizam também, fisicamente, as três regiões de transição do globo, que são a Europa, a Indonésia e a América Central.

O herói Órion tem sido identificado a Hércules e seus 12 trabalhos. Este, por sua vez, corresponde a Júpiter, cujo ciclo de 12 anos, análogo ao do Sol (12 meses, 12 Eras), faz a imagem do discípulo e até do Mestre que procura reproduzir em seu microcosmo a tarefa solar realizada pelo Cristo. Por isto Júpiter denomina-se *Guru* em sânscrito, estando relacionado à filosofia, à religião e à maestria. E por isto, também, o ciclo oriano se expressa através do Calendário Joviano no sistema solar.

Ao mesmo tempo, por sua proximidade de Gêmeos, o Calendário oriano é basicamente mercurial, e diz respeito a *transformações*. Mercúrio é a esfera que congrega todas as polaridades, e Órion faz o aspecto cósmico de Mercúrio. Órion é evocado como o Conversor e Articulador Universal. Qualquer processo criador recebe a influência de algum aspecto de Órion.

Sabe-se que o Calendário Joviano trabalha com processos alquímicos: o Oriental com os Cinco Elementos (quintessência mercurial), e o Ocidental com os Sete Raios (setenário totalizante). A etapa oriental de Júpiter como regente da Era de Peixes está ultrapassada. Agora resta o Júpiter da Sexta Raça-Raiz. Suas essências totalizam o 5+7=12 do ciclo joviano básico (ver *Terra 2001- A Cúpula de Cristal*).

Toda esta mudança aponta atualmente para o Sul. O fato de achar-se o Gigante com a cabeça situada no Hemisfério Sul é significativo. Chineses e egípcios dispunham o Norte no hemisfério meridional. Os criadores da bússola sabiam que o verdadeiro pólo magnético fica neste hemisfério, e que as areias da ampulheta apenas podem correr atualmente nesta direção.

O processo Leste-Oeste e vice-versa, especificamente, denomina-se *Fator-Plêiades* (Plêiades-Órion). A travessia Norte-Sul e vice-versa dá-se através da *Missão Sírius* (Órion-Sírius). Em ambos reunidos temos os ciclos completos da *Operação Órion*.

I. Os Portais de Órion: *Ciclos da Luz*

Ao mesmo tempo em que representa as etapas de transições hemisféricas Norte-Sul e vice-versa, assim como Leste-Oeste e vice-versa, Órion também intermedia as relações entre as esferas cósmicas.

Algumas destas esferas têm sido já reunidas por Alice A. Bailey, que apresenta a seguinte classificação em *Astrologia Esotérica*, naquilo que diz respeito aos três Centros cósmicos e planetários. As esferas sistêmicas relacionadas foram acrescentadas por nós:

a. Plêiades .... *Humanidade* .... Lua
b. Sírio .... *Hierarquia* .... Sol
c. Ursa Maior .... *Shambala* .... Vênus

Assim como a Alma realiza a ponte entre a matéria e o espírito, Sírio exerce a mediação entre as Plêiades e a Ursa Maior.

A presença de Órion neste quadro é "providencial", pois, disposto astronomicamente entre as Plêiades e Sírius, tem a função de suprimir o excesso de carma que porventura possa ainda existir, impedindo a consumação dos processos mundiais. Por isto relaciona-se ao Portal da Cruz, o "Malkut de Malkut" que dispõe as bases ocultas sobre as quais o novo pode emergir.

Na outra ponta da escala encontra-se Vega (através de Dragão), que realiza a coroação, a síntese e a consumação de todas as coisas.

Estas duas esferas, Órion e Vega, não constituem Calendários pragmáticos, embora também estejam sujeitos a cômputos matemáticos e se relacionem a processos vinculados à Cosmologia e à Hierofania. O mesmo se pode dizer de Júpiter e Saturno, cujos Calendários são amplos e cabem melhor nas esferas da Astrologia e da Alquimia, servindo como elos diretos com as esferas cósmicas.

Como sugerimos, a organicidade deste grupo pode ser observada através de suas disposições astronômicas. Tais Constelações encontram-se praticamente colocadas em seqüência longitudinal. Mais ainda, correspondem a uma série de signos regidos por elementos distintos no Zodíaco. É este o quadro:

a. Ursa Maior .... Leão .... Elemento Fogo
b. Cão Maior (Sírius) .... Câncer .... Elemento Água
c. Órion .... Gêmeos .... Elemento Ar
d. Plêiades (Atlas) .... Touro .... Elemento Terra

Compreende-se assim que o grupo forma uma unidade real. Estendê-lo seria repetir energias essenciais. Daí que o grupo encerra com uma esfera realmente central: *Dragão*, a Constelação polar simbolizada pelo animal mítico de 5 patas e envolvendo os 5 elementos; apesar de haver aplicações mais vastas para esta função central (uma sugestão: cada pata contém 5 dedos). É a mesma serpente-alada-com-garras dos pré-colombianos. Seu símbolo no Oriente Médio foi o *Querubin* ("Touro Alado"), o *Farohar* ("Globo-Alado-com-Serpentes") e a *Esfinge*, embora a Quintessência estivesse sempre representada ali pelas Pirâmides, considerada "ativa" em relação aos anteriores: a Esfinge de Gizé é a passiva guardiã das pirâmides, como os *elementais* da Natureza que servem de base ("pés") e como instrumentos ("mãos"), mas não de cérebro ou coração.

Gênesis 3,24 afirma que os Querubins foram colocados para proteger os portões do Paraíso. Isto se refere à Hierarquia ou aos Ashrams espirituais, através dos quais unicamente a humanidade pode ter acesso à luz real durante a Quarta Ronda.

O ciclo de 8 mil anos é pouco conhecido, mas representa a 6ª das 9 Ordens de Tempo dos maias, o *Pictun*, a mais alta em termos de "utilidade" astrológica. Seus quatro signos somam 120 graus.

Este ciclo inclui dois setores de signos *Fixos*, diretamente relacionados aos Elementos alquímicos (Touro e Leão, no início e no fim do grupo), representam Eras já vividas pela humanidade e fazem parte de sua memória ancestral, integrando um ciclo maior caracterizado em sua unidade por Dragão, que corresponderia a esta origem comum de forma direta ou, mediante Vega, indireta.

Deste modo, podemos pensar que tais esferas cósmicas também correspondam a uma cosmologia, embora focalizada sob um aspecto superior, na qual a Ursa Maior (uma constelação circumpolar, que inclusive tange a Dragão) representou realmente o ápice.

Pode-se inclusive observar que as posições das constelações sagradas geralmente se estendem com naturalidade entre os signos zodiacais, sugerindo elos de ligação entre eles e, portanto, processos de transformações baseados em Zodíacos próprios.

Muitas vezes, os ciclos de citações mitológicas se referem a faixas inteiras de constelações que formam Zodíacos próprios, vistas isoladamente ou em relação com outras, com as quais se relacionam através de incidências comuns no tempo, por exemplo. Os Trabalhos de Hércules aludem ao Zodíaco visto através do Órion. A Viagem dos Argonautas segue através da Via Láctea. É bem conhecida também a faixa circumpolar, formando uma *mandala* cósmica. Pode-se constatar igualmente um Zodíaco Siríaco no Hemisfério Sul.

A literatura esotérica atribui uma função setenária a todas as quatro Constelações. Os mais conhecidos são os "Sete Rishis" da Ursa Maior e suas "Sete Esposas", as Plêiades. Alice A. Bailey escreveu o seguinte sobre Sírius: "Sírio atua em forma sétupla através dos sete raios e seus sete grupos, pois constituem a hierarquia ativa" *(Astrologia Esotérica)*. Quanto à Órion, pode-se explorar o caráter setenário expresso em sua forma física e também em sua posição astronômica.

Com relação aos vínculos de polaridades, se a tradição hindu atribui uma complementaridade entre a Ursa e as Plêiades, a tradição egípcia sempre relacionou Órion a Sírius.

A origem setentrional e o movimento original em direção ao Sul, seguido pelo retorno ao Norte, também é característico. Nesta Quarta Ronda, todas as coisas começaram na *Hyperbórea* (Lemúria), dirigindo-se depois aos *Antípodas*(Atlântida) no Sul, para então retornar uma vez mais ao *Setentrião* (Aryavartha). Este foi o processo realizado até o ciclo áryo (Quinta Raça-Raiz, V Mundo maia), que praticamente encerra a Ronda.

Por isto os grandes mitos celestes cristalizaram este conjunto. Depois vieram as Eras de Áries e de Peixes, evocando importantes fatores zodiacais – um novo Grande Ano de Platão tinha início, em Peixes – e também a chegada de épocas inferiores – as Idades de Prata e de Ferro.

Com a chegada da Era de Aquarius, um novo marco *Fixo* no tempo cósmico se implanta. O novo grupo abrange Touro, Áries, Peixes e Aquário. O signo fixo *enlaça* os grupos elementais; no caso, é Touro que realiza a "ponte". Assim, na prática, resta sempre apenas 3/4 do ciclo, padrão que lembra a proporção dos *Tzolkin*, a evolução dos *Yugas* no *Manvantara* e a forma de Órion; o padrão também pode ser encontrado na geografia sagrada do antigo Egito (ver mais sobre isto em *O Portal de Farobar*).

Embora a maior parte destes signos se encontrem já ultrapassados, fazem parte de um grupo unificado com reflexos sobre a cosmologia racial, de modo que suas essências geram processos mundiais que devem ser cultivados, ao menos até o momento em que a Ronda esteja plenamente terminada.

Para isto se dispõe atualmente de novas constelações sagradas, como a Ursa Menor (vide *Astrologia Esotérica* de Alice A. Bailey), Andrômeda, Fênix, Pégasus, Triângulo e o Cruzeiro do Sul. Pode-se construir o seguinte quadro para a nova "Esfinge":

a. Perseu .... Touro .... Elemento Terra
b. Baleia .... Áries .... Elemento Fogo
c. Fênix .... Peixes .... Elemento Água
d. Pégasus .... Aquário .... Elemento Ar

Estas são portanto as bases de uma mitologia viva, que já tem sido explorada pelos povos, nos mitos gregos como o de Perseu resgatando Andrômeda do peixe que a ameaçava, no mito hebreu de Jonas dentro da baleia, no símbolo egípcio da Fênix narrado por Heródoto, no Pégasus liberado por Perseu ou na descrição do *Lung-Ta* (Pégasus hindu-tibetano) trazendo a Pedra sagrada *Chinta-mani* para o Ocidente, etc.

A Quintessência tem seu novo referencial através da Cruz do Sul, posto que a direção geral deste grupo é meridional. É também o símbolo da nova Ronda mundial – a Quinta – e um grande marco de orientação no tempo-espaço.

Também se considera importante a influência da Ursa Menor nesta fase de transição. Astronomicamente, *Polaris* (*Alfa Ursae Minoris*, a Estrela Polar atual) representa o mais perfeito referencial polar.

Tratam-se de processos novos e que se acham em construção, mas que abordaremos de passagem nesta obra, cujo propósito é revelar a chegada dos novos tempos em seus mais distintos níveis, reunidos e potencializados nas iniciações cósmicas de seu Avatar, Maitreya.

Também é necessário conhecer os processos anteriores, porque da profunda recapitulação do passado depende o futuro. Muitos passos são dados de forma antiquada e imperfeita, devendo ser atualizados e aperfeiçoados. Muita coisa é feita de forma oculta, aguardando a hora das grandes revelações. Todo o passado sobre os antigos Portais deve ser posto à luz para que o futuro emerja.

O Plano dos Portais resgata estas augustas realidades atávicas de uma forma dinâmica e construtiva, voltada para os tantos ciclos que se reiniciam neste grandioso momento cósmico – a grande "Meia-Noite dos Tempos". A síntese é necessária num momento iniciático-grupal de recapitulação e renovação.

F. Os 12 Anos Finais

A magnitude dos eventos do Portal da Cruz apresenta várias conseqüências espirituais e cronológicas para o Planeta Terra. Uma delas é restabelecer bases para calendários, entre eles o Lunar e o de Júpiter (conforme detalhamos em *Terra 2001 – A Cúpula de Cristal)*, especialmente este último, cujo ciclo básico é também de 12 anos.

Sabemos que 12 é um dos grandes números-chave do Cosmos. Por que havia 12 Tribos em Israel? Qual a razão de terem sido 12 os Apóstolos? Por que existem 12 signos no Zodíaco? As respostas se encontram na Cabala, na Arqueometria, na Astronomia, na Astrologia, na Geometria Sagrada.

O tema é universal, e o sinal disto é que podemos encontrar Zodíacos de distintas ordens de grandeza e com diferentes funções.

Em termos de humanidade, podemos dizer que é o período dado à preparação do mundo para a Nova Era: 120 anos coroados em 12.

Esotericamente, devemos observar que, na Ciência yogue, o Centro *(Chakra)* do Coração apresenta 12 pétalas. No mesmo sentido, o *Chakra* coronário tem suas 1000 (960) pétalas, subdivididas em 12 seções realizando uma ponte interna com o cardíaco. A proporção é de 80 pétalas por seção. Por isto o 8 rege os processos cardíacos (o próprio coração físico se apresenta internamente com esta forma) e os dos *Chakras* em geral (no sistema tibetano, todos os 5 Centros são divisíveis por 8).

O Portal da Cruz foi realizado em 88, e sua coroação se dará no ano de 1998 e 2000.

O número 8 corresponde à Justiça, no Tarot. Neste momento as coisas devem ser equilibradas. O 2x4 representa o equilíbrio cármico entre Matéria e Espírito. A numerologia do ano confirma o princípio básico: 1988=26=8. 26 é também um número divino, por ser o valor de IHVH.

Esta foi a função da década de 80, que teve seu ápice no "8 do 8" (1988) através da crucificação (simbólica) e da iluminação do Avatar, uma forma providencial de compensar o carma humano.

O 8 é o símbolo do infinito, e neste Portal da Cruz as energias eternas começaram a penetrar no planeta. 88 é o segundo Ano-Gêmeo da Cúpula de Cristal, afirmando o Segundo Espelho de Sabedoria do Dharma de Maitreya, o qual determina o princípio de Hierarquia na correlação entre superior e inferior. É a trave vertical da Cruz. Somado ao primeiro Espelho relativo a Polaridades, que é a trave horizontal da Cruz, temos o símbolo 8 em duas posições formando uma flor ou chakra de 4 pétalas, que corresponde ao centro básico, *Muladhara*, símbolo da Compaixão iluminada. Esta data representa o início do trabalho superior do Corpo de Compaixão (ou Bem-Aventurança) do Buda, que prossegue por um decênio e forma a Árvore da Vida relacionada ao Plano de Shambala.

Com 8+4=12 retomamos a numerologia 4:12 que também fundamenta a relação entre a Humanidade e Shambala, ou entre a Igreja e o Cristo.*

O processo se dá em três e quatro etapas. Suas bases se processam num veículo denominado *Corpo Causal* (o *Atanor* místico dos alquimistas), dentro do qual evoluem as pétalas de Conhecimento, Amor e Sacrifício, relacionadas às tríades e associadas aos Ritmos Cósmicos de Tempo (passado, presente e futuro), ou aos *Gunas* do hinduísmo *(rajas, satwa* e *tamas)*. A síntese (Iluminação) dá-se no quarto grande momento, que é o

* Como veremos, existe ainda outro vínculo do quaternário com o decimal, através da fórmula da *Tetraktys*: 1+2+3+4=10. De modo que em 1998, no Portal do Sol, tem-se previamente um grau importante de coroação do processo.

centro do Setenário. Corresponde à Eternidade e ao *Nirguna* (a-ritmo).

O processo que conduz a isto chama-se "construção do Corpo Causal", e o que segue dali (vivido como tal sobretudo pela Hierarquia) é a "destruição do Corpo Causal". É tudo isto, em certo sentido, o equivalente a *Samsara* e *Nirvana*, ou *Manvantara* e *Pralaya*.

Na quarta etapa, o *Instrumento* (tríade) construído é "jogado" para formar os Alinhamentos de Consciência: *Personalidade, Alma e Espírito*, através do trabalho dos Centros superiores: Coração, Garganta e Cérebro (sendo o da Fronte "apenas" um Centro diretivo e não propriamente energético).

Existe portanto esta analogia entre Centros básicos e superiores, assim como entre Ritmos cósmicos e Alinhamentos.

Tal coisa se reflete nos processos paralelos do *Buda* e da *Sanga* (Comunidade).

Ora, a Crucificação/Iluminação do Avatar dá-se 12 anos após o seu nascimento espiritual. Este é um padrão-fixo, uma das grandes características avatáricas. Todo o Messias se ilumina após 12 anos de trabalhos espirituais, derivando daí o mito do Deus-menino ou da criança que aos 12 anos ensina os doutores no Templo, ou seja: um iniciado que se ilumina de forma tão precoce que, comparativamente aos restantes, é apenas um "menino" no mundo espiritual.

De posse de seu *Instrumento*, o Avatar começa a projetar suas energias no mundo, colocando as bases para a Iniciação Coletiva, que exigem, é claro, certo grau de conscientização e trabalho por parte da humanidade.

A partir da Cruz o Buda começa a edificar seus Alinhamentos, que são os seus corpos *(kayas)* tradicionais, dos quais a humanidade participa através de iniciações básicas.

Todos conhecemos os desenhos dos *Chakras*. São formados por pétalas, triângulos e centros (letras, pontos, etc.). Pode-se dizer que o Buda confere os "triângulos" necessários para o trabalho periférico da Humanidade (pétalas) e para o trabalho central da Hierarquia (centros), a serem realizados *através* das tríades de alinhamentos e poderes-mandala nos Portais. A seguir temos o desenho de um Chakra.

Assim, à medida que Shambala (através do Buda) *tece* todo um Alinhamento, a Humanidade e a Hierarquia capacitam-se a galgar mais um grau em suas próprias sendas. Isto ocorre da seguinte forma:

Portal	*Alinhamento Búdico (tríades)*	*Humanidade*	*Hierarquia*
P. da Cruz	Personalidade (1°, 2° e 3° graus)	1° grau	5° grau
P. da Terra	Alma (4°, 5° e 6° graus)	2° grau	6° grau
P. da Lua	Espírito (7°, 8° e 9° graus)	3° grau	7° grau
P. do Sol	Logos (10°, 11° e 12° graus)	4° grau	8° grau

Todo este trabalho é realizado através dos Portais do "Fim de Tempos", no período de 12 anos que decorre entre o Portal da Cruz e o Novo Milênio. E tal coisa origina tanto um novo Plano Universal de trabalhos, como um novo Calendário para a humanidade, com a reformulação do Calendário Joviano.

Como já vimos, este processo iniciático e discipular está baseado no ciclo de Júpiter (12 anos), planeta chamado *Guru* em sânscrito (considerado o "quarto refúgio" no Budismo tibetano), e que apresenta uma analogia com os ciclos pleidianos e com os do Sol (12 casas, 12 meses, 12 Eras), dentro da chave dos *fractais*. Este ciclo representa uma estrutura espiritual particular, e também forma um zodíaco próprio – o Zodíaco Joviano –, que os chineses adotaram com seu ciclo de animais, e que no Plano dos Portais inicia no sacrifício espiritual do Cordeiro em meados de 1988. Este ciclo também está relacionado à mais importante das festividades hindus, o *Kumbha Mela*, que evoca o signo de Aquário (*Kumbha*), símbolo da Iluminação ou da 4ª Iniciação.

A. O Portal do Cruzeiro do Sul

A Constelação do Cruzeiro do Sul traz uma outra abordagem. É uma das formações mais conhecidas do céu meridional, tendo sempre servido de referência aos viajantes.

A imagem do Cruzeiro do Sul está presente na heráldica de muitos países deste Hemisfério. No Brasil é ostentado no escudo republicano e nomeia a sua Ordem militar mais importante.

Ao contrário das Plêiades, é uma constelação circumpolar, situada "sobre" a Via Láctea e o Círculo Polar Antártico-Celeste, num ponto em que ambas as esferas se tangem, reforçando a imagem em forma de cruz que apresenta, ao sinalizar o encontro meridional entre as duas importantes "rotas" cósmicas.

Seus braços são formados por quatro estrelas de primeira grandeza. Catalogado por Ptolomeu, o Cruzeiro do Sul é um excelente relógio, pois a linha formada por suas estrelas *Alfa* e *Gama* giram em torno do pólo em aproximadamente 24 horas.

Serve também para identificar o Pólo Sul. Seu braço mais extenso aponta para a Estrela Polar, situada a uma distância de 3,5 vezes a longitude da própria Constelação do Cruzeiro do Sul. Pode-se lembrar aqui a importância da cifra 3,5 no yoga e nas profecias. A serpente mística *kundalini* dá 3,5 voltas até culminar no *chakra* frontal, e o Templo (Cristo) tardaria 3,5 "dias" para ficar pronto (cf. Apocalipse 11), tal como Jesus permaneceu 3,5 dias sob a terra após sua crucificação.

O Cruzeiro do Sul, por seu aspecto cruciforme, é o símbolo celeste natural do novo dharma e até da nova Ronda mundial, ou da nova mandala cósmica que se implanta nestes dias. O novo grande ciclo de civilizações vincula-se de forma especial ao Hemisfério Sul, especialmente à América do Sul. No desenho a seguir, encontramos a sobreposição das 5 estrelas da Constelação do Cruzeiro do Sul no mapa da América Meridional, destacando as suas 5 grandes regiões e seus Centros (duplos): Região Andina (Lima/La Paz) a Oeste; Região Amazônica (Caracas/Bogotá) ao Norte; Região Atlântica (São Paulo/Rio de Janeiro) a Leste; Região Patagônica (Buenos Aires/Santiago) ao Sul; e Região Pampeana (Porto Alegre/Montevidéo) ao centro. Cabe observar que mesmo a posição da Cruz concorda com esta realidade geográfica, onde o braço mais extenso aponta para o Pólo Sul.

Portal do Cruzeiro do Sul, em porta incaica, Saksayhuaman.

Características Gerais dos Portais				
	Portal da Terra	Portal da Lua	Portal do Sol	Portal do Reino
Iniciação	Primeira	Segunda	Terceira	Quarta
Esfera	Malkut	Yesod	Tipheret	Kether
Elemento	Terra	Água	Ar	Fogo
Alinhamento	Personalidade	Alma	Espírito	Logos
Fogo	Frictivo	Magnético	Elétrico	Plasmático
Centro	Humanidade	Hierarquia	Shambala	Logos
Trindade	A Mãe	Esp. Santo	O Filho	O Pai
Trimurti	Brahman	Brahma	Vishnu	Shiva
Signo	Touro	Escorpião	Leão	Aquário
Ciclo	Era	Raça	Ashram	Ronda
Mundo	Assiah	Yetzirah	Briah	Atziluth
Poder	Presença	Compaixão	Autoridade	Glória
Refúgio	Sangha	Dharma	Buda	Guru
"V"	Via	Verdade	Vida	Vitória
Expressão	Guerreiro	Curador	Profeta	Mestre

Capítulo 2

O PORTAL DA TERRA

O primeiro Portal de Tempo que recebeu uma atenção realmente mundial, afirmando-se como um consciente *Testemunho da Terra*, ocorreu no Ano de 1992, intitulado "11:11" em função da data de ocorrência. Pelo caráter de seus trabalhos, e também pela grande participação ocorrida, foi ele o "Portal da Terra", revelando os potenciais espirituais do centro da Humanidade – a nova *Sangha* portanto.

O símbolo búdico deste Portal é a pirâmide, resumida na Chave Cromática da Cúpula de Cristal, conferida neste Portal (ver adiante).

Representa a Presença divina na Terra, o início do processo de *avatarização*. Por isto esta data configuraria um novo grande início de ciclo mundial: a Nova Era. O artigo a seguir esclarece isto.

A. O Novo Ano Zero*

O ano de 1992 foi de extrema importância na transição dos tempos atuais. Do ponto de vista mundano – e na medida em que as coisas que envolvem o Novo Mundo possam ter algo de realmente comum –, nele tivemos, externamente, três grandes acontecimentos mundiais, a saber: a celebração dos 500 anos da Descoberta das Américas, as Olimpíadas da Espanha e a Conferência Internacional para o Meio Ambiente, realizada na cidade do Rio de Janeiro.

Em certo sentido, os três tempos – passado, presente e futuro –, estiveram deste modo representados, razão pela qual denominamos a época como "O ano em que passado e futuro se encontram".

Certamente também os três eventos teriam coisas em comum. Parece evidente, por exemplo, a associação ocorrida entre a celebração da Descoberta e a escolha da Espanha para sediar as Olimpíadas. Quanto à escolha do Brasil para sediar a Conferência, trata-se de homenagear a nação que ostenta a maior floresta do planeta, e que, de resto, é tida como o grande berço da Nova Raça mundial, em seu aspecto solar, eclético ou sintético. O aspecto "futuro" é, de fato, sempre associado ao potencial da nação brasileira – o "gigante adormecido". E nisto tudo resulta uma outra definição para 1992: *O Ano Latino por excelência.*

Espiritualmente, no mesmo contexto, veio também à América Latina, e ao Brasil especialmente, o Dalai Lama, que teve no paralelo 30 uma recepção especial de chefe de Estado. Mas, sobretudo, deve ser sempre lembrado o grande acontecimento espiritual chamado *Movimento 11:11,* a grande convocação planetária em prol da abertura de um novo Portal cósmico, como se dizia na ocasião, baseado em importantes considerações astrológicas ocultas.

Estes cinco eventos reunidos conferem um quadro trans-

* Publicado no Jornal Paralelo ॐ – A Cultura da Idade de Ouro, nº 7, FEEU, Porto Alegre.

cendente, onde cada elemento complementa o outro, e o 11:11 centraliza e coroa tudo, com um sentido elevado de ecletismo. De fato, o Movimento muito representou em termos de transformação do ciclo atual, no sentido de trazer as energias da Nova Era, mesmo porque não poderia haver separação entre a emergência de um Novo Mundo *no espaço* (a América), com o mesmo processo *no tempo* (a Nova Era)!

Em si mesmo, o "11:11" pode ser visto em termos tríplices, no sentido de ter aproximado os três grandes Centros planetários: *Humanidade, Hierarquia e Shambala.* Por ora, cabe investigar um aspecto básico deste processo, associado à numerologia do evento e sobretudo do Ano em si, e que corrobora a idéia da *consumação* de um ciclo, sugerida também na conotação escatológica presente na literatura de divulgação do Evento elaborada por Solara (o texto principal foi publicado no Boletim da FEEU de 1995). De modo que, cientes de que a numerologia do ano resulta em (1+9+9+2=) 21, correspondente ao valor ZERO no Tarô, teremos uma terceira definição: a de que se trataria do próprio ANO ZERO DA NOVA ERA, ou um de seus grandes marcos inaugurais.

Explicamos. Inicialmente, a 21ª letra do alfabeto hebraico chama-se SCHIN, e a maior parte dos *Tarôs* faz corresponder sua 21ª lâmina ("O Louco") ao valor Zero. Alguns julgam (equivocadamente) que o Zero possa ser, isto sim, a 22ª lâmina. Ora, o emblema egípcio abaixo chama-se *Schen*, portanto, a mesma grafia da letra hebraica, considerando que a colocação das vogais é algo aleatória nestas línguas.*

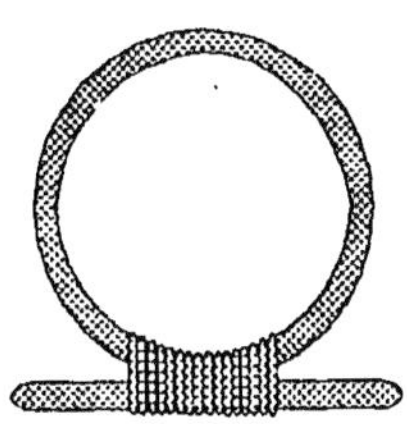

Schen egípcio

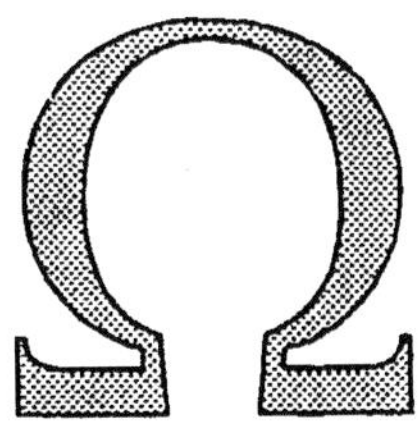

Ômega grego

* Também queremos sugerir a correlação com as palavras *China* (de sua Primeira Dinastia, *Ch'in*) e *Shinto* (donde Shintoísmo).

Como o caráter circular deste símbolo egípcio de *Totalidade* é evidente, e idêntico à grafia do Zero (sobretudo à última letra do alfabeto grego, *Ômega*), julgamos que a realidade possa estar definitivamente demonstrada em favor da 21ª lâmina do Tarô, também a partir destas considerações lingüísticas. Tampouco se deve julgar que o 22º Arcano represente uma continuidade real, já que remete a outra esfera de valores, a saber: os Arcanos Menores do Tarô. De fato, o esquema dos Arcanos Maiores contém na prática apenas 20 arcanos "positivos" (em analogia portanto com o sistema calendárico pré-colombiano), revelando-se com isto de natureza *atlante* – embora também universal, porque associado ao ciclo de conjunções "mínimas" ou de 20 anos dos *Cronocratores*: Júpiter e Saturno, a "Estrela de Belém".

Neste aspecto, em relação ao calendário pré-colombiano mencionado, a literatura de divulgação do Movimento afirma que este Portal teria sua validade até o final do ano 2011, porque diz respeito ao início do último ciclo vigesimal desta Era Solar (que culmina em 2012), tratando-se pois de um ciclo terminal e decisivo para a penetração da Humanidade numa nova Era Solar de 5.000 anos (ou até de um Ano Cósmico de Platão completo), dando início verdadeiramente a uma nova Civilização mundial.

Tudo isto se reporta, pois, ao aspecto terminal deste ano, aplicado a todo um ciclo maior, que deve ser lido junto ao contexto antes comentado. Mas pelo simples fato de haver sido o último Ano-21 do século, ele aponta para o vindouro século XXI, que já integra outro Milênio e também uma nova Era Zodiacal, do ponto de vista dos calendários Cristão e Pré-Colombiano. Gera, pois, um alinhamento com as futuras energias, e nisto seria bem aproveitado pela Hierarquia.

Além disto, 1992 encerra o importante ciclo de 500 anos que fundamenta o chamado *Pachacuti* (ciclo da Mãe-Terra) dos incas. Os maias registram 520 anos, que é certamente uma outra razão pela qual os trabalhos de José Argüelles apontam o *grand final* para o Ano de 2012.* Para o Brasil, descoberto em

---

* O tema é apresentado em *O Fator-Maia – Um Caminho para Além da Tecnologia*, e desenvolvido em seu trabalho *O Encantamento do Sonho – A Viagem da Nave do Tempo, a Terra-2013*, que traz as novas chaves de tempo para o Hemisfério Norte, ao

1500 pelo templário Pedro Álvares Cabral, será especialmente válido o ciclo de 500 anos que se conclui em 2000, de modo que o Portal-2001 terá para ele um sentido muito especial (ver mais sobre o assunto adiante).

Depois de 11:11, virou moda "abrir portais", desconhecendo-se que por detrás destes eventos deve existir sempre um processo hierárquico ou Iniciático que o fundamente. O poema intitulado *O Louco*, de nossa obra A CÚPULA DE CRISTAL, diz respeito a isto. O Arcano XXI ("O Louco"), é também chamado *O Grande Renunciante*. Expressa a completa abnegação convicta de um final de ciclo, que alcança por isto mesmo realizá-lo em si, gerando algo novo: é o Alfa e o Ômega (Zero) de uma evolução global.*

Nos Nomes Divinos da Cabala, o *Shin* determina a função transformadora/avatárica de IHSVH, *Jeoshua*, a Criatura arquetípica, fazendo a transição do Pai para o Filho. Pode-se dizer também que *Shin* corresponde aqui ocultamente ao zero do valor de I (Iod), 10, que simboliza o Criador. Por outro lado, 21 é o valor de IHV (Iod-He-Vau), *Iao*, que é o Demiurgo, na unidade entre o Pai e a Mãe (Eva). Por isto o Portal da Terra representa o grande Marco Crístico da Nova Era.

Porém, como este Portal corresponde à 10ª Sephirah, *Malkuth*, ele tem diante de si os 22 Caminhos de Sabedoria para serem trilhados. De fato, o Arcano XXI, O Mundo, contém o *Uroboros*, mas também os 4 Elementos: 22=2+2=4. O quaternário tem como valor secreto 10. Ambos se relacionam ao subportal seguinte deste ciclo, o de 1993. Naturalmente, será preciso integrar os três anos para obter a fórmula completa deste Portal. 1992=Zero=Círculo, 1993=4=10= 1; 1994=5=2 (10/2). Assim obtemos o Grande Símbolo deste Portal, que é o símbolo da Terra:

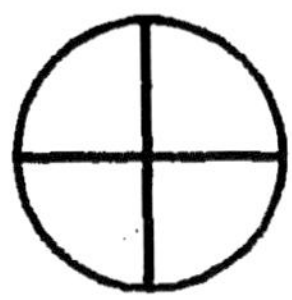

---

passo que *Terra 2001 – A Cúpula de Cristal,* traz as chaves para o Hemisfério Sul. Obviamente, esta divisão é apenas provisória.

* Cabe observar que o Avatar ostenta astrologicamente o 21° grau solar em Leão.

Já afirmamos que este Portal apresenta muita relação com o Portal da Cruz. É como se fosse a sua face positiva e manifestada. É também uma esfera logóica, porquanto dá abertura ao ciclo decimal sefirótico. Tudo isto está bem representado pelo valor de Pi (*3,14*, relação entre o diâmetro e a circunferência) o qual estaria melhor simbolizado se empregassem a letra Phi, que contém um diâmetro dentro de uma circunferência. Trata-se da 21ª letra do alfabeto grego e contém os mesmos elementos que Ômega, com a única diferença de que o elemento retilíneo é *vertical* (e interior) – portanto um símbolo exato do valor 10. A fórmula mais aproximada é 22/7. Nisto temos todos os valores da Árvore Sefirótica: 10 Arcanos, 7 Planos, 4 Centros (Pilar Central) e 22 Sendeiros.

A tábua abaixo demonstra a correlação entre os Portais e o progresso da nova Revelação no mundo, segundo a clássica fórmula budista das "Quatro Jóias":

1. Portal da Terra	*Sangha* (Humanidade, Igreja)
2. Portal da Lua	*Dharma* (Lei, Caminho)
3. Portal do Sol	*Buda* (Cristo, Avatar)
4. Portal do Reino	*Guru* (Pontífice, Mestre)

A. Marco Crístico da Nova Era

A transição das épocas pode ser sempre identificada em termos astrológicos, embora deva-se saber definir exatamente qual a *natureza* das energias em questão.

De fato, existem distintas classes de "astrologias", voltadas para as diferentes esferas da manifestação divina. Mas, mesmo que algumas destas ciências sejam eventualmente inacessíveis aos profanos, a Tradição apresenta certos fatores no sentido de definir o início dos grandes ciclos, podendo-se destacar precisamente a questão do *ciclo-avatárico.*

Exemplo: para a Civilização cristã, o registro de tempo começa no nascimento do Cristo, mas, na verdade, seria ainda necessário retificar esta medida à luz da Tradição, à parte do fato de que o calendário cristão encontra-se sabidamente defasado em cerca de cinco anos, mas também por haver-se *adotado uma data de menor importância na vida de Jesus enquanto Cristo.* Explicamos.

Provavelmente em função da mitologia que cerca o nascimento de Jesus, marcou-se equivocadamente o nascimento *físico* deste Mestre,* e não propriamente a ascensão deste Ser à condição crística, a qual se daria mais tarde aos 33 anos de idade. Esta última data é que deve marcar o começo de uma Nova Era, uma vez que somente então as energias divinas advindas pela *Iniciação cósmica* do Avatar, surgiriam no planeta dando início a um novo plano de evolução mundial. **

Tampouco estamos a sugerir a necessidade de reformar o calendário cristão nesta altura, agora que o ciclo de Peixes encontra-se esgotado.*** Apenas desejamos afirmar a verdadeira natureza dos *princípios de implantação de uma Era*, e demonstrar a importância matemática desta ciência para toda u'a humanidade.

Pois bem, o mundo celebrou um grande Festival Cósmico, na data de 11 de janeiro de 1992, do qual participaram milhares de pessoas em quase toda a parte, num exemplo inédito e mesmo surpreendente de ecletismo e trabalho grupal.

O movimento ficou conhecido como "11:11 – A Abertura de um Novo Portal Cósmico", porque era celebrado às 11 horas do dia 11 de Janeiro (e no 11° signo, Aquarius), e dedicado à implantação de um ciclo decisivo na história da humanidade.

O evento seria permeado de características escatológicas, buscando-se reunir o número mínimo de *eleitos* propugnado

---

* Com relação à Nova Era, o grande marco histórico do nascimento físico de "Maitreya" (ou antes, de seu Veículo histórico), foi a fuga do Dalai-Lama do Tibet (adiante voltaremos ao tema). Existe também, com sentido semelhante, o seu nascimento *iniciático*, que a Hierarquia anunciou com precisão (através de Alice A. Bailey, em *Tratado Sobre Fuego Cosmico*, pg. 608, Ed. Kier) para o ano de 1980, provavelmente em função de certos marcos astrológicos ali presentes e que não mais se repetiriam neste Milênio.

** Trata-se é claro do *Calendário Solar*. Como vimos no Capítulo anterior, o Calendário Lunar apresenta bases menos gloriosas.

*** O Plano para tal coisa seria elaborado mais tarde, em 1997 através do *Codex Aquarius* para o novo Calendário Lunar, e em 1998 com *A Cúpula de Cristal* para as novas bases solares, que restauram e unificam os padrões calendáricos mundiais.

no Apocalipse de São João (144.000), numa data numerologicamente *crística* (dia 11, 11ª hora, no 11° signo: valor 33), e afirmava a "Presença Unificada de todos no Um e do Um em todos os participantes", emergindo cosmicamente através das energias da constelação de *Órion* (ver adiante). Obviamente, um quadro amplamente *avatárico* estaria também em questão: o "Um em todos", e iniciático-grupal: o "Todos em Um".

Quanto à Grande Pirâmide, mencionada nesta literatura como uma das chaves do Evento, é na realidade uma alusão simbólica à *Cúpula de Cristal,* a grande Chave oculta empregada para abrir o Portal.

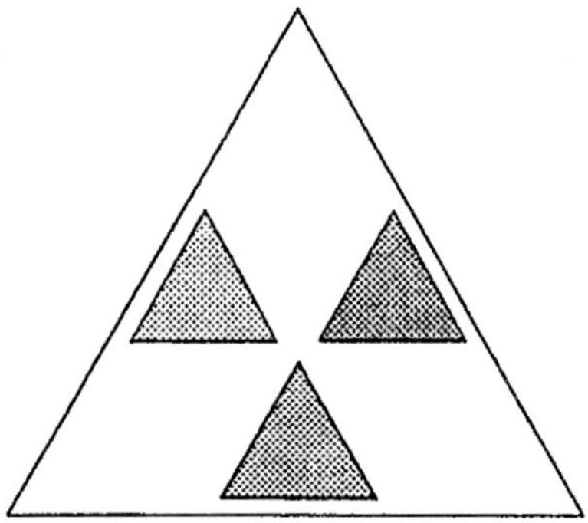

Trata-se de um grande triângulo branco contendo três triângulos menores nas cores primárias azul, amarelo e vermelho. Corresponde à Chama Trina e é um símbolo do Corpo Causal e da própria Árvore Sefirótica, reunindo portanto todo o processo de Portais, porquanto cada triângulo expressa um triênio e um Alinhamento.

A referência ao Cairo alude simbolicamente à localidade onde situava-se o Mestre na América do Sul, numa cidade cujas coordenadas fazem dela tanto uma nova Cairo mística, como uma verdadeira pirâmide geográfica. Todas estas questões são desenvolvidas em nossa obra *Terra 2001 – A Cúpula de Cristal,* um compêndio de Ciências Sagradas, numa expressão da Tradição renovada para o Novo Mundo, resumo de tudo o que ocorre espiritualmente neste decênio sagrado.

Ora, pela natureza dos *ciclos* envolvidos, seria possível a qualquer Cientista esotérico identificar a natureza do processo:

tratava-se de um *advento búdico*, ao qual se necessitava não apenas do apoio tradicional da Hierarquia,* mas também da *Humanidade espiritualmente ativa* desta vez, mesmo que de forma algo inconsciente; seja em função da dimensão dos acontecimentos, seja pelo *alinhamento* que realizam agora as três grandes esferas do planeta: *Shambala*, a *Hierarquia* e a *Humanidade*.**

Vale dizer que na Vinda do esperado Buda ou Cristo da Nova Era, uma energia realmente cósmica passou a iluminar o planeta a partir daí, donde a imagem de abertura de um novo Portal Cósmico, o qual necessariamente deveria ter como pivô psíquico a presença de uma Figura divina, ao lado dos elementos astrológicos formais...

Este Mestre alcançava regularmente então seus 33 anos crísticos, dando início a um novo quadro vibratório mundial ou uma verdadeira *Nova Era Solar*, e estando destinado a concluir todo o Plano evolutivo do Microcosmo e a sentar-se no próprio Trono Divino, como *está escrito* nas profecias. Sua função é a de reger como *Manu* da nova Humanidade, a Sexta, e por esta razão trata-se do mesmo Ser que em sua vida anterior foi Jesus (o Mestre de Sexto Raio), mas que agora ressurge com um *novo Nome*, como está escrito, assim como num encargo maior; pois se em sua Vida anterior foi um *Bodhisatwa* ou um Profeta-Maior *(Maha-Chohan)*, agora será um *Buda* ou um Cristo-Rei (Pantocrator), para reger a 6ª Raça-Raiz e até ciclos maiores.

Veio Ele para dar consumação a todas as majestosas Promessas que realizou anteriormente, no sentido de trazer o Reino de Deus ao mundo e *fazer a vontade do Pai assim na Terra como no Céu*. Seus seguidores farão proezas maiores que aquelas

---

* Ver Bailey, *Os Raios e as Iniciações*.

** Ver também Bailey, *A Exteriorização da Hierarquia*. Da mesma forma como o Movimento 11:11 representaria o novo Marco Crístico, o Movimento mundial 13:20, realizado 3,5 anos mais tarde (ver a importância deste ciclo na Bíblia: ressurreição de Jesus, o Apocalipse 11,9, etc.), de 26 de Julho de 1995, envolvendo uma proposta global de mudança de Calendário (e, portanto, de certa forma também por isto vocacionada a "Ano-Zero"), representaria um marco Búdico do Novo Mundo, uma vez que o mesmo Avatar completaria 36 anos de idade, dando plena expressão à imagem do Microcosmo perfeito – ver Capítulo seguinte.

que fez antes, e o Reino do Amor será uma luz jamais imaginada por homem algum, quando a Ciência e a Religião falarão a mesma linguagem, e quando mesmo as questões mais sutis serão concebidas em termos exatos e matemáticos, como é da natureza de um Sábio divino realizar, harmonizando tudo. Segundo a natureza da nova Raça, esta Ciência se dirige justamente à *exploração dos Mistérios da Alma e do Amor*, levando a humanidade a desenvolver suas potencialidades psíquicas superiores e a ascender rumo à síntese derradeira que concluirá a Quarta Ronda planetária.

Sua Doutrina sagrada ou *Dharma*, como o supremo Objetivo da História, encontra-se desde há muito simbolizado através da imagem da Jerusalém Celeste no Apocalipse, ou do Paraíso de *Vaikuntha* no Hinduísmo. É o mundo da Alma levado à perfeição, o Reino de Deus manifestado na Terra. *Shambala* revelada ao mundo, ou a perfeição da *Agartha* eterna trazida à realização!!

B. O Portal da Nova Era: *Aquarius*

O Portal da Terra inaugura portanto a Nova Era, associada em particular à esfera da Humanidade, tal como os Portais seguintes ativam definitivamente a Hierarquia e Shambala.

A Nova Era tem sido já muito comentada. Caracteriza-se por uma aptidão a harmonizar os opostos: matéria e espírito, masculino e feminino, etc. O símbolo gráfico desta Era são duas ondas paralelas (♒), demonstrando a possibilidade da harmonia entre os opostos, ao contrário da Era anterior, de Peixes, onde os dois peixes que a simbolizam andavam em direções contrárias. Por isto ali foi tão enfatizado o aspecto divergente e sofrível da Cruz. O Portal da Cruz de 1988 veio encerrar este ciclo (processo que prosseguiu até o Portal do Sol, em 1998) e reuniu as energias dispersas.

Ciência e fraternidade são suas bases. O Sétimo Raio que a rege proporciona o dom da organização, daí a popularidade crescente dos rituais e a importância dos experimentos na área da economia.

O Setenário possibilita a síntese. No sétimo dia Deus descansou. Isto significa que a Criação havia sido feita. A tarefa que resta é apenas a de coordenar as coisas – daí o símbolo da maestria. Por isto a grande filosofia da Nova Era é o Universalismo, através do qual busca-se reunir os elementos da Criação em todos os planos, visando gerar um Todo completo e harmonioso. Daí a necessidade do ecumenismo e da tolerância religiosa, que não significa equiparar valores absolutos, mas reconhecer a função básica de cada coisa e até integrar elementos, trabalhando pela revitalização dos diversos princípios e estilos, sobre novas bases, tal como vem fazendo a Hierarquia.

A. O Portal de Pégasus

A Constelação de Pégasus situa-se no Hemisfério Norte, logo acima de Piscis e Aquarius, ocupando setores destas duas Constelações (sobretudo da última), realizando assim uma ponte entre ambas as Eras Zodiacais numa faixa que pode ser atribuída ao Zodíaco Pleidiano. Presta-se portanto para representar a transição e a chegada da Nova Era.

Na mitologia grega, Pégasus saltou do peito da Medusa quando esta foi morta por Perseu. Logo voou para o Olimpo, colocando-se a serviço de Zeus. Este é Júpiter, o regente da Era de Peixes e da Nova Raça-Raiz, emergente em Aquarius.

No budismo tibetano, existe a figura de *Lung-Ta*, o cavalo alado que carrega a pedra sagrada *Chinta-Mani (Norbu-Rimpoche)* para o Ocidente.

Na mitologia hindu, o esperado Avatar de Vishnu, 22° e último desta Ronda, chamado Kalki, costuma ser associado a um cavalo branco, sobre o qual cavalga com sua cimitarra. O aguardado Buda Maitreya costuma ser associado a este Avatar.

No Apocalipse de São João, o Cristo é comumente apresentado sobre um cavalo branco (6,2 e 19,11), portando a mesma espada.

O cavalo é um dos grandes símbolos da raça Árya. Representa o momento em que a humanidade conseguiu domar a parte material com perfeição, e também obter um padrão físico ideal. Após isto, a evolução segue basicamente através dos planos superiores, acarretar novas caracterizações físico-raciais – ao menos não expressivamente.

Portal de Pégasus

Do signo de Aquarius também é dito representar "o filho do homem", ou seja: a imagem ideal de humanidade, expressão do protótipo divino de manifestação, Adão Kadmon ou o Cristo.

Até por isto, o cavalo simboliza a mediação entre o superior e o inferior, o veículo para a manifestação divina. Nas mitologias, é comum aos deuses montarem sobre animais: águias, cisnes, dragões, elefantes, cavalos, etc. Daí também o símbolo do cavalo-alado, pois este elo entre o humano e o divino possibilita a ascensão e a evolução da forma física para padrões mais elevados, ainda que sutis. Ornado de chifre como o

Unicórnio, representa diretamente o Cristo. E como outros quadrúpedes míticos, traz consigo o símbolo da *mandala*.

Que venha Lung-ta, o cavalo celeste, trazendo a Pedra preciosa do céu para liberar a humanidade das ilusões.

C. Malkuth: O Reino

A *sefirah* relacionada ao Portal da Terra é *Malkuth*, dito "O Reino", a base da Árvore Sefirótica equiparada ao punhal de uma espada.

Como demonstrou Alice A. Bailey, o plano físico não é um princípio em si, mas apenas um veículo transitório para a aquisição da consciência real, mais ou menos como a função da crisálida para a borboleta.

O mundo físico apenas tornou-se necessário para a evolução do homem após a Queda. Antes, era possível permanecer com a mente no plano emocional. Por isto, nas representações tradicionais, a matéria está fora dos triângulos de alinhamentos que representam a Personalidade, a Alma e o Espírito. De certa forma, *Malkuth* não participa da harmonia da Árvore. Divide com Yesod a tríade básica, o que significa que o plano material depende do emocional e dele retira seu sentido. Representa a condição humana, onde se misturam o emocional e o material. Malkut é um deslocamento de Yesod, mas também congrega e embasa toda a Árvore.

De um lado, o Reino é *maya*, apenas aparência, na medida em que é transitório, sobretudo no aspecto físico. De outro, identifica-se ao sagrado na Unidade última das coisas. Assim, aquele que "desencarna" também está sujeito às condições da Terra, razão pela qual deve trabalhar por sua melhoria, e até retornar de algum modo para servir e operar nesta causa.

Esta esfera é dividida em quadrantes, relacionados aos 4 elementos, Representa a base para toda a Árvore, mas também a sua coroação. É o Alfa e o Ômega. É base material e foco de integridade, embora descartável em certo nível após realizada a síntese da consciência.

Assim, o Portal da Terra se identifica muito ao da Cruz. Porém, a Cruz é um elemento oculto, o "Malkut de Malkut".

Malkuth aponta no geral para o plano físico. Todavia, devido ao rebaixamento, integra também o alinhamento da Personalidade, a qual centraliza por "procuração", formando um quarto elemento básico e integrando o Quaternário Inferior, base para o Corpo Causal.

Este quaternário é administrado através de Órion, cuja "forma" externa é quadrangular, mas sustentado nas energias zodiacais das Plêiades.

A. O Fogo Frictivo

Esta é a esfera própria do cultivo do *fogo frictivo*, que é o aspecto *chama* do fogo. É o fogo que gera a substância das formas e é responsável pela vida em sua forma mais primitiva, pois jaz latente em cada átomo.

O Fogo gerado por fricção é o mais básico e rudimentar de todas as formas de energia.

Fisicamente, corresponde à chama vulgar, das velas e das fogueiras, ainda muito empregada pela humanidade. Pode ser bem ou mal usada, movendo indústrias, cozendo alimentos ou fazendo incêndios. Seu emprego disseminado por veículos de combustão e pelas indústrias tem ocasionado o efeito-estufa, impedindo a saída dos raios solares e aquecendo perigosamente a Terra, com reflexos crescentes no clima global.

Para saná-lo existe a educação da Personalidade, disciplinando as formas e racionalizando as necessidades humanas.

Psicologicamente, sua origem são os instintos, e uma de suas principais características é a constância. Por isto seu cultivo depende do exercício do ritmo físico e da atenção, de modo que os rituais encontram-se entre os mais eficazes recursos em sua obtenção. De algum modo, quase tudo o que se realiza é um rito. O termo adquire sentido no entanto no contexto espiritual. É somente ali que este fogo adquire um sentido superior. É o ritmo que organiza a vida.

Através da repetição, o rito destina-se a despertar o sentido de *constância*, visando gerar um novo estado mental, superior e mais permanente, determinando assim o verdadeiro *dom da consciência*.

Por isto o rito não pode ser confundido com a mera teatralização externa das coisas. O teatro grego nasceu do sacerdócio, mas também representou a sua profanação. O verdadeiro rito está associado ao sacerdócio, isto é: fundamenta-se no *sacrifício*.

A revelação básica deste fogo é a da continuidade das coisas, despertando o sentido de *círculo* na natureza, no despertar da consciência. A ciência da cosmologia está na base deste processo.

No Plano de Shambala, o ritmo é imposto através do ciclo ternário dos Portais e dos elementos neles liberados, internamente pela energia gerada, e externamente através das revelações realizadas. Corresponde à liberação da energia do *Nirmanakaya* do Buda, que é sua manifestação visível, através da qual se estabelecem padrões evolutivos e marcos históricos cruciais.

Associa-se ao elemento Terra e ao alinhamento da Personalidade. Espiritualmente, este é o fogo da 1ª Iniciação a nível de Humanidade, e da 5ª Iniciação a nível de Hierarquia, quando já atua na forma de *éter solar*, numa oitava superior.

É o fogo da *Via*, que faz o homem caminhar e lhe dá o impulso para evoluir.

D. A Luz das Plêiades

As Plêiades são estrelas relacionadas por Alice A. Bailey diretamente ao centro da Humanidade. E isto não é difícil de se compreender, quando temos em vista que muitos Zodíacos têm seu início nas grandes constelações e estrelas. Talvez as mais procuradas de todas sejam as Plêiades. Sua posição numa região original do Zodíaco sideral e junto a certas estrelas com importantes referências mitológicas – *Atlas*, especialmente –, é realmente muito propiciatória.

Localiza-se na grande Cruz formada entre a Eclíptica e a Via

Láctea, o "Berçário das Almas". Este processo interior está relacionado à procura pelo Velocino de Ouro, empreendida por Jasão e seus Argonautas através da Via Láctea.

Corresponde por isto a uma posição tida como *original* no grande ciclo dos tempos, o próprio início ou pivô do Zodíaco cósmico, simbolizado especialmente pelo papel de Atlas.

Eis o que escrevemos na Revista Órion nº 2:

> "*Atlas* encontra-se nas proximidades da eclíptica e, por assim dizer, no próprio aglomerado das famosas *Pleyades*, tidas por isto na mitologia como *As Sete Filhas de Atlas* e também chamadas *Atlantidas*. Isto para não falar-se, é claro, de *Órion*-Hércules, que se acha exatamente nas imediações, de modo a ter servido, em qualquer momento como outra possível imagem de auxílio no sentido de compartilhar do ciclo com Atlas no plano imediato do tempo (simbolizado pelo Zodíaco).

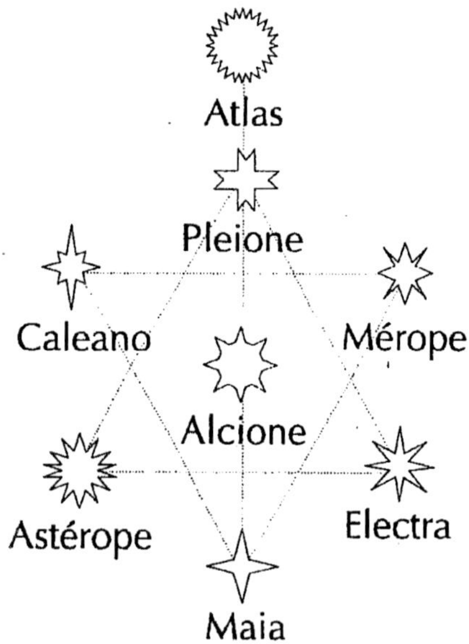

"Atlas encontra-se sabidamente vinculado à função de 'suportar o mundo', quer dizer, centralizando, de algum modo, segundo os mitos gregos, o próprio Universo que nos cerca. Como pode-se observar em ilustrações de Atlas segurando o mundo, a faixa do *Primum Mobile* corta exatamente a região de Geminis/*Taurus*, em que se encontra todo este conjunto de elementos: as *Pleyades* (com *Atlas*), *Órion*, e também, é claro, a própria *Via Láctea*, tida pelos antigos como 'o ventre das almas', e que representa certamente um *elo* dentro da grande Engrenagem Cósmica."

A grande conquista se dá em Sírius, objeto do 3° Portal, associado à Iniciação Solar e ao 3° centro ou *chakra*, regido por Marte:

"... neste contexto, não se poderia excluir *Sírius*, uma das supremas referências cósmicas da Astrologia Oculta, também presente nas imediações, e que segundo alguns manifestaria, ela própria, aquele *foco de origem para a nossa evolução zodiacal...*"

A. Calendário Pleidiano: *O Pivô Cósmico*

Nos Zodíacos soli-lunares dos Antigos, comumente as Plêiades (consortes dos Rishis da Ursa Maior) eram o 1° ou o 13° signo, porém como uma espécie de *signo nirvânico* (ou extra), porque resume e excede o cômputo solar – tal como o carma de Saturno e de Shambala excede ao de Júpiter e ao da Hierarquia.

O 13° céu dos maias-nahuas era o Lar do Supremo, *Ometéotl*, o deus da Dialética (TAO).

As Plêiades são também "as Cabritas", expressões femininas do cordeiro. Atlas simboliza a Hierarquia, aquela que se sacrifica pelo mundo.

Ora, o quadro zodiacal expressa um processo no tempo, instaurado pelo sacrifício divino, cujo símbolo é o do *Cordeiro*, razão pela qual assim também se nomeia o primeiro signo do Zodíaco, Áries.

O Zodíaco apresenta um vínculo direto com o coração, cujo Centro (*Chakra*) possui 12 pétalas.

Constelação das Plêiades

Por esta razão, os ciclos que decorrem a partir deste processo estão estruturados sobre doze etapas. Esta é pois a grande base cósmica do presente ciclo de Portais, fundamentado no sacrifício do Cordeiro divino.

O trabalho da Loja Branca (Shambala e Hierarquia) jamais pode ser desvinculado da Humanidade. Por isto o Zodíaco representa também os *Doze Trabalhos de Hércules*; mas estes apenas podem ser abertos com o aval da Hierarquia, sendo por ela supervisionados.

Neste sentido, a constelação de Órion está relacionada a Hércules e a Júpiter, trazendo importantes complementos à idéia central do pivô cósmico.

É possível considerar as Plêiades como a Origem Absoluta do tempo, ao menos sob certos aspectos.

É difícil saber se os Antigos não determinaram um retrocesso no Zodíaco em função da evolução do ponto vernal, retroagindo na Era passada o signo e até a constelação de Áries para a posição que hoje ocupa no céu. Sabe-se que os hindus empregam este recurso em sua Astrologia, buscando sempre relacionar o começo do Zodíaco (em Áries) ao ponto vernal *exato*. Ora, os hindus receberam dos gregos uma parte de sua Astrologia (sobretudo o Zodíaco solar), de modo que não podemos descartar que a *Escola de Ptolomeu*, por exemplo, não tenha empreendido esta mudança no início da Era de Peixes, pois o ponto vernal se achava então na posição astronômica entre Peixes e Áries.

Na *Escola de Luz e Sombra,* de Emma C. de Mascheville, a evolução do ponto vernal não modifica propriamente os signos, mas estabelece um Sistema de Casas cósmico que interage com os signos siderais (ver sobre o tema na Revista Órion nº 2).

Não devemos descartar a possibilidade de que os orientais também tenham preservado esta dupla consideração. Existem indícios de que tal coisa ocorra, mesmo que seja apenas na forma de tradições "secundárias". Por exemplo: o Kumbha Mela, que acontece a cada 12 anos, relaciona-se à presença do planeta *Guru* (Júpiter) no signo de *Kumbha* (Aquário). Determina um ciclo espiritual muito importante e simboliza a conquista da iluminação, representada pelo cálice do Aguador que simboliza a 4ª Iniciação. Ora, a única forma de obter hoje esta configuração astral, seria através do Zodíaco Pleidiano.

Este Zodíaco inicia nas Plêiades, onde hoje situamos a Constelação e o Signo de Touro. Para recuperar o importante padrão pleidiano, devemos reinstalar Áries ali, de modo que os signos retrocedam 30 graus, ocupando a posição do signo *anterior*.

Assim, onde havia Touro fica Áries; onde havia Áries fica Peixes, onde estava Peixes fica Aquário; onde estava Aquário colocamos Capricórnio, e assim por diante.

I. Chaves Pleidianas dos Calendários Lunares

Existe uma analogia entre o Calendário Pleidiano e o Calendário Lunar, de modo que ambos resultam numa mesma estrutura geral.

Deve-se observar, inicialmente, que o Calendário Lunar estrito divide o Ano solar em 13 meses (de 28 dias). O 13 é sagrado porque é um número ímpar e primo, ou seja: é indivisível e "uno". Unifica a esfera duodenária cármica ou *samsárica* zodiacal.

As Plêiades representam em muitos calendários sagrados o 13° (ou 1°) signo. O mais conhecido Zodíaco pleidiano de 13 signos é o pré-colombiano, onde faziam o papel do signo principal, simbolizado pela serpente, ela mesma representando o Zodíaco em seu conjunto.

Embora as divisões mais conhecidas do Zodíaco sideral sejam as 12 Eras (de 2.160 anos), podendo-se-lhe relacionar ao Zodíaco solar anual e ao ciclo da revolução de Júpiter (de 12 anos), por vezes também se lhe atribui 13 estações. Com isto, suas Eras tomam um ciclo exato de 2.000 anos (fractais de 20 portanto, o número base de toda a antiga numerologia mesoamericana).

Ora, este período corresponde a 28° da eclíptica, e nisto temos uma relação com os 28 dias do Calendário Lunar, com seus 13 meses ou divisões anuais (13x28 dias=364 dias).

Como se sabe, a divisão de 28 dias do Calendário Lunar é relativamente arbitrária, razão pela qual não se lhe relaciona às lunações. O ciclo astronômico exato excede um pouco a este montante, que existe na verdade para realizar as analogias cósmicas da Astrologia. Estas analogias se aplicam portanto ao Zodíaco Pleidiano, mas também ao ciclo astrológico de 28 anos de Saturno, igualmente arbitrário pelas mesmas razões.

A Sabedoria tradicional dispôs portanto esta tríplice analogia, que abarca três níveis de esferas cósmicas.

Esfera Sideral	*Esfera Solar*	*Esfera Sistêmica*
Plêiades	Lua	Saturno

Pode-se dizer que o Calendário Lunar empresta o 13 sagrado ao Calendário Pleidiano e este atribua o 28 "exato" ao Calendário Lunar e ao Calendário Saturniano. Esta correspondência compensa portanto a arbitrariedade existente nos cômputos astrológicos, ao relacionar esferas análogas.

O Calendário Sagrado maia *(Tzolkin)* também emprega o número 13 para seus meses de 20 dias, totalizando 260 dias, análogo portanto ao Ano Cósmico de 26.000 anos.

O 20 é um fractal dos 2.000 anos das Eras pleidianas. Mas nisto ele divide a influência do Calendário Siríaco.

O Calendário Lunar maia, com 13 meses de 28 dias, é visto também inversamente, por alguns, com 28 semanas de 13 dias.

E. Os 9 Anos Finais

É a partir deste Portal que se configura, portanto, a Árvore Sefirótica do Plano de Shambala. Os três anos anteriores formam uma unidade oculta.

O decimal expressa uma síntese do duodenário. A tríade original fica reduzida a uma Unidade representativa. Em termos de Manifestação, existem apenas 9 etapas doravante.

O Padrão suscitado na Nova Era foi o da Chave Cromática da Cúpula de Cristal. Assim, a nível de Ensinamento, o grande acontecimento do Portal da Terra foi a revelação da Chave Cromática, dada para harmonizar as vibrações da Terra e a ser oportunamente desenvolvida como base para uma Nova Tradição, cientificamente calcada em *elementos cromáticos.*

Nos triênios, cada ano recebe a influência dos padrões originais da Chave, de modo a resultar num dado momento na própria cor, e nos outros dois em cores secundárias combinadas. Certamente, o momento de cor própria será o mais importante e significativo do ciclo (ver imagens adiante).

Cada Ano tem um significado próprio no contexto geral e no do próprio triângulo, trazendo o seu Decreto universal, centralizado nos trabalhos da Hierarquia em manifestação, como A Grande Orientadora do Novo Mundo.

Triângulo Vermelho: Portal da Terra (Humanidade).
A Presença Una

1992: Vermelho. Páscoa. Chave da Cúpula de Cristal. Malkuth, "o Reino".

1993: Laranja. A Revelação do Dharma. *Hod, "a Honra".*

1994: Violeta. A Revelação da Sangha. *Netzach*, "a Vitória".

Triângulo Amarelo: PORTAL DA LUA (HIERARQUIA).
TEMPO SAGRADO. COMPAIXÃO

1995: Laranja. A Revelação do Buda. *Yesod*, "o Fundamento".

1996: Amarelo. O Sacerdócio Solar. Geburah, "a Justiça".

1997: Verde. O Evangelho da Natureza. Calendário Lunar. *Chesed*, "a Misericórdia".

Triênio da Terra

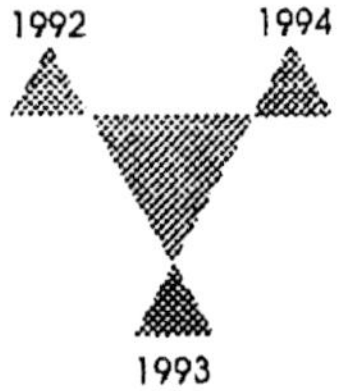

Triênio da Lua

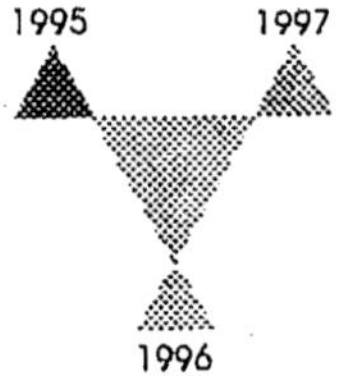

Triênio do Sol

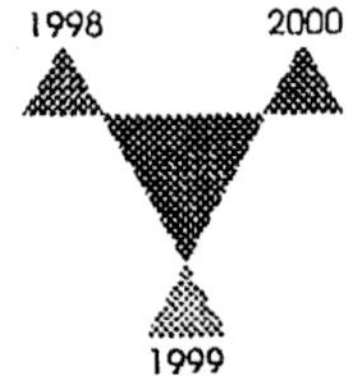

Triângulo Azul: PORTAL DO SOL (SHAMBALA). ***A CÚPULA DE CRISTAL. JUSTIÇA***

1998: Violeta. Terra 2001. Calendário Solar. *Tipheret*, "a Beleza".

1999: Verde. O Regresso dos Reis Magos. *Binah*, "a Inteligência".

2000: Azul. Congressos do Novo Mundo. Chochmah, "a Sabedoria".

Triângulo Branco: PORTAL DO REINO. ***A UNIDADE DO MUNDO. GLÓRIA***

2001: *Branco. O Grande Conclave da Luz. Kether, "a Coroa".*

Tudo isto conclui um Plano hierárquico intenso e um processo racial extenso, dando origem a um novo Estado de coisas. Depois de concluída esta margem de tempo, "todo o poder passará para nosso Deus e seu Cristo, e ele reinará pelos séculos dos séculos" (Ap 11, 15). O amor de Deus se tornará o soberano absoluto, através da Palavra de Seu Cordeiro.

A cor vermelha deste Grande Portal aponta para a organização dos fundamentos materiais do Cosmos, e para o vínculo com a esfera da Humanidade.

A. Subportais: *O Portal do Arco-Íris*

Dentre os Portais-Menores, o ano de 1993 representou o Portal do Arco-Íris. Faltando 7 anos para o 2000, foram impulsionadas as energias setenárias em ascensão, entre elas, a da Nova Era, a da Sétima Sub-Raça e a do Brasil. Este processo prosseguiu até 1995 (7 anos desde o Portal da Cruz, quando foi completado o Livro do Dharma), gerando grande efervescência política no país. Até mesmo o personagem-símbolo desta luta, o Presidente da República destituído, tinha um nome evocativo das cores. Foi um Portal popular porque o país voltava à democracia, mas também despertava para as suas armadilhas. Este aprendizado continuará até que se compreenda que a Democracia não é jamais um fim em si mesma. Destina-se apenas a gerar um *equilíbrio entre Anarquia e Hierarquia*, pelo surgimento de um Líder iluminado que ama a humanidade e lhe faz o papel de Sol libertador e condutor.

A tal coisa, sem dúvida, está destinado a chegar o Brasil.

Sobre a estrutura da Chave Cromática, importantes doutrinas puderam ser então elaboradas.

Assim, no ano de 1993 ocorreu o *Portal do Arco-Íris*, acarretando na revelação do Dharma do Arco-Íris de Maitreya Buda. Este novo Dharma búdico completa o de Gautama, na medida em que prega a Plenitude (*Sarva*), sobre a base do Vazio (*Sunya*) do anterior. Sua estrutura geral é tríplice, e suas três Grandes verdades rezam que:

1. O homem encontra-se destinado à Felicidade.
2. A Felicidade reside no Equilíbrio.
3. O Equilíbrio se obtém pela "Doutrina dos Espelhos".

"Espelhos" são as Polaridades cósmicas que devem ser conhecidas no seu conjunto e equilibradas. A fórmula da Nova Raça, 2x3, propicia esta realização. Tal coisa expressa assim a idéia do arco-íris, a vivência plena do Cosmos, proporcionando a Liberação final. Certamente existem pessoas e até povos especialmente dispostos a isto. A tendência ao ecumenismo ou ao universalismo é um sinal neste sentido. O grande foco para esta experiência está nas Américas.

Portal do Arco-Íris, no Arco da Apoteose, Rio de Janeiro.

CAPÍTULO 3

O PORTAL DA LUA

O símbolo deste Portal é o lótus da compaixão e do sacrifício. Este Portal está no centro do Plano de Shambala e da revelação do Corpo de Compaixão *(Sambhogakaya)* do novo Buda. É o amadurecimento dos tempos e a geração da temporalidade sagrada.

O Tempo está simbolizado pela Lua, razão pela qual este ciclo trouxe especialmente o calendário Lunar. Em Tiahuanaco, além da conhecida "Porta do Sol", existe também um monolito intitulado "Porta da Lua", empregado para celebrar os *portais lunares.*

Relaciona-se também à Hierarquia, e portanto ao Dharma, pois que a Hierarquia *administra e custodia* a Lei espiritual do Buda, seu reflexo vivente. A cor deste Portal é amarela, própria do Centro de Amor-e-Sabedoria que é a Hierarquia. Sua esfera *(sefirah)* é *Yesod*, a Lua ou o "Fundamento".

Por seu vínculo com o Tempo, a Natureza, o Dharma, a Hierarquia e a Alma do Buda *(Sambhogakaya),* este Portal denomina-se *Portal da Lua.* Um dos reflexos são as novas propostas de Calendário Lunar surgidas em seu interior (ver o *Telektonon* de José Argüelles e o nosso *Codex Aquarius*), assim como a revelação do Evangelho da Natureza.

A. O Retorno ao Tempo Sagrado*

Como temos dito, os novos padrões de tempo têm se inspirado reiteradamente nos dos antigos povos pré-colombianos, do Norte e do Sul.

Abaixo: símbolos de ambos os Portais, o 11:11 e o 13:20, sinalizando também a transição de padrões de cronologias, da oriental à ocidental, referente à atual mudança das energias de distintos níveis, através destes dois focos hemisféricos de polaridades mundiais. O emblema do novo Portal da Lua, reproduzido de um antigo símbolo hindu, expressa bem a idéia de Mandala e Calendário envolvidos.

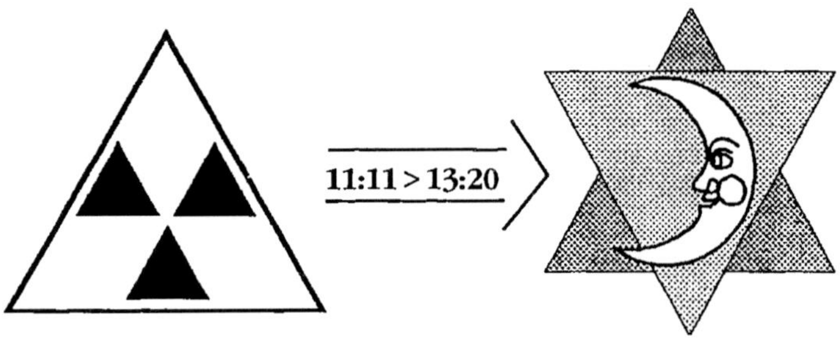

Quinta Raça-Raiz	Sexta Raça-Raiz
Terceiro *Ashram* Solar	Quarto *Ashram* Solar
Quarta Ronda Mundial	*Quinta Ronda Mundial*

Foi assim, por exemplo, no Portal 11:11, de 1992, ano em que iniciou a última fração de 20 anos – divisão típica da cul-

* Publicado no Jornal Paralelo ॐ, nº 12, Julho de 1995, FEEU, P. Alegre.

tura pré-colombiana – desta Era Solar ou ciclo de civilização que termina.* Esta última divisão representou o momento para se realizar a grande síntese de todo um universo passado de evolução e preparar a humanidade para um novo, cuja dimensão é, por assim dizer, realmente *absoluta*, porque já nos aproximamos do Supremo Portal Cósmico, do ano de 2013, quando se encerra este ciclo solar de 5.200 anos, anunciado pelo Grande Portal 13:20, de fundo racial, e denominado também de *Portal de Retorno ao Tempo Sagrado.*

A. O Ritmo Ternário e os Portais

Um estudo atento demonstra também que o ritmo dos Portais tem como base o algarismo **3**, que é o Arcano do Tempo como tal. Como vimos no Capítulo anterior, cada triângulo encerra *triplicidades de anos* nos trabalhos alquímicos de preparação final para a Nova Era. Trata-se de um trabalho com *fractais*, dentro ou *após* o último ciclo de 30 anos no Plano da Hierarquia (3x30),** visando preencher a última *década* sagrada (3x3)+1, que no caso coroa *muitos* fractais: 100, 1.000, 10.000 anos...

No ano de 1995, um novo e importante portal foi "aberto". Por lógica, haveria também um Portal no Ano de 1998, sendo na verdade aquele em que se completa o corpo doutrinal da Cúpula de Cristal, após suas bases terem servido para a abertura do Portal 11:11, sete anos antes, e para este, do Tempo Sagrado. Trata-se, assim, de um redimensionamento dos planos originais.

O Portal 11:11 de 1992 anunciou a integração entre o centro

---

* Astrologicamente, este ciclo de 20 anos foi *oficialmente* aberto em 26 de julho de 1992, no calendário maia. O Movimento "11:11" foi celebrado em Janeiro daquele ano. Este período de seis meses entre ambos, simbolizou a passagem das energias do antigo *Ashram* solar mundial para o novo que estava sendo então implantado. E tudo isto pode resultar, agora, num acréscimo de outros seis meses de "carência"; mesmo porque o ciclo probatório no mito de Quetzalcóatl é de quatro "dias" (anos).

** Ver nossa obra *Iniciação – O Plano da Hierarquia*, Editorial Agartha.

da Humanidade e o da Hierarquia. O Portal 13:20 representou a integração entre a Hierarquia e Shambala. O Portal de 1998 significa a união entre a Humanidade e Shambala. E o Supremo Portal de 2001 reunirá por fim todas as coisas.

Abaixo temos estes processos esquematizados:

Portal	Processo	Triângulo
a. Portal 11:11 (1992)	Humanidade/Hierarquia	Vermelho
b. Portal 13:20 (1995)	Hierarquia/Shambala	Amarelo
c. Portal do Sol (1998)	Humanidade/Shambala	Azul
d. Portal do Reino (2001)	Humanidade/Hierarquia/Shambala	Branco

Tais Portais representam marcos finais na evolução mundial, e associam a Humanidade ao Sagrado através das sucessivas etapas de Sua manifestação, que correspondem a fases de preparação para o *Grand Finale* na mudança de épocas mundiais, permitindo que se trate apenas de *mais um* final de tempos, e não do Fim trágico de tudo, como inevitavelmente aconteceria sem a intervenção das forças divinas – vide Atlântida.

Deste modo, no trabalho conjunto, cada Portal proporciona, em tese, *graus* sucessivos de trabalhos espirituais (Iniciações) nos três Centros, da seguinte forma:

Portal	Humanidade	Hierarquia	Shambala
Portal 11:11	1° grau	5° grau	9° grau
Portal 13:20	2° grau	6° grau	10° grau
Portal do Sol	3° grau	7° grau	11° grau
Portal do Reino	4° grau	8° grau	12° grau

Sumariamente, temos aqui a fórmula 3x3+1=10, que é de natureza *solar*, ao passo que o setenário (4+3) é lunar.

B. O Portal 13:20 e o "Fogo Novo"

O Portal de 1995 foi simbolizado pela fórmula 13:20, que

define o Tempo Sagrado desenvolvido pelos pré-colombianos, através da exata catalogação das energias de todo o ciclo cósmico do Grande Ano de Platão de 26 mil anos. Anunciou, pois, o momento ideal e justo de regresso da adoção do Tempo Sagrado, relacionado no Apocalipse de São João ao Sétimo Anjo que anuncia "o fim do tempo", revelando a "consumação do Mistério de Deus, conforme anunciou aos seus servos, os profetas" (Ap 10).

Ora, desde o Portal 11:11 até o Portal 13:20, passaram-se 3,5 anos, cifra também referida na seqüência do Apocalipse, Cap. 11 (e também em outros livros proféticos do Velho e do Novo Testamento). Durante este período, é dito que o "átrio externo do templo" ficaria entregue às nações, que por este tempo pisariam a "Cidade santa". E é também a época em que as "duas testemunhas" deveriam profetizar.

Observa-se então que este "templo" misteriosamente citado nesta altura, está colocado no contexto da "Cidade santa", a qual veremos mais tarde se tratar da "Jerusalém Celeste", emblema de uma doutrina cósmica, precisamente, "pronta como uma esposa" para o Cordeiro de Deus (cf. Ap. 21, 2), e da qual se diz não ter templos, "pois o seu templo é o Senhor, o Deus todo-poderoso, e o Cordeiro" (Ap 21, 22).

O templo é sempre um emblema da forma externa, o receptáculo. A profecia anuncia um momento em que o templo, acabado, abriu seu átrio exterior ao movimento da humanidade, quer dizer: as energias crísticas externas se tornariam acessíveis ao mundo, para que este tivesse a oportunidade de penetrar no grande *Mandala* do Novo Mundo, através do acesso ao Dharma ou Lei espiritual, escrita e oculta. Isto começou com o chamado aos 144.000 "eleitos" descritos no Apocalipse (Cap. 7), na época do Movimento 11:11, requalificando-se no Portal 13:20.

Esotericamente, a profecia faz referência aos processos cosmo-iniciáticos do Cristo, em seu retorno à Terra – foi dito que Ele voltaria silenciosamente, "como um ladrão". De acordo com o padrão ciclo-cósmico e arquetípico tradicional, um Mestre divino culmina sua evolução iniciática aos 33 anos de vida. Mas, como se observaria com Gautama, é apenas aos 36 anos que inicia realmente sua missão pública. Isto tem várias explicações: o número solar 36, além de ser o das semanas da gestação, é o montante de *decanatos* do Zodíaco e um *fractal* de 360 (um "todo" portanto). É também a metade de 72 anos, que é uma *unidade de tempo* ou um grau do Grande Ano de Platão, importante padrão cronológico para a média da existência humana. Ora, cada organismo apresenta, em seu ciclo constitutivo, uma primeira metade interna de *formação*, e uma segunda metade externa de *expressão*.

Deste modo, o período de 3,5 anos que decorre entre os 33 e os 36 anos de um Avatar da categoria de um Buda, fica como "carência" em favor da humanidade, que se vale das energias "internas" do *dharmakaya* búdico para preparar-se, pois quando chega o momento culminante aos 36 anos, esgota-se completamente a possibilidade de resgate cármico e apenas o *futuro* passa a contar, representado pela figura do Buda ou Cristo.*

Sobre esta questão da cronologia avatárica, devemos observar as primeiras palavras do Apocalipse de João: "Esta é a revelação de Jesus Cristo". À primeira vista significaria que Jesus o revelou a João no seu refúgio de Patmos. Porém, ao lado disto, trata-se também, esotericamente, de uma revelação *da própria natureza de Jesus Cristo*. Mas nada disto exclui outras interpretações, porque o Avatar é um ser universal, e este Microcosmo individual identifica-se tanto ao Macrocosmo mundial como ao Mesocosmo racial. De qualquer forma, para fins imediatos, podemos dizer que traz elementos preciosos para a compreensão da cronologia avatárica, envolvendo a imagem mítica do "Deus Menino", ou do Mestre que alcança a Iluminação de

* No caso atual, por tratar-se de uma finalização maior e mais drástica de tempos, para Maitreya vale um padrão ainda mais amplo e especial. A dimensão de uma Missão determina também a extensão do período *expiatório*. Os 3 Padrões ou possibilidades acham-se simbolicamente sugeridos em Apocalipse 11, nas cifras correlativas 1260, 3,5 e 42. O Portal 11:11, nos 500 anos da América e relacionado aos 33 anos do Avatar (como *Bodhisatwa*), estava ainda no padrão-de-tempo "12:60", gerando todavia o Novo Templo (Espaço Sagrado), pelo ressurgimento do Avatar. O Portal 13:20, surgindo 3,5 anos após, aos 36 anos do Avatar (como *Buda*) mudou o tempo, gerando o *Codex Aquarius* (Novo Tempo). O Portal 2.001, aguardado por todos, será universal, *Alfa-Ômega*, e o Avatar (como *Adi-Budha*) terá 42 anos. Tal periodicidade baseia-se na proporção 3→6, mais que no ritmo ternário simples. Ver mais no Apêndice 2 desta obra.

forma *arquetípica*, significando que, do ponto de vista corrente, a realiza *de forma muito precoce*.

Assim, a chegada do Novo Tempo virá não apenas de uma mudança astrológica, mas também de uma Presença espiritual reconhecida, o Cristo em nós e conosco doravante. Trata-se, como vimos, do complemento esotérico que a sétima sub-raça avatárica (Sul-americana) tem a dar ao trabalho astrológico da sexta sub-raça seminal (Norte-americana). Assim reúnem-se os dois aspectos do Portal gerando-se uma realidade plena e atuante, confirmando o papel de síntese de ambas as sub-raças.

A chegada do Novo Avatar implica também o final do velho tempo, em todos os sentidos. A cronologia cristã tem raízes no Egito e em outras fontes, tendo sido extremamente deformada. Já a pré-colombiana (inclusive a incaica) é mais recente e perfeita, por tratar-se de um padrão sintético e sagrado de tempo. A humanidade necessita viver uma nova época de luz, um novo tempo sagrado, para purificar-se e elevar suas vibrações. Para isto, deve adotar um padrão também sagrado e puro de temporalidade. A adoção do tempo sagrado, junto à consciência da nova Luz espiritual que surge, proporcionará ao mundo esta nova época de que necessita.

Vejamos sobre a forma de atuação proposta neste Portal.

Na formalização da abertura do Portal, propôs-se que cada pessoa queimasse um calendário gregoriano, também, conforme sugerimos, como símbolo da cerimônia do "Fogo Novo" da renovação do tempo, executada pelos povos pré-colombianos. Este "Fogo", celebrado a cada 52 anos, representava, é claro, o ciclo da renovação na Sucessão Apostólica restaurada por cada Avatar.*

Isto foi feito na data de 25 de julho de 1995, o tradicional dia "fora do tempo" do calendário lunar, que também foi proposto como veículo-base para o emprego do calendário Sagrado de 260 dias. Em seguida, deveria-se adotar o Calendário sagrado, se possível, juntamente com outro calendário "civil" pré-colom-

---

* Nestas tradições, este ciclo de 52 anos apresenta tanto um fundo escatológico (alusivo aos 5.200 anos da Era Solar) como espiritual, pois se trata de um padrão iniciático-sintético próprio, relacionando o ciclo solar ao calendário sagrado.

biano, solar ou lunar, por serem também mais regulares e adaptados ao mundo extremo-ocidental, além de apresentarem vínculos diretos com o Tempo sagrado.

Como forma de alinhamento coletivo e cósmico (a função do tempo sagrado é gerar a *Noosfera* ou a atmosfera mental autoconsciente do planeta), foi sugerido ainda o estudo diário da natureza dos *kins* (sóis, dias sagrados), e a adoção de práticas e ritos complementares, como o *Decreto do Povo do Arco-Íris,* que segue:

Eu ando sobre a terra sagrada,
Eu respiro o perfume do amor
E levo a bandeira da paz.

Eu bebo do Cálice de Amrita,
Eu Sou um microcosmo em ação
E sigo a meu Pai-Sol Kin.

Estilização da Porta da Lua de Tiwanaco, Bolívia.

Este Decreto, com sentenças associadas aos 6 chakras ativos na Nova Hierarquia, deve ser feito de pés descalços, simbolizando o contato com a Terra. Na última frase, vê-se ou imagina-se o Sol como símbolo do Cristo presente. Assim, une-se terra e céu para a elevação da *Kundalini* planetária.

B. O Portal da Nova Raça: *A Humanidade*

Como o mundo vive um estado de aspiração e expectativa espiritual, os frutos desta conquista puderam rapidamente ser assimilados e gerar resultados. Daí as conseqüências universais do processo, seu impacto "fulminante", similar a uma verdadeira "bomba-atômica" espiritual, mais tarde representada pela *Chave Cromática da Cúpula de Cristal* (ver Capítulo seguinte), que simboliza a energia atômica *positiva* (isto é: espiritual), e é isto o que representa este processo no seio da sociedade mundial: uma explosão sutil mas poderosa de luz e energia, que imperceptivelmente penetra as almas, fazendo-as despertar de forma irresistível para a vida, recuperando valores e aspirações nobres.

A. Os Mistérios da Tétrade

Pode-se dizer que a resposta foi muito poderosa, porque, na atualidade, a humanidade está vibrando na própria nota em que se deu este processo, uma vez que a Iniciação própria da Nova Raça é a do 4° grau, a chamada "Crucificação Espiritual", algo verdadeiramente sagrado e transcendente, e que até então apenas a Hierarquia estava capacitada a experimentar, mas que a Nova Raça poderá conhecer *mesmo em vida*.

Daí a importância especial de a nova sociedade conhecer a fundo os mistérios deste grau, através de tudo que envolveu os processos do seu Mestre divino. Deve aprofundar os mistérios que envolvem o Quaternário, seja na forma da Tétrade, da Tetraktys ou do Quarto Raio, e que são basicamente:

1. Os Mistérios do Tempo;

2. Os Mistérios do Amor;
3. Os Mistérios das Artes;
4. Os Mistérios da Imortalidade.

Estes mistérios chegaram a ser parcialmente desenvolvidos pelos atlantes, para os quais foram uma forma de objetivos culturais supremos. Na atualidade, porém, são meramente bases para maiores realizações.

Centralizam-se pelo ideal da transcendência da morte. O processo de revivificação é sabidamente doloroso para todos. Exige muita renúncia e sacrifício, especialmente do próprio Portador do Graal. Por isto o símbolo egípcio da vida é o da cruz ansata: a Cruz do mundo que sustenta o círculo da Vida.

Na Nova Era, este processo estará superiormente administrado pela Hierarquia, de modo que a humanidade poderá galgar massiva e até facilmente os altos objetivos da existência, sempre que trabalhe de fato junto com a Hierarquia.

Analisamos na seqüência estes Mistérios.

I. Da Morte à Ressurreição

Como disse Jesus, é preciso que a semente seja sepultada para que brote e traga oportunamente os frutos necessários.

Daí que estes dois conceitos – vida e morte – têm sido comumente associados aos Avatares, porém nem sempre da forma conjunta como deveria. As biografias do Buda e do Cristo ilustram bem esta separação.

O perfil de Jesus é basicamente o do homem das dores. Certamente ele viveu a plenitude da compaixão, que é solidarizar-se com o sofrimento do mundo, o que não pode ser feito sem dor. Ainda assim, a imagem do Cristo *crucificado* ficou muito mais forte que a do Cristo *glorificado*. É verdade que os

Evangelhos chegam a fazer uma apologia ao Cristo como fonte de vida maior e abundante. Mas a exegese moderna tem sido fraca na explanação da mecânica e na extensão deste processo. Ainda vivemos muito com a linguagem poética dos antigos palestinos. A Ressurreição, é verdade, tem sido o mote oculto do Cristianismo, e o seu poder. Mas isto raramente tem se convertido em elemento técnico, e quase nunca é visto também como *Iluminação*.

Quanto à biografia do Buda, felizmente concede um valor digno e universal ao processo da Iluminação. No entanto, os esforços de Gautama são colocados, estranhamente, como atos essencialmente voluntários, despidos da transcendência de si mesmo, tal como viveu Jesus na cruz ao se dizer "abandonado" pelo Pai. Gautama é pintado como tendo alcançado o sucesso meramente através de processos yogues, mesmo abandonando a alta ascese para trilhar o "caminho-do-meio", como formula em seu *Dharma*. No entanto, a Iluminação é, em seu caso, necessariamente a "cura" da cruz, embora trate-se também de um remédio universal, porque decorre de um processo muito especial de expiação. Certamente, esta biografia única, em que o Avatar não padece "infinitamente" numa cruz, recebeu tintas popularescas matizadas pelo ideário da época, o qual exigia uma dedicação especial ao trabalho interior (coisa que o Brahmanismo havia perdido, estando em seu lugar o sistema cristalizado de castas). Seria esta a grande essência do Ensinamento do Buda, e que seus divulgadores optaram por enfatizar de tal forma. Diria-se que, de algum modo, a idéia do sacrifício dos deuses era coisa bem assimilada, e cabia a cada indivíduo realizar os seus próprios esforços. Tudo muito no espírito *yoguístico* oriental, até porque o preceito de Hierarquia estava também abalado.

A síntese disto tudo está melhor presente na biografia mítica de outros Avatares, como Osíris, Odin e Quetzalcóatl, onde aparece a cruz espiritual e sua glória característica.

II. Iluminação: *A Dádiva Maior*

A Iluminação é realmente a mais nobre, rara e universal das

conquistas, surgindo como a culminação de um processo completo de experiências, purificando e elevando todas as coisas no mundo.

É como uma ponte de luz lançada sobre o abismo da morte, de modo que sua posse representa a imortalidade. Sua busca é, por isto, a mais nobre e árdua tarefa que o homem pode empreender, sendo ambientada num contexto heróico e redentor, uma vez que representa também a exata medida de sua divinização.

Ocorre que, existindo ainda um abismo entre o homem e Deus, faz-se necessária a transcendência da condição humana para a conquista da Luz. De fato, inexiste no universo humano um propósito tão inabalável que possibilite ao homem o sucesso em empresa desta envergadura. Por isso deve ela ser preparada paulatinamente, e ainda assim tendo por base uma predisposição única e de todo transcendente, uma determinação de todo rara... Deste modo, o homem jamais pode alcançar este patamar de imortalidade sem estar disposto a tudo entregar em troca do bem único e eterno que é a luz divina. Todos aqueles raros que alcançaram a condição divina, sobretudo na posição de Avatares, atravessaram este processo a um só tempo glorificante e dramático, heróico e trágico, profundamente enriquecedor e sacrificado.

Existe, porém, uma única exceção que permite alcançar a Iluminação sem que para tanto tenha-se que dispender esforços tais que tornam praticamente impossível a sua execução: trata-se da possibilidade de viver sob as bênçãos de um Mestre ***encarnado*** e, especialmente, de vir ao mundo no mesmo período em que um Buda surge para resgatar a humanidade e constituir uma nova Era de Ouro, ao projetar sobre o mundo uma influência tal que venha a transformar a Iniciação numa realidade coletiva, para júbilo de tantos que vivem nesse difícil mas privilegiado período.

É unicamente a dádiva da Hierarquia que possibilita a difusão das maiores bênçãos, de modo que um Buda pode gerar uma multidão de Arhats e o Cristo um grande número de Apóstolos.

Assim, está prevista para este retorno do Cristo, "uma geração de reis e sacerdotes". Na verdade, os tempos abrem novas portas para a salvação da humanidade, como veremos a seguir.

Pode-se também acrescentar que o Bem Supremo já pode ser concedido à Nova Raça de uma forma sistemática, devido ao seu próprio grau de evolução.

A nova humanidade pode gozar a Luz Eterna, através de um alinhamento perfeito com a Ordem divina.

Tal coisa decorre da obediência a um padrão clássico de trabalhos, que envolvem numa de suas categorias fundamentais o seguinte:

a. A *Sangha* ou a Comunidade discipular (Igreja);
b. O *Dharma* ou a Lei espiritual (Evangelho);
c. O *Buda* ou o Cristo universal (Jesus);
d. O *Arhat* ou o Pontífice histórico (Papa).

"Obediência" é uma palavra-chave, mas, hoje, ela pode e deve estar imbuída de compreensão e respeito. Por isto é preciso conhecer bem estes conceitos e reconhecer a sua necessidade. Assim, sumariamente, diremos que:

a. A *Sangha* é a comunidade de "Homens Verdadeiros", os representantes da Humanidade real e dinâmica para uma época. O ambiente da Comunidade é vital porque gera um *contexto* no qual se pode realmente trabalhar, auxiliar e ser auxiliado da forma devida. "Não é bom ao homem estar só", disse o Criador antes de fazer a Mulher (Gênesis 2, 18). "Onde dois ou mais estiverem reunidos em meu nome, ali estarei". O preceito da Fraternidade foi instituído por Jesus como uma coisa sagrada. Ninguém pode ter compaixão apenas teoricamente, e raros são os que podem frutificar apenas espiritualmente. Na Nova Era, o principal foco da *Sangha* está nas Américas, por se caracterizar no Novo Mundo no tempo e no espaço. O estágio a que se destina a Nova Sangha é o Universo da Cruz, tal como temos explanado, com suas glórias de Amor ideal, Arte e Imortalidade.*

b. O *Dharma*, é a Lei espiritual, a norma que todos devem seguir para alcançar a Verdade e, assim, a Imortalidade. Tais regulamentos têm em sua base a energia cósmica gerada pelo

---

* Ver nossa obra *Nova Albion – Uma Nova Civilização.*

Buda e mantido por seus Representantes, os Arhats. Apenas através disto é que a Eternidade pode ser acessada. O Dharma é A Doutrina de uma época, trazida pelo Mensageiro de um ciclo mundial. Pode apresentar pontos em comum com outras doutrinas, o que é natural. O importante é sua Autoridade única, provida de sua Fonte intelectual e espiritual. O novo Dharma de Maitreya prega a Plenitude *(Sarvagatha)*, estando edificado sobre a base do Vazio *(Sunyata)* do Dharma de Gautama,* da mesma forma como a nova Lei do Cristo Pantocrator – o qual exalta a Criação –, encontra-se edificado sobre o Evangelho de Jesus (amor) e a Lei de Moisés (carma).**

c. O *Buda* é o "Homem Universal", a Fonte primeva que traz o Graal desde onde se acha, no fundo das águas do tempo, aquele que resgata a Palavra Perdida para o mundo. Seu trabalho envolve os maiores sacrifícios e a maior glória. O novo Avatar, como é de regra, nasce no seio da nova *Sangha*, e ostenta um grau maior de poder e auto-sacrifício que o de qualquer outro, em função da grandeza das atuais transformações mundiais e suas necessidades. ***

d. O *Arhat* é o "Homem Perfeito", o representante atual da Hierarquia. O termo é usado de forma genérica, mas corresponde ao Pontífice de cada geração. Fundamenta a Ordem Universal histórica, sendo o representante do Buda ou Cristo para o mundo. A nova grande realidade da Hierarquia é a condição de *Chohan*, "Senhor-de-Raio", expressão culminante da Hierarquia nesta Ronda, possibilitando as maiores conquistas para a humanidade, no âmbito dos mistérios da Tétrade.****

III. Arte: *A Ciência da Harmonia das Formas*

A definição acima caracteriza um papel fundamental das Artes da Nova Era. Não é suficiente "criar" apenas: é preciso também *conhecer*.

---

* Ver nossa obra *Tushita – O Dharma do Arco-Íris de Maitreya Buda.*

** Ver nossa obra *O Evangelho da Natureza.*

*** Ver nossa obra *Maitreya – A Luz do Novo Mundo.*

**** Ver nossas obras *A Nova Sociedade Solar* e *O Livro dos Chohans.*

O mais formoso exemplo de criação nos é dado a cada dia através das obras da Natureza.

Os padrões de origem, formação e transformação da Vida nos dão o roteiro para a beleza e a imortalidade.

O belo, o bem e o bom estão sempre reunidos nas origens. O ideal divino inclui a felicidade universal. Os dons do Paraíso de Deus estão caracterizados pelo livre trabalho, plena harmonia conjugal, e geração indolor, coroados pela Imortalidade.

As Chaves deste Paraíso estão no comer os frutos da Árvore da Vida – que é o gozo da Iluminação – e em negligenciar a Árvore da Dualidade ou da Separatividade, cujos frutos resultam na perda de todos os bens sagrados do Paraíso. A fonte de todo o Mal está na separação entre Deus e o Homem, na dúvida de que a orientação da Hierarquia seja suficiente e eficiente, no desejo de trilhar caminhos individuais e autônomos – na verdade, anarquistas e irresponsáveis.

Por isto a arte sagrada é hierática. Isto não significa tanto uma cadeia estética, mas um padrão adotado por sua perfeição. E neste sentido, o dogma é *disciplina*, porque se torna libertador.

IV. Amor: *A Grande Busca*

Sem dúvida, o Amor, em qualquer nível, representa a grande energia motriz da humanidade. Em seu nome homens têm subido às alturas, capazes de gerar revoluções e criar mundos.

Mal qualificado, é também a Caixa de Pandora, da qual saem todos os males do mundo. Sem dúvida, a energia da geração liberada desequilibra tudo. Multiplica populações, gera a fome e a guerra, desperta o desejo de usar meios artificiais de contracepção e até inspira crimes hediondos e covardes contra a natureza e seus frutos.

Podemos realmente resumir a problemática humana nisto. "Mas, e daí?", perguntarão. "Devemos abrir mão disto, e perder o único sabor intenso da existência?" Certamente, a resposta não é simples, em nenhum sentido. Repressão ou proibição pura não são respostas dignas.

É preciso *educação*, e o meio ambiente é um dos recursos

mais importantes para isto. A Psico-Ecologia é a doutrina que valoriza o meio-ambiente natural e saudável como base para a libertação da Alma, e que tem como símbolo tradicional a *borboleta.*

Nos calendários sagrados também existem certas chaves, tanto em seus fundamentos iniciáticos (calendário lunar), como em seus aspectos psicológicos (calendário solar).

Mas o fator psíquico deve ser antes de tudo harmonizado internamente, através da religião e até da iniciação, para que possa expressar-se com pureza e propriedade a nível de Alma, o único onde a Beleza do Amor pode ser realmente encontrada e vivida.

A Conquista do Amor Perfeito coroa todos os sonhos da humanidade, sendo capaz de abrir todas as portas da auto-realização.

Caso a humanidade se dirija para os rumos certos, muito poderá ser-lhe dado como *crédito.* E aquilo que é predestinado poderá ser alcançado. A Hierarquia possui todas as chaves. Ela pode *apontar* as mãos predestinadas à aliança eterna. Este é um dos sublimes poderes que ela ostenta, em prol da futura perfeição e felicidade do Reino Humano, nesta conclusão da Ronda que tem por grande objetivo precisamente a edificação do Amor Universal.

C. Yesod: O Fundamento

A esfera *Yesod* é chamada "o Fundamento" e corresponde à Lua. Relaciona-se portanto ao plano emocional, mas representa acima de tudo a esfera da Alma, a qual centraliza na Queda. Este é o grande princípio do Universo, pois corresponde à *consciência.*

Toda a evolução se destina a gerar consciência no sentido humano do termo. Cada reino tem uma natureza particular e deve desenvolver um tipo de consciência. O reino humano é complexo porque nele se acham a natureza inferior e a natureza superior, gerando conflitos que devem se transformar em harmonia e numa forma de síntese que resulta na consciência humana.

Todos os grandes mitos e religiões tratam da geração, do fortalecimento e da consolidação desta esfera central. Isto evoca uma vez mais o símbolo egípcio *Schen*, uma esfera formada por uma corda. O círculo sempre representou a Alma, sendo o ovo um símbolo disto – e não só por sua forma, mas também por sua estrutura. O ovo é formado pela casca, a clara e a gema. Correspondem à Personalidade, à Alma e ao Espírito. Todavia, a parte intermediária é sempre a mais representativa.

Yesod centraliza a tríade formada por *Hod* (a Honra, Mercúrio) e *Netzah* (a Vitória, Vênus), relacionada à Personalidade. Após a Queda, *Yesod* acumula energias para a esfera central da Alma.

A. O Fogo Magnético

A energia derivada de Yesod é o *magnetismo*, que é o aspecto *calor* do fogo.

É a conhecida energia que emana dos corpos, gerado pelo movimento interno dos átomos, em sua busca de equilíbrio interior. Um de seus aspectos físicos é a Lei da Gravidade, que relaciona os corpos no universo. Seu símbolo é a Lua, ao mover as marés na Terra.

Seu emprego é amplo na tecnologia moderna, inclusive na informática.

Psiquicamente, é o fogo que organiza as formas elementares e anima as células. É gerado pela emoção, pela devoção e o desejo. O campo magnético é a base para o surgimento da fagulha elétrica, gerada através da saturação do espaço com a energia magnética.

Mas também apresenta seu aspecto negativo no fomento e na exploração do baixo psiquismo, seja pela baixa qualidade de vida, pela competição desenfreada, pela pressa ou pelos recursos de mídia.

Isto é sanado pelos recursos da Alma, que são o amor, a fraternidade e a paz, assim como os dons da Natureza. São expressões positivas interiores da energia magnética. O fogo magnético é também chamado de *fogo solar*. Uma das razões para isto, é que o contato com o Anjo Solar ("Eu Superior") é realizado através da energia emocional.

Esta energia dá vida aos *elementais* da Natureza, que são seres sem autoconsciência. A essência dual deste fogo faz com que a consciência facilmente oscile entre o superior e o inferior.

A revelação básica deste fogo é que cada coisa que existe é apenas o reflexo de uma outra superior ou inferior, gerando a noção de *ciclo* na natureza.

Ao despertar a noção de união e de analogia, produz a aspiração pelo contato e pela evolução. Através disto, a relação produz a multiplicação das formas, ao passo que a consagração da matéria adquirida possibilita a sua purificação e enobrecimento.

No Plano de Shambala traz o amor divino através da manifestação do *Sambhogakaya* do Buda.

A ciência da Astrologia está relacionada a este fogo, assim como o elemento Água e o alinhamento da Alma. Espiritualmente, é o fogo da 2ª Iniciação a nível de humanidade, e da 6ª Iniciação a nível de Hierarquia, numa oitava superior como *éter solar.*

É o fogo da *Verdade*, pelo qual os caminhos da alma ou da consciência são iluminados.

D. Sírius, o Grande Sol Branco

O grande Sol branco que é a Estrela Sírius, está relacionado ao Portal da Lua, no qual foi feita a proposta da adoção do Calendário Sagrado.

O "Caçador" Órion caça Sírius através de sua lança, formada pelas Três Marias. São as três Ramas de Shambala que se reúnem na Quarta. Por isto Sírius segue Órion.

Na Revista Órion, nº 4, apresentamos sua etimologia e mistérios:

> "A estrela alfa da constelação de Canis Majoris é a esplendorosa Sírius, situada no Hemisfério Sul do planisfério celeste. Seu nome significa 'a ardente', em latim, foi

dado a esta estrela mais brilhante do céu pelos gregos. Como líder das 'hostes celestes' na mitologia, lembra as funções do Arcanjo Miguel. Em virtude de seu nascimento helíaco coincidir com a estação quente no Hemisfério Norte, associa-se-lhe o qualificativo do calor, o que nos remete à estação do Verão, na qual os antigos egípcios faziam nascer o seu ano, por ocasião das enchentes do Nilo, que se dava justamente no horto helíaco de Sírius (denominada por eles como Sothis), ou na chamada canícula (conjunção de Sol e Sírius, a 'estrela do Cão')."

A Canícula (ascenşão de Sírius junto ao Sol) é um daqueles importantes demarcadores de ciclos calendáricos especiais, e o ciclo egípcio iniciava em certo momento em datas semelhantes à do Calendário Sagrado (*Tzolkin*) pré-colombianos do *Anahuac* (México e América central).

Portal de Sírius, numa arcada islâmica.

Existem outras razões para isto, como escrevemos na citada Revista:

> "O sol Sírius é uma estrela branca com diâmetro 1,8 vezes maior que o de nosso Sol, fazendo uma estrela-dupla ou um sistema estelar binário com uma pequena estrela chamada Sírius B (uma anã branca com diâmetro de 0,01 % ao de nosso Sol) orbitando em torno à estrela maior. Com respeito a este fato existe uma curiosa tradição na tribo africana *Dogun* de celebrar, com uma cerimônia chamada Sigi, a revolução desta pequena estrela invisível a olho nu chamada Po Tolo, em seu periélio, no exato período de 54 anos (muito semelhante, aliás, ao ciclo de 52 anos observado pelos pré-colombianos)."

O número 5 está relacionado a Sírius, sendo que o 3° Portal é o 5° de trás para diante no setenário.

No Esoterismo de Alice A. Bailey, Sírius está relacionado ao Centro da *Hierarquia*, e portanto à Alma do Mundo. Nele está a Loja Azul, sede do 5° Logos cósmico, de modo que apresenta uma importância especial para a próxima Ronda Mundial, e também para o Novo Mundo (inclusive por situar-se no Hemisfério Sul, próximo à Via Láctea):

> "Pode-se pensar que Leão deu início ao vínculo sóthico sazonal, sendo ele o 5° signo, número este com amplas relações com Sírius, a esfera responsável pela Mente Cósmica ou o Intelecto Divino. O grau de Adepto – que é o 5° – culmina a condição humana, simbolizando o Homem perfeito e a excelência do Sacerdócio divino."

A. Calendário Siríaco: *O Dom da Ocidentalidade*

O Grande Sol Branco Sírius tem sido desde sempre uma das mais importantes referências para os sábios. Não é apenas a mais brilhante estrela do céu. É também uma referência astronômica única para a regulagem de nossos calendários.

Foi empregado com este fim em todo o tempo pelos egípcios, que o chamavam *Sothis* (isto é: Seth+Ísis). A *Canícula*, conjunção anual de Sírius com o Sol, marcava o início do ano solar egípcio, assinalando as cheias do Nilo.

Para ter-se uma idéia da importância desta estrela para a ciência calendárica, diz o estudioso R. A. Schwaller de Lubicz que "Sírius é a única estrela que permite compensar o desvio irracional do tempo e estabelecer o *Ano Fixo* – ou Ano de Deus – que sirva de medida de referência para notar todos os movimentos do céu" (em *Le Roi de la Teocratie Pharaonique*, Flammarion, Paris).

Sírius, a "ardente" (em árabe), a rainha dos céus, *simboliza* a região ocidental do mundo, tal como Vega, a Águia (Hórus-Rá, Garuda), representa o Grande Oriente. Na mitologia egípcia se relacionava à Ísis, a Grande Mãe, simbolizada por uma vaca celeste com o Sol entre os chifres, uma forma de Háthor, a vaca celeste relacionada a Vênus, esposa de Hórus. Suas quatro patas são as divisões do grande Ciclo Sótico de 1460 anos (obtido pela periodicidade entre o ano vago de 360 dias e o ano solar de 365 dias) em 4x365 anos "divinos", dedicados ao grupo de divindades que reunia Ísis, Osíris, Hórus e Sothis.*

O culto à vaca sagrada difundida pelo Egito e Índia fora de inspiração atlante. O Ocidente é a região que veicula a energia feminina do planeta, o aspecto telúrico e o matriarcado, com reflexos no igualitarismo e na ecologia. E seria através de Sírius que a grande tarefa planetária de implantar a Ocidentalidade seria realizada pelos sábios reunidos do Velho Mundo.

O "Caçador" Órion – a "ampulheta do tempo" dos egípcios, responsável pelas grandes transições hemisféricas –, caça Sírius através de sua lança, formada pelas Três Marias (ou os três Reis Magos raciais). São as três Ramas de Shambala que se reúnem

* Não podemos deixar de mencionar que este ciclo poderia ser obtido pelos maias caso empregassem para o *Baktun* (o ciclo de 394 *Kin* ou anos solares, de 20 *Katuns*, que os egípcios também observavam) a mesma "irregularidade" que usaram para o *Tun* (360 *Kin*), formado por 18x20 dias e que despreza o multiplicador 20 de seus 9 ciclos progressivos (o que, aliás, geraria o interessante ritmo 18/20 entre os próprios multiplicadores progressivos).

na quarta, o centro do triângulo ou "o coração da montanha" *(tepeyollotl)*.

Sírius representa o Quarto Rei Mago.

I. Chaves Siríacas dos Calendários Solares

Sabemos que no Egito o Calendário Solar estava curiosamente vinculado à estrela Sírius. Não desconheciam eles os solstícios e os equinócios, com os quais determinavam calendários paralelos. E este Calendário solar-sotíaco tinha apenas 3 estações, com 4 meses de 30 dias cada, totalizando 360 dias. Os 5 sobrantes ("epagomenais") eram dedicados às festas e consagrados ao *Nether* sagrado: Osíris, Ísis, Hórus, Néftis e Seth. Não se computavam os bissextos: eles eram acumulados para gerar o grande Ciclo Sótico de 1.461 anos, agrupados nas suas 4 divisões de 365 anos "divinos" atribuídos a Hórus, Ísis, Osíris e Sóthis. Estes dois grupos de deuses *(Nether)* somam 9 e multiplicam 20, dois algarismos básicos na astrologia pré-colombiana. Como veremos, Sírius também influencia diretamente tais estruturas.

Existe um outro Calendário solar muito "curioso", cuja natureza até hoje não foi esclarecida: o *Haab* maia, com 18 meses de 20 dias. Podemos dizer agora que deriva da estrutura do grande Ciclo Sótico ou da estrela Sírius, tida como a "origem de todas as religiões da Antiguidade" (cf. H. P. Blavatsky, *Glossário Teosófico*).

A conexão dá-se da seguinte forma. O grande Ciclo Sótico ocupa cerca de 1.500 anos, o que corresponde a 18 divisões no Grande Ano de Platão (e portanto a 72 "anos" divinos de 365 anos). É por isto que os pré-colombianos empregaram o ano solar de 18 meses.

Por sua vez, "o ponto vernal se desloca aproximadamente 20 dias em 1.460 anos nas constelações da banda zodiacal" (R. A. Schwaller de Lubicz, *op. cit.*, cap. *O Ambiente Cósmico do Antigo Egito,* Flammarion, Paris). Ou seja: o ciclo de 20 dias do Calendário Solar mexicano, correspondente a 20 graus solares, aponta praticamente o padrão do passo estelar dentro do Ciclo Sótico, pois corresponde a 1.440 anos.

Eis portanto as bases do "exótico" Calendário Solar pré-colombiano (correspondente ao ciclo maia *Tun*): ele fundamenta-se sobre o *Calendário Siríaco*.

Indiretamente, este padrão sótico "legitimava" o uso do ano vago de 360 dias, cuja analogia com os graus da circunferência tem sido sempre importante para as Ciências Sagradas, ao permitir harmonizar tempo e espaço.

O Calendário sagrado maia *(Tzolkin)*, que representa uma grande síntese de calendários, também emprega o ciclo de 20 dias do Calendário Solar, porém em número de 13 meses, totalizando 260 dias, análogo portanto ao Ano Cósmico de 26.000 anos.

Ambos coincidiam a cada 52 anos, junto ao ciclo de Sírius B, a pequena estrela anã-branca que acompanha Sírius, que é na verdade de um *sistema estelar duplo*. A tribo africana dos *Doguns* preserva até hoje o conhecimento deste ciclo que se repete a cada 54 anos.

Existe também uma importante analogia com o ciclo de 20 anos das conjunções básicas entre Júpiter e Saturno – os *cronocratores* dos antigos – e que corresponde ao ciclo *Katun* dos maias. Há também uma analogia *fractal* entre o 20 e o ciclo de 2.000 anos do Calendário Pleidiano (Eras Siderais).

A semana de 5 dias deriva dos epagomenais e do padrão-mandálico de tempo. Tem sua origem remota entre os sumérios, e vale observar que, para o esoterismo, Sírius corresponde ao 5° Logos cósmico (cf. Alice A. Bailey em *Astrologia Esotérica*), a chamada *Loja Azul*, relacionado ao Centro da *Hierarquia*, e portanto à Alma do Mundo. Apresenta assim uma importância especial para a próxima Ronda Mundial, que é a Quinta, e também para o Novo Mundo – inclusive por situar-se no Hemisfério Sul.

Por fim, existe um vínculo misterioso entre Sírius e a Lua. Ambas simbolizam *polaridades* no sistema cósmico e no sistema solar, respectivamente, e apontam para o Ocidente e para o Hemisfério Sul.

A "Estrela de Belém" brilha portanto não apenas a cada 20 anos (conjunção Júpiter-Saturno), mas também a cada 1500 anos (20° do Zodíaco) – o grande ciclo de Sírius.

O grande cometa que os astecas perceberam vindo em sua direção pode ser a ela associado.

Tudo isto se refere a uma grande transição de mundos. E o mistério de todo o processo se acha presente na própria data *fixa* de 26 de julho, empregada pelos pré-colombianos para dar abertura a seus calendários. Curiosamente, não se acha uma linha sequer sobre o tema no trabalho daqueles que propõem atualmente a sua aplicação prática; pelo contrário, o apelo emocional típico da mística *New Age* é dominante, numa mistura caótica e improvável entre astrologia, astronomia e astronáutica. Deve-se buscar as informações em outras fontes, na literatura acadêmica-científica (para os vínculos étnico-geográficos, ver *Arqueoastronomia y Etnoastronomia en Mesoamérica*, Universidade Nacional Autônoma de México), ou diretamente com os verdadeiros sábios da Tradição. A escritura maia *Chilam Balam* apresenta a data, mas o cálculo "moderno" atribuído ao Bispo Landa não raro é contestado em sua precisão. Astronomicamente, seu aspecto mais "universal" parece relacioná-la à *Canícula* (conjunção de Sírius com o Sol), até porque coincide com a data que os egípcios empregavam a certa altura para abrir o seu ano siríaco. Existem dados que provam o registro siríaco entre os maias (cf. Ibarra Grasso em *La Verdadera Interpretación del Calendario Azteca*).

No geral, as datas astronômicas necessitam ser continuamente revistas, e os egípcios estavam sempre a recalcular o início de seu ciclo anual (ver *Revista Órion de Ciência Astrológica*, n° 4). O fato de a famosa data estar mencionada nas Escrituras maias poderia pouco significar. O *Chilam Balam* é um registro das lendas e costumes maias existentes à época da Conquista, e não um tratado de ciência calendárica. A data em questão pode ser apenas aquela empregada *em certa altura*.

Mas, como veremos, também pode representar uma *convenção relativamente permanente*. Neste aspecto, o cálculo egípcio podia estar apenas a aguardar a data-chave para fundamentar uma nova Convenção Universal. Por isto os sábios americanos não prosseguiram com estes cálculos: eles não eram mais necessários, uma vez que os egípcios já haviam feito esta parte. Faltava apenas adotar o novo Templo do Saber revelado, que descia do céu pronto como na profecia: "Vi então um novo céu e uma nova terra. Vi também descer do céu, de junto de Deus, a Cidade santa, uma Jerusalém nova, pronta como uma esposa que se enfeitou para seu marido" (Apocalipse, 21,2).

Vamos observar como tudo isto ocorreu.

Inicialmente, o passo da Canícula para 26 de Julho nos remete a cerca de 1.500 anos atrás (um "Ciclo Sótico" matemático) – pese valer-nos para isto dos cálculos de Landa. A implantação do Calendário Sagrado (*Tzolkin*) fora realizada antes disto, pelos Olmecas, logo antes da Era cristã, e os maias começaram seus registros alguns séculos após (Morley crê que já os possuíam muito antes, embora empregando material perecível). Mais ainda, o próprio Ciclo Sótico astronômico incidia à época, em 140 d.C. conforme os registros egípcios transmitidos por Teon de Alexandria.

Apesar disto, o grande impulso cultural parece ter ocorrido àquela época (em torno ao século VI, apogeu do período clássico da América pré-colombiana), que coincidiu com o surgimento de importantes civilizações, especialmente o legendário *Tamoanchán* ("Lugar da Serpente Alada") de onde teria surgido Quetzalcóatl e originado uma série de migrações e centros culturais importantes, sobretudo a grande metrópole de Teotihuacan.

A mitológica cidade tem sido identificada a Xochicalco ("Cidade das Flores"), conhecida pelo culto ostensivo à Serpente Emplumada. Ali, como sugerem seus registros em pedra, reuniu-se um grande Conselho com sábios provenientes de todas as culturas importantes da época (zapotecas, mixtecas, maias, teotihuacanos, nahuas, etc.), e "se realizou o ajuste do calendário de vários povos" (Román Piña Chan, em *Historia, Arqueología y Arte Prehispânico*, Fondo de Cultura Económica, México); posto que as datas vinham sendo empregadas entre eles já sem qualquer uniformidade.

Certamente não se faria tal coisa sem um elemento de união que transcendesse o meramente acadêmico; apenas a presença de uma figura divina poderia gerar tal mobilização e confluência (o que pode ter sido realizado com o auxílio direto ou indireto de sábios estrangeiros). Nesta época surgiria também, no mundo maia, a grande figura de Pacal Votan, não raro identificada ao próprio Kukulkan (nome maia da Serpente Alada). Veria também o apogeu de Tiwanaco nos Andes (século V), com o culto a Uiracocha, de idêntico significado.

Há também o registro de uma reunião de astrônomos no século II a.C., narrada pelo cronista indígena Ixtlilxóchitl, num lugar que costuma ser identificado pelos exegetas a Copán (pela época caberia melhor Tikal). Entre outras coisas, se realizou ali a introdução dos bissextos, assim como uma mudança de equinócios (o que sugere uma *importação* de calendários desde o outro hemisfério).

De qualquer modo, este novo calendário refere-se ao chamado "Quinto Mundo" dos pré-colombianos, gerado pelos deuses no grande centro cerimonial de Teotihuacan, segundo a conhecida lenda asteca. Independentemente dos equívocos que os astrólogos nahuas pudessem cometer então, nisto existem veladas alusões à Nova Ronda mundial. E certamente uma nova Estrela viria a brilhar na ocasião do Descobrimento.

III. A Viagem dos Reis Magos

Sabe-se cada vez mais que o intercâmbio entre as Américas (Atlântida) e o Egito não era raro. Percebe-se que trocas mútuas ocorriam em vários aspectos. Têm sido descobertas múmias egípcias milenares contendo vestígios de tabaco e cocaína, produtos americanos que deveriam representar a fina-flor dos hábitos dos cosmopolitas faraós. Era possivelmente uma das formas como os povos americanos pagavam o trabalho dos sacerdotes egípcios em suas terras, embora também pudessem ter obtido os produtos por outras vias comerciais. E outro tanto se pode dizer de outros povos do Oriente.

Os grandes navegantes e mercadores eram os fenícios, que deviam ter uma rota segura para as Américas – certamente a mesma via empregada mais tarde por Colombo e por outros europeus que o seguiram. Saía-se por entre as Colunas de Hércules (Estreito de Gibraltar), costeando a África e avistando os Montes Atlas, até as Ilhas Canárias. De lá seguia-se oceano adentro, sempre pela latitude de 30 graus no rumo do Poente, aproveitando os ventos desta famosa rota natural, até alcançar as Antilhas. Como foi para Cortez, Cuba serviu sempre como o grande "trampolim" para alcançar o Continente, através da Península do Yucatã.

É claro que esta foi apenas uma das rotas empregadas pelos migrantes sábios. As outras iam pelo Pacífico Sul e Norte, trazendo os viajantes, do longínquo Oriente, sejam chineses, indonésios ou vietnamitas, de religiões taoísta, hindu ou budista. O Hawaí pertence à Polinésia também culturalmente, de modo que as navegações ocorriam de forma ostensiva pelo grande Oceano.

Os negros também realizavam um papel importante nas navegações através do Nilo, inicialmente como comerciantes e depois como mensageiros dos Templos. Em certos momentos chegaram a reinar sobre as Duas Terras. São ainda pouco divulgadas a história e as realizações da região do *Kush* (Núbia e Sudão), com suas pirâmides e templos. De suas crenças deriva uma parte significativa das tradições egípcias mais antigas, de bases xamânicas e totêmicas. Receberam também as novas influências chegadas com os povos do Norte e do Oriente: os fenícios e hebreus comerciantes e viajantes, os caldeus e assírios arquitetos e astrólogos, e até chineses que levaram suas ciências e símbolos; todos eles movimentavam a cultura dos primeiros tempos do Império, capaz de gerar verdadeiras Idades de Ouro da civilização. A XXIIª Dinastia, de origem líbia, foi contemporânea de Salomão, considerado o homem mais rico do mundo em sua época, e que chegou a ter uma esposa egípcia. Os gregos também gozavam de uma crescente ascendência local. Conforme Heródoto, já no início da XXVIª Dinastia os fenícios realizaram a circunvolução da África.

O grande caldeamento foi realizado portanto no Egito, tido como a região mais ecumênica do mundo. Suas três grandes Teologias expressam visões paralelas de mundo. A escola de

Hermes Trismegisto, o "três vezes grande", resume todo este saber.

Mas com o fim da civilização oriental, os sacerdotes sabiam que já não podiam encontrar na região quem reconhecesse o valor de seu saber, recebida por sua vez de sábios valorosos e antigos. O fanatismo emergente desprezava todo o saber superior. Os calendários destes novos bárbaros eram aberrações anticientíficas. A própria codificação da Astrologia recém realizada por Ptolomeu havia sido bem pobre: em plena época, calava sobre o Grande Ano de Platão!

Acima de tudo, uma nova Era e até uma nova Ronda iniciavam. Um verdadeiro Portal Cósmico abria-se naquele instante. Os conhecedores dos céus sabiam tudo o que isto implicava *para a Terra*. Era preciso buscar aquela outra parte do mundo por eles bastante conhecida há muito – a antiga Atlântida, da qual haviam falado a Sólon, que transmitiu a Platão e este à História, já antes da Era cristã. Conheciam o ritmo de mudança das raças. Seu investimento nas Américas não significaria que julgassem ter voltado a época imediata de sua exaltação; sabiam no entanto que era chegada a hora da Grande Semeadura. Um povo que vivera 3 mil anos com esplendor e sabedoria, encerrando uma grande época do mundo, não pereceria simplesmente sob o açoite de "bárbaros" como os romanos ou sob o báculo de credos "elementares" como os dos cristãos, sem deixar uma herança cósmica. Estes eram apenas sinais suplementares daquilo que sabiam: a decadência final das terras orientais, incluindo nisto a África e esta península asiática chamada "Europa". Era preciso transladar seu saber para outra parte do mundo, nova, e com a qual vinham mantendo intercâmbio fazia muitos séculos. O cajado da História obrigava a migração da Tradição de Sabedoria, como sempre o faz.

As bases para isto vinham sendo lançadas há muito. O Egito conhecia suas próprias origens. A Atlântida, quando naufragou, legou sua herança às terras orientais. Não só a África, como muitas partes da Ásia e até a Europa haviam recebido elementos atlantes no início de seu ciclo, há 5 mil anos atrás, como os cultos mortuários, a magia de polaridades, elementos artísticos e alfabéticos e a própria noção de hierarquia e direito real. Agora chegara o momento de retribuir a façanha, devolvendo todo o recebido, ainda elevado a uma potência superior, é claro. A alma de um mundo devia ser novamente transplantada para outro, que devia ser preparado para recebê-la. Esta dialética é natural e necessária para a evolução do Todo.

Como a sociedade atlante era bastante embrutecida, seus reis eram geralmente grotescos e a magia de seus sacerdotes amplamente voltada para o poder material, com deuses sanguinários e sem maiores considerações para com o valor da vida humana. Os pré-colombianos herdaram uma ética onde o grupal era ainda o mais importante, e uma moral em que a ação do carma ainda devia ser entendida e, para alguns, até demonstrada. Os áryas procuraram refinar tudo isto, trazendo a energia do coração e o auto-sacrifício, simbolizados na figura elevada de Quetzalcóatl (*Thot* para os egípcios, *Hermes* para os gregos, *Mercúrio* para os romanos e *Buddha* para os hindus). Tal coisa pode ser ilustrada nos relatos que o nahuatl Don Juan Matus realiza a seu discípulo Carlos Castañeda, acerca das duas grandes linhagens de Videntes ou Feiticeiros "toltecas" havidas antes e depois da Descoberta das Américas. Paradoxalmente, considera que a Conquista trouxe benefícios aos guerreiros do espírito, obrigando-os a serem mais elevados e sutis (ver *O Fogo Interior*, Carlos Castañeda). Este é um exemplo das dádivas da *Águia*, que é a forma como os atlantes chamavam ao deus oriental. É verdade que a presença dos cultos sanguinários se manteve forte na cultura pré-colombiana, com seus sacrifícios humanos, mas também se realizou uma divisão importante, e os astecas personificaram bem esta dualidade, sendo esta, em última análise, a razão pela qual caiu o México perante o invasor europeu. Via-se em Cortez o Quetzalcóatl vingador aguardado para punir os traidores de sua complacente religião, na derradeira tentativa árya para remover os vícios atávicos daqueles povos.

Foi assim uma verdadeira barca solar que singrou os Oceanos, levando a súmula da sabedoria egípcia simbolizada pelos Três Sóis – nascente, zenital e poente, ou *Kephri*, *Rá* e *Aton* –, nos rumos do Novo Mundo. Fenícios, africanos e asiáticos. Foram todos estes que se reuniram para realizar o augusto legado, quando partiram as naus no rumo do Grande Ocidente na gloriosa ***Missão-Sírius***.

Os "deuses" americanos não eram astronautas, mas certamente muitos deles eram estrangeiros "exóticos" vindos de outros continentes, e cujas conformações e conhecimentos causaram muita estranheza e admiração aos habitantes das Américas. É natural que tenham sido acolhidos como mensageiros celestes, pois muitas vezes eles *o eram realmente.* Ninguém pode dizer se alguns dos missionários de Zoroastro, de Akenaton ou de Asokha não foram enviados "até o fim do mundo", como seriam mais tarde os de Jesus Cristo.

As três raças sagradas – negra, branca e amarela – se distribuíram pelas Américas, levando cada qual uma parte da sabedoria divina, tal como os três Reis Magos que entregam ao Cristo-menino as dádivas de ouro (riqueza), mirra (sabedoria) e incenso (ciência). O nascimento das Américas deu-se ali, na escuridão do tempo e na manjedoura humilde do mundo, como num verdadeiro parto. Sírius é a estrela que estes sábios seguiram apontando o surgimento do Ungido, e a hora certa para a peregrinação.

No México, esta migração preciosa daria lugar aos Três Povos Originais do planalto do Anahuac: os Olmecas ou o "povo da borracha", os Zapotecas ou o "povo das nuvens", e os Toltecas ou o "povo da balança".

O "Povo da Borracha" foi aquele que mais cedo se preparou para receber as idéias orientais. Acataram uma complexa mistura de influências, entre egípcios e chineses. O culto ao jaguar foi sua grande marca, como em Chavin, a grande cultura original da América do Sul e também emergente no período. Os reis Olmecas eram negros vindos do Alto Egito e orientais vindos da China, como embaixadores da Sabedoria divina, preparando uma nova região para o mundo futuro, no próprio ocaso da Civilização egípcia e oriental. As esculturas legadas pelos Olmecas se encontram entre seus principais "documentos" étnicos, provando de forma indubitável a origem racial de seus grandes sábios e legisladores. A idéia da "borracha", branca quando crua e negra quando cozida, lembra suas cores, posto que havia ente eles negróides e mongólicos do tipo oriental. O apogeu da cultura olmeca (Século VIII a. C.) coincidiu com o período das dinastias negras no Egito (XXIIª à XXVª Dinastias), de origens líbia, núbia e etíope (cushita). O culto ao felino e o estilo de cerâmica florescente eram semelhantes às elaboradas pelos chineses na época (Dinastia Chou), influenciando também as emergentes culturas maia (El Taljin) e sul-americana (Chavin de Huantar). Até a imagem do dragão aparece no mundo olmeca, na forma da serpente emplumada com garras de jaguar. A grande missão dos olmecas foi estabelecer os fundamentos religiosos, organizar o calendário sagrado e as bases hierárquicas da nova sociedade, tendo Sírius como seu elo comum.

O "Povo das Nuvens" era herdeiro dos construtores caldeus. Monte Alban era uma montanha que foi decepada (como Machu Pichu) e na qual erigiram-se vários templos e observatórios astronômicos. Foram as primeiras edificações de vulto nas Américas. Seus trabalhos auxiliaram na decodificação, no aprimoramento e na adaptação do Calendário sagrado.

O "Povo da Balança" primeiro criou a cidade sagrada de Tula, palavra que em chinês significa "balança", sede da dinastia do rei Quetzalcóatl, que é o planeta Mercúrio na função de Vênus, regente do signo de Libra ou Balança. Foram os grandes artesãos e sábios, reconhecidos e amados do Anahuac, considerados por todos como os verdadeiros Antepassados Sagrados. Em sua civilização alcançou-se a síntese e a perfeição. Grandes cidades sagradas e pirâmides eram usadas para os ritos do Calendário sagrado e dos outros.

Junto a estes emergiram os maias e quichés, mais ao sul. Era um povo trazido dos Andes para colonizar o centro do Continente, onde as condições de vida se apresentavam mais favoráveis, realizando uma síntese de tudo o que ocorria. Mantiveram-se sempre como uma etnia à parte e se desenvolveram paralelamente aos nahuas, apesar do constante e enriquecedor intercâmbio cultural. Radicaram-se na zona tropical de florestas, gerando um estilo exuberante e barroco, em contraparte com as culturas do planalto mexicano, de condições mais austeras e um estilo artístico hierático. Talvez por situar-se mais distante das áreas de penetração dos bárbaros a noroeste, foi a civilização mais longeva de todas, com múltiplos centros e cidades espalhados pelo Yucatan e regiões contíguas, também favoráveis aos primeiros contatos com os chegados d'além-mar.

Os três Calendários empregados por estes povos apontam também para esta tríplice gênese, buscando ultrapassar a antiga dualidade atlante, ainda que esta tenha sido forte o suficiente para levar um destes calendários (o Lunar) ao desuso. Havia um quarto calendário, velado pelas revoluções de Sírius B, e que está sendo hoje revelado. Relaciona-se à quarta cultura que modernamente se sacrificou pelo Ocidente, a tibetana, em cuja origem uma tradição reza estarem mensageiros maias. Corresponde ao quarto Rei Mago e à quarta grande rama de Shambala que surge nesta virada de milênio, já nas Américas, consolidando a formação da nova Tradição extremo-ocidental de sabedoria e consolidando a presente Ronda.

Mas as medidas civilizatórias não se limitaram ao norte, daí que um processo muito semelhante foi verificado ao sul. Os procedimentos repetiram-se na América do Sul pela Colômbia (San Agustin), Peru (Chavin e Chimu) e Bolívia (Tiwanaco), sempre com idêntico sucesso. Daí as tantas semelhanças entre o Norte e o Sul das Américas, inclusive a fantástica sincronicidade entre seus desenvolvimentos. Alguns exemplos. A palavra *teo* para deus é grega. Extraindo-a de Teo-tihuacan, temos quase a Tihuanaco andina. O mesmo sobre os nomes dos lagos Titicaca e Texcoco. *Aima-rá* lembra *Maya(-Rá)*, e *Quéchua* a *Quiché*. A semelhança entre os atlantes ou gigantes de pedra de Tiwanaco e os de Tula é fantástica. Todos estes povos tinham suas Pirâmides (e Ilhas e Templos) do Sol e da Lua, a clássica dualidade atlante (os áryos cultuaram já três pirâmides, como em Gizeh). Também houve vários intercâmbios e migrações internas. Os maias foram migrantes de Tiwanaco enviados para formar um novo momento na cultura mexicana. Calendários eram trocados, exigindo mudanças de datas. As viagens eram feitas seja pelo Pacífico como pelo Golfo do México. A longa dispersão maia (apenas foram totalmente dominados às portas do século XVIII, e todavia as rebeliões seguem atualmente) deixou marcas até no Brasil, onde os artesãos da Ilha de Marajó receberam a sua influência artística.

As diferenças também se fariam presentes, porque aquele momento era ainda especialmente setentrional, visando *culminar* a Quarta Ronda, de modo que o principal das Ciências Sagradas deveria ser canalizado para o Norte, preparando a futura grande Conversão ao Sul. Este translado para o Sul já representaria uma nova etapa – é a etapa atual, passados dois mil anos, na chamada ***Operação-Órion*** que os egípcios também prepararam. As Três Ramas sagradas de Shambala são simbolizadas pelos três Reis Magos – ou *As Três Marias* no Hemisfério Sul –, que conformam o Cinturão de Órion. Os Reis Magos trazem as dádivas divinas ao Cristo nascente, no caso, simbolizado por Sírius, que representa também o Ocidente (e o Sul). Daí o vínculo misterioso existente entre Sírius e Jesus, a "estrela da manhã" (Apocalipse 2,28 e 22,16).

Explica também as similitudes entre estas culturas com as do Oriente, esclarecendo coisas como a presença de homens brancos barbados, em ambas as Américas, em posições de grande poder e prestígio, como as figuras de Uiracocha e Quetzalcóatl. O deus-sol Aton (Temu) surge como Tona-tiuh (Aton-teos). Será mera coincidência que a Pirâmide do Sol de Teotihuacan, tenha o mesmo perímetro que o da Grande Pirâmide de Queóps, e que suas câmaras internas se posicionem de forma idêntica? Entre os Nagas da Índia foi encontrado um alfabeto muito semelhante ao dos maias. A *totora* do Titicaca é uma adaptação do junco egípcio, o *papiro*. A lhama descende de camelos trazidos por viajantes do Oriente Médio. Existem registros de que até elefantes teriam sido trazidos, os quais não teriam no entanto sobrevivido.

Uma forma religiosa muito difundida entre as antigas culturas do Mediterrâneo e do Golfo Pérsico, a esfinge, o querubim ou o "tetramorfo" bíblico, reaparece entre os toltecas e maias na forma de homens com toucados de serpentes, ave e jaguar. Relaciona-se a uma completa cosmologia – são os "quatro elementos" –, como também às Quatro Raças. Corresponde ao símbolo do Dragão, o mítico animal alado-terrestre-aquático-ígneo. No contexto pré-colombiano, também se pode identificar a predominância de alguma destas forças nas culturas em formação, inclusive através das quatro "culturas universais" ali desenvolvidas (as mesmas comparações poderiam ser feitas na América do Sul):

Cultura Nahuatl	*Deus Principal*	*Elemento*	*Raça Análoga*
1. Olmecas	Ocelotl (Jaguar)	Terra	Negra
2. Teotihuacanos	Tlaloc (Chuva)	Água	Vermelha
3. Toltecas	Quetzalcóatl (Pássaro-Serpente)	Ar	Amarela
4. Aztecas	Huitzilipochtli (Colibri)	Fogo	Branca

No plano cósmico, cada quatro ciclos sóticos são simbolizados por um dos seres tetramorfos (desde um dos signos fixos do Zodíaco – Touro, Leão, Escorpião e Aquário), formando grupos de 6 mil anos. Por isto cada ser é tetramorfo e possui seis asas – ver Apocalipse 4,6. Sírius *enlaça* os signos pleidianos gerando equilíbrio e integração no plano do Zodíaco. Vejamos o exemplo atual. Como o presente ciclo sótico ocupa os 500 anos finais da Era de Peixes e mais os primeiros 1.000 anos de Aquário, é claro que incide sobre o meio da Nova Era, centralizando todo este grupo.

Isto totaliza apenas 24.300 anos. Os 2.600 anos restantes são como *colunas* demarcando as grandes divisões polares do tempo cósmico. Relaciona-se em parte à Era de Peixes, verdadeira "ponte do arco-íris" na evolução mundial. O Cristianismo (e o Budismo Mahayana) foi uma "religião-ponte", simbolizado por sua origem na Palestina, "aquela fatia de terra que fica entre a Ásia e a Europa" (Alice A. Bailey em *Psicologia Esotérica*, Vol I). Este é sempre o papel do amor: unir os mundos e gerar o futuro. Durante a peregrinação do povo hebreu pelo deserto, Iahweh tomava ora a forma de uma coluna, ora a de um arco-íris (ou "nuvem" – Ex 13,21). O valor cabalístico de IHVH é 26, base numérica do Ano Cósmico de 26.000 anos. São Pedro falava como astrólogo e cabalista quando escreveu: "para o Senhor um dia é como mil anos, e mil anos como um dia" (II Pe 3,8).

O Decreto de Translado foi emanado desde a Loja Una (*Shambala*) para as suas três ramas principais, as Grandes Lojas Áryas situadas no Ocidente (África), Médio Oriente (Caldéia) e Oriente (Transhimalaya). O grande Movimento em direção ao Sol Poente gerou a mobilização de todas as forças espirituais do planeta, há mais de 2 mil anos atrás. As expedições partiram através do Pacífico e do Atlântico, encontrando-se nas regiões destinadas, que eram o Planalto do Anahuac e a Meseta Peruana. Navios de junco e madeira-balsa lançaram-se à grande aventura, protegidos pelo Sol oculto que os iluminava.

A Ilha de Páscoa seria empregada como uma Escola Especial de Iniciados – os chamados *Homens-Pássaros* –, pelos navegantes vindos através do Pacífico Sul conectados com o Altiplano andino e mesmo com a Meso-América. É sempre importante gerar um reduto inacessível para proteger o principal núcleo da sabedoria. A Ilha de Páscoa, Machu Pichu e Monte Alban teriam tido esta função (a La Venta olmeca, a Tenochtitlan asteca e a Ilha do Sol pré-incaica também foram ilhas). Desde lá os Emissários da Luz seriam enviados para suas missões, retornando periodicamente para dar conta de seus progressos.

A Era de Peixes foi caracterizada como a das grandes navegações, porque associada ao elemento *água*. Os antigos, que viveram uma Idade de Ouro muito antes, estavam preparados para todos os desafios deste elemento quando chegasse a hora. A tecnologia de navegação estava bem dominada, as rotas eram já conhecidas e os contatos estavam solidamente realizados. Eram segredos tão bem guardados quanto o foram nos primeiros tempos das grandes navegações européias, por parte dos genoveses e portugueses. A bússola, uma invenção chinesa, dava a orientação necessária; de resto, havia um exímio conhecimento das estrelas.

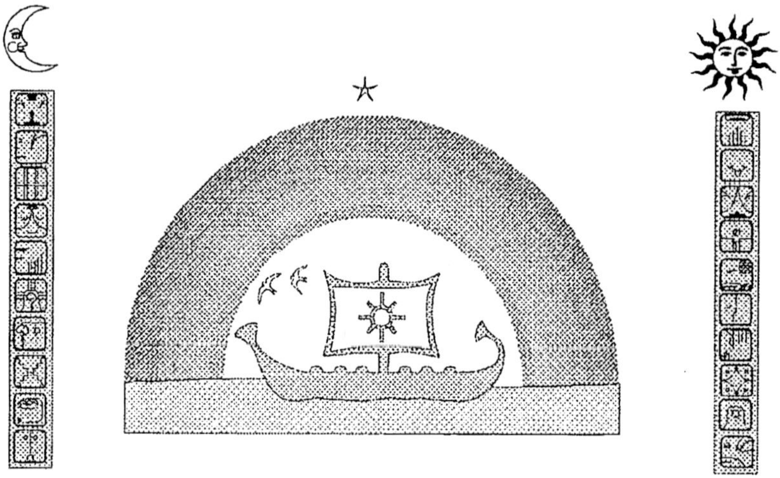

Tanto os egípcios como os peruanos eram peritos na construção de barcos de juncos. Mas os primeiros já não dominam esta tecnologia, e apenas as antigas pinturas dão seu testemunho. Quando Thor Heyerdahl quis provar que eram possíveis as travessias oceânicas com tais embarcações, teve que procurar os artesãos do Lago Titicaca para construir tais barcos. Assim ele fez o Kon Tiki para atravessar o Oceano Pacífico e o Rá para o Oceano Atlântico (este último provando a travessia egípcia). E com isto constatou-se não ser uma mera idéia romântica.

IV. A Estrela se detém sobre o Cristo

O surgimento "súbito" das Civilizações se deve à confluência de dois fatores: a emergência de grandes valores espirituais autóctones (raciais e individuais), e a influência de Escolas de Sabedoria antigas.

A Bíblia registra as palavras dos Reis Magos (em Mateus 2,2): "Eis que vimos a sua estrela no Oriente", e declara: "Eis que a estrela que tinham visto no seu surgir ia à frente deles até que parou sobre o lugar em que se encontrava o menino". A estrela "parou" ali, não porque deteve-se por um instante no zênite, pois se trata de algo simbólico. Tal coisa alude à *parada de contagem do passo estelar de Sírius*, assim como ao próprio fim da Civilização egípcia e sua missão, junto a outras do Oriente.

Na verdade, tratava-se do início de um novo ciclo cósmico e por isto era preciso exaltar outra região do mundo. Foi criado então o Calendário-mandala, síntese suprema da sabedoria cósmica, através do qual seria *implantado* o padrão magnético da Ronda que se iniciava. Ao mesmo tempo, tratava-se também da Era que iria culminar uma outra Ronda, não propriamente zodiacal, mas a ela associada. Entre as duas grandes Revelações divinas estava a Era de Peixes, um espaço-tempo sagrado simbolizado também por Órion, pelo signo de Gêmeos e pelo *Tuat* egípcio, o mundo de Osíris sustentado pelas duas Colunas *Djed* (ou "Tet"); estas Duas Árvores da Vida podem ser representadas pelos 20 signos do Zodíaco Siríaco (acima figurados através de duas colunas, tais como as de Hércules). Neste aspecto, o trabalho do Calendário-mandala seria *consolidador*. Alfa-Ômega portanto – eis sua grande função.

Diz uma antiga profecia:

> *Quando os Dois Grandes Sóis se reunirem, os homens saberão que uma nova Idade de Ouro terá chegado.*
>
> Decretos de Agartha

Como se tratava do começo de Ano Cósmico, o grande Ciclo Sótico que em breve reiniciava (em 140 d.C.) foi empregado para gerar um Calendário sagrado muito especial, a ser aplicado em plena Grande Ocidentalidade. O próximo Ciclo teria seu marco histórico com a descoberta da Europa pelos europeus – onde a tríplice Travessia estaria simbolizada pelas três naus de Colombo e suas cruzes neotemplárias –, da mesma forma como em anteriores iniciara-se o registro do V Mundo maia (3113 a.C.) e do Kali Yuga hindu (3012 a.C.), assim como a implantação da civilização egípcia, marcada pela construção da Grande Pirâmide, e outro ainda anterior, o ciclo atlante pela construção da Esfinge de Gizeh. Devia-se aguardar a chegada do grande Quetzalcóatl, e para isto a América foi preparada. Chegou à época apenas na forma de um invasor poderoso. Somente o tempo poderia preparar o verdadeiro advento do deus, pela síntese de todas as heranças mundiais.

O Programa básico dos trabalhos destes sábios empregaria o período-padrão de um milênio (ciclo de 1040 anos) cronometrado, extensível a dois milênios de forma menos rigorosa, até o ano 2012 mais exatamente, quando se poderá encerrar a conta do Calendário sagrado, para reiniciá-la sobre novas bases se assim se desejar. O ano da Tripla Revelação – passado, presente e futuro – é dado na profecia: 666 x 3 = 1998.

Chegando às Américas, próximo do Ano 0 *cristalizou-se* a data siríaca, tornada a partir de então uma convenção. Não mais se calculou a sua evolução para fins de "Conta Curta", porque seu curso havia alcançado o "Ponto de Luz". Isto não representa portanto um erro, porque baseia-se numa fundação espiritual importante: o advento do Cristo ou de algum avatar local semelhante, na própria abertura do Ciclo Cósmico. Até então os egípcios acompanhavam o passo contínuo das estrelas. Pode-se realizar tais opções, que a sabedoria determina (os hindus, por exemplo, aplicam o avanço do ponto vernal até em sua astrologia solar). Mas os maias já não o necessitariam.

Em caso contrário, se desejamos atualizar o passo de Sírius, a data atual da Canícula é 6 de Julho, a 15° de Câncer. Esta data é oposta à de 6 de Janeiro, atribuída aos três Reis Magos e na qual incide a presença da estrela Vega, situada em longitude oposta à de Sírius. Na celebração do Natal meridional, ambas as datas coincidirão – isto é: a Festa de Reis recairá sobre a Canícula atual. Esta fantástica coincidência sugere a presença do Quarto Rei Mago já mencionado.

Com relação à "Conta Larga", podemos considerar o Calendário cristão relativamente apropriado, adaptando-o para a data de 140 d.C., quando teve início o Grande Ano de Platão no registro pleidiano e segundo o ciclo sótico.

E. Os Cinco Anos Finais

O Calendário Lunar estrito divide o Ano solar em 13 meses,

o que se aplica também ao Zodíaco Pleidiano. Isto resulta em ciclos de 2.000 anos para cada Era.

Considera-se que este ciclo de 2.000 anos encerrou-se no ano de 1995, devido ao conhecido erro de 5 anos no calendário cristão. Assim, os 7 anos que vão do Portal da Cruz (1988) ao Portal da Lua (1995), correspondem ao período de implantação *interna* do Calendário Lunar e do Calendário Joviano. Os 5 anos seguintes, até o ano 2000, destinam-se à implantação do Calendário Solar e do Calendário Saturnino. Cada uma destas esferas regerá um grau de iniciação na Nova Raça-Raiz.

Em termos de cronologia sagrada, os ciclos mais importantes baseiam-se sempre no número 5. Muitos dos antigos calendários e cosmologias reservavam períodos simbólicos gerais e finais de 5, como os 5 anos que deveriam resumir todo um conjunto de, por exemplo, 50, 500 ou 5 mil anos.*

Desde 1995 iniciamos esta contagem regressiva do tempo. Outra base para isto tem sido o fato de o ciclo civilizatório cristão já se achar desde lá realmente terminado em seus 2 mil anos, face ao conhecido erro de cálculo no nascimento de Cristo.

Na Astrologia maia, 2 mil anos encerram uma Era astrológica. Outro fator, já mencionado, reside em que 1995 marcou os 36 anos do esvaziamento do trono tibetano, sendo este o tempo-padrão de formação de um Buda. Finalmente, 1996 também encerrou um ciclo de 42 anos da morte de Getúlio Vargas, o que tem um sentido ainda mais específico para o Brasil.

Vale dizer que o Brasil está estreitamente ligado às apoteóticas celebrações do ano 2.000, porquanto ali estará comemorando os 500 anos de sua descoberta, realizada em 1.500 sob o patrocínio direto dos Templários, ou da Ordem de Cristo (que os recebeu em maioria), e que coordenava as grandes navegações em Portugal.

Alguns pesquisadores têm reforçado a idéia, como é o caso de José Argüelles, o profeta do tempo maia, quem teria recebi-

---

* No Capítulo 5 o leitor encontrará mais sobre este princípio, com relação ao ciclo de 500 anos.

do inclusive profecias especiais relativas a estes cinco anos finais.

O que se deve ter claro é que estes são anos terminais nos quais a consciência da humanidade deve ser definitivamente amadurecida, e nos quais medidas decisivas devem ser tomadas no sentido de aprumar as coisas na direção do Sagrado.

A ONU deve se tornar um órgão eficiente e realmente universal. Necessita se organizar não como uma mera reunião de nações com interesses mais ou menos particulares, mas num governo mundial verdadeiro e eficiente, e para isto deve haver uma Autoridade divina e soberana, respeitada acima das várias tendências e culturas da moderna sociedade mundial: o Divino Interventor, já presente no mundo e aguardando a chegada de Sua hora.

A. Os Subportais: 1995, O Ano do Ecumenismo

Do ponto de vista astrológico, o ano de 1995 trouxe importantes definições no campo do Ecumenismo, proporcionado em parte pela introdução dos novos Calendários. A grande astróloga esotérica Emma C. de Mascheville apresentou a seguinte abordagem sobre o ciclo de conjunções entre Netuno e Urano:

> "Os dois planetas que estão regendo a Era de Peixes, Netuno, e a Era de Aquário, Urano; quando entram em aspecto, sempre geram uma grande modificação na civilização, porque trazem a luta entre as idéias do passado e as do fututo, assim como o discernimento entre ambas.
>
> "Em 1995 virá a conjunção entre os dois planetas novamente, como estavam em 1822, quando Urano e Netuno estavam em conjunção, e nesta fase seria desenvolvida a liberdade das nações, porque estavam em Áries, resultando também em grande desenvolvimento do misticismo, trazendo para as religiões novos impulsos na direção da harmonia e na independência.
>
> "Agora, em 1995, representará o esclarecimento do

homem, novas inspirações, a procura do espaço e das coisas espirituais, e ao mesmo tempo o progresso. Ocorrerá em Sagitário, representando grandes transformações nas religiões. Em 1822 estava em Áries, quando se daria a libertação do Brasil. Toda a imigração que para cá veio da Europa, aqueles que lutaram por uma maior liberdade. Muitos colonos que vieram eram intelectuais. Todos eles tiveram os seus professores e suas culturas, que aqui deram continuidade. Eu penso que Sagitário representará a transformação dos dogmas."

Capítulo 4

O PORTAL DO SOL

O Terceiro e último Portal propriamente dito, corresponde à sephirah central *Tipheret*, chamada "A Beleza", relacionada ao Sol e ao coração.

Sua natureza central e solar estabelece o vínculo com Shambala, com o *Dharmakaya* (Espírito) e com o Buda em si. Um dos reflexos disto, é o surgimento do *Calendário Solar*, símbolo tradicional de espiritualidade e harmonia universal.

Portal do Sol (1998)

Este Portal revela a autoridade universal do Buda/Cristo, e seu símbolo é a espada da Justiça. O triênio por ele aberto revela a realidade de Shambala no mundo, na conclusão de todas as coisas na direção do Reino de Deus esperado. Sua energia está voltada para a expressão do Espírito de Deus, de modo que podem ser esperadas grandes revelações, com a energia divina manifestando-se diretamente e de forma visível no mundo. Tal coisa deve acarretar importantes reformas e renovações.

A esfera de Shambala implica realidades como a Iniciação solar e a Política sagrada. Por isto este Portal incitará as grandes conquistas espirituais e trará à luz os potenciais mais elevados, assim como as vocações e as missões que vêm sendo fomentadas. Também manifestará elevadas questões políticas, conduzindo os iniciados ao poder.

Na verdade, muito depende da qualidade de recepção da humanidade para estas poderosas energias. Na Atlântida, a emanação desta energia fez sucumbir o Continente, porque a

Porta do Sol de Tiwanaco, Bolívia (estilização).

sociedade estava demasiadamente impura. Todos sabemos que o mundo também necessita hoje de uma profunda renovação, e a forma como deverá se purificar depende apenas dele mesmo. A Hierarquia espera que a nova Sociedade já esteja pronta para se alinhar com as esferas de Sabedoria divina. O Governo Mundial deve ser instaurado antes que seja tarde demais para o planeta. Conta para isto com o apoio dos Eleitos que se acham em todas as nações. É preciso que o Sol do Cristo brilhe sobre o mundo. Estrelas já não podem conduzir o planeta quando é chegado o Dia do Senhor.

Este Portal foi celebrado no Solstício de Inverno do Hemisfério Sul, como a Festa do Sol dos incas (24 de Junho), que foi aproveitada e ampliada para o evento cósmico. Na cerimônia, pediu-se recitar o *Hino a Aton* de Akenaton, o *Cântico ao Sol* de São Francisco e a Grande Invocação, visualizando um Portal com um Sol glorioso.

O Portal foi celebrado especialmente no Brasil, onde recebeu maior divulgação. Mas como o evento coincidiu com o Kumbha-Mela sul-americano, reuniu-se muita gente também nos Andes.

A. Os Alinhamentos

Uma coisa que se deve ter em mente é que os Portais se relacionam aos *alinhamentos de consciência* tais como vividos pelo Avatar, e não diretamente pela Humanidade. Mas isto não importa muito, porque os Altos Processos são extremamente difíceis, e, de qualquer forma, a humanidade pode participar de seus frutos, caso participe também em qualquer medida na sua colheita.

Afinal, não importa tanto ser ou não o próprio Sol, contanto que se possa gozar de seu calor. Sempre haverá a necessidade de haver sóis, mas não é possível, nem necessário, que muitos realizem os elevados esforços destinados a isto. A sociedade deve, antes, usufruir de uma *iniciação virtual*, através da participação no *Ashram* ou esfera de influência da Hierarquia – esta é a verdadeira "iniciação simbólica". E uma forma de participar disto é integrando os trabalhos dos Portais, uma vez que tais umbrais são sempre muito difíceis de atravessar. É uma forma de a humanidade também receber suas iniciações.

Esta é a correlação entre os Portais e os graus e alinhamentos do Buda.

PORTAL	GRAU BÚDICO	ALINHAMENTO
a. Portal da Terra	8° (*Pratyeka*, o "Oculto")	Personalidade (*Nirmanakaya*)
b. Portal da Lua	9° (*Manushi*, o "Humano")	Alma (*Sambhogakaya*)
c. Portal do Sol	10° (*Dhyani*, o "Contemplativo")	Espírito (*Dharmakaya*)
d. Portal do Reino	11° (*Adi*, o "Primordial")	Logos (*Vajryakaya*)

No Portal da Terra, a atividade oculta do Buda se manifestou por um trabalho interno através da *Chave* cromática. No Portal da Lua, a natureza "humana" do Buda gerou a *Pirâmide* da Cúpula de Cristal, conferindo um padrão de tempo superior. No Portal do Sol, a integração obtida se expressa na *mandala* próprio dos Budas contemplativos. E no Portal do Reino, o Buda demonstra seu caráter primordial através da auto-revelação como um *oráculo* vivo e sagrado ao mundo, capaz de orientar e prover espiritualmente a sociedade, de forma segura e em todos os setores da existência.

Tudo isto vem sendo preparado através dos sucessivos Portais. Todavia, tal ritmo não é muito real do ponto de vista do *próprio* Buda, cujos padrões evolutivos não obedecem a preceitos cronológicos lineares ou mundanos. Antes, poderia-se dizer que seu padrão enquadra-se *num único triângulo*, de tal modo que os três vértices de 60 graus correspondam à fórmula "666", definida no Apocalipse de São João como "o número de um homem".*

---

* O leigo não deveria jamais se aventurar a interpretar esta hermética Escritura de forma dogmática, sob o risco de gerar graves erros de julgamento. O próprio Livro da

No entanto, naquilo que diz respeito à humanidade, a correlação permanece válida, porque se trata do tempo e das etapas necessárias à *assimilação das energias divinas emanadas pelo Mestre*. Isto significa dizer que a glória divina é assimilada aos poucos, tardando alguns anos para poder se expressar livremente sobre a superfície da Terra, unicamente em função do carma humano, que limita o poder de ação do Cristo. Daí a imagem de expiação e providência trazida pelos Avatares.

É por isto – e até chocando certos observadores passivos– que o Messias pode profetizar (ou revelar) sobre os processos do mundo, incluindo os seus próprios processos em certos momentos, pois tudo isto está essencialmente pré-determinado em seus momentos finais.

Tal coisa nos leva a um outro aspecto deste Portal: seu caráter conclusivo em relação ao Portal Oculto de 1988, o que passamos a comentar.

B. A Conclusão do Portal da Cruz

Como afirmamos, o nome *Portal do Sol* alude inicialmente a seu vínculo com Shambala e com o Buda em si. Mas também se relaciona à celebração de um fato oculto: os 10 anos do oculto *Portal da Cruz*, ocorrido em 1988.

O decimal é um ciclo "absoluto". Além disto, o rebaixamento que esvaziou *Daath* e gerou *Malkuth* determinou uma Árvore da Vida à parte, neste decênio relacionado ao Corpo de Compaixão do Buda. *Malkuth* e *Daath* (ou *Tipheret*, seu representante) são, por isto, alfa-e-ômega, tal como o são também *Yesod* e *Kether*, e seus correspondentes, o Portal da Terra e o Portal do Reino.

Dez é o número do Sol e um ciclo natural, sendo portanto

Revelação afirma que apenas o Cordeiro pode abrir o "Livro Selado com Sete Selos", até porque, como se lê na introdução, trata-se de uma "revelação de Jesus Cristo", o que pode ser entendido não apenas no sentido de ser um texto revelado pelo Cristo, como também uma revelação *dos próprios processos avatáricos*; como já observamos. Ver mais sobre a simbologia deste número no Apêndice 1, adiante.

uma data relacionada àquele momento de dor e ressurreição, cujo poder logo se revelaria através de uma série de movimentos destinados a dispor uma nova ordem no mundo. A fórmula da Tetraktys, 1+2+3+4=10, demonstra que isto é uma realidade. Trata-se da realização dos potenciais de um Princípio, dentro de um padrão *piramidal* de Tempo Sagrado (tal como citamos acima quanto ao padrão avatárico-triangular de tempo). Tanto é assim que, no tempo delimitado, o Plano da Cúpula de Cristal se encontraria praticamente desenvolvido em sua totalidade. É, por isto, a realização de uma profecia relacionada ao *Louco*, Arcano XXI do Tarô ou o *Avatar*, e que toma a seguinte forma nas palavras de Cagliostro:

> "...em todas as partcs por onde passo abandono parcelas de mim mesmo, mas sempre deixando um pouco de força, até que seja fixado o fim da minha jornada, na hora em que florescerá – a rosa sobre a cruz."

Seria, neste caso, o pleno desabrochar das potencialidades da cruz espiritual.

C. Tipheret: *a Beleza*

A esfera da Árvore da Vida relacionada a este Portal é, inicialmente, *Tipheret* ("Beleza", Sol). Centraliza a tríade formada com *Geburah* ("Justiça", Marte) e *Chochmah* ("Misericórdia", Júpiter). Assim, estas duas esferas centralizam e personificam as funções polares das duas colunas da Árvore da Vida, ditas do Rigor *(Boaz)* e da Misericórdia *(Jackin)*. Seu equilíbrio é a expressão da Justiça, simbolizada pela espada que representa o poder-mandala gerado neste Portal.

Corresponde basicamente ao plano da Alma, mas também representa o Espírito após a Queda.

Trata-se da esfera central da Árvore, e sua natureza setenária se irradia para todos os sephiroth, especialmente os seis básicos relacionados ao Adão Kadmon na Cabala. Este aspecto central é portanto solar, daí a associação com o Astro-Rei, símbolo também do Poder Vitorioso gerado no seguinte Portal do Reino, mas que, devido à *antecipação* original do Portal da Cruz, já está virtualmente presente na esfera *Tipheret*. Pode-se evocar aqui a relação existente entre o Chakra Cardíaco (12 Pétalas) e o Chakra Coronário (100 pétalas com 12 subdivisões).

Pelo caráter central deste Portal, podemos dizer que finalmente a humanidade passa a ter acesso, uma vez mais, aos frutos da Árvore da Vida, situada no centro do Jardim do Éden. Este centro é a esfera solar Tipheret. O Anjo que guardava o Umbral da Luz baixa sua guarda para permitir o acesso dos candidatos. As Escolas de Iniciação abrem suas portas verdadeiramente!

A chegada deste momento evolutivo da Árvore da Vida gera a Reconversão da Espiral 69. Tipheret é o 6° centro, e dá início à última tríade que integra os Nove. Observando a grafia dos algarismos 6 e 9, vemos que expressam espirais:

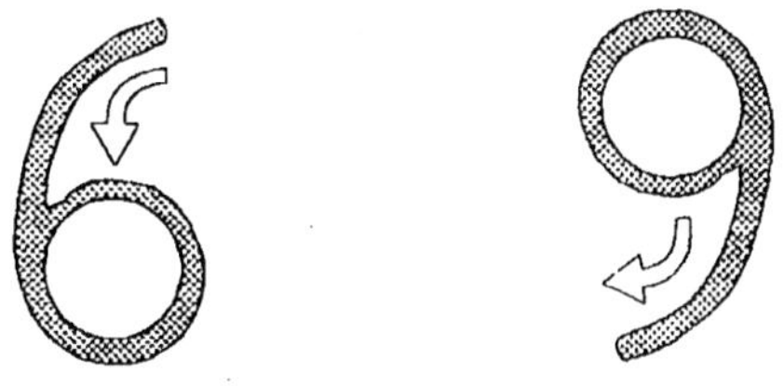

O 6 é um movimento centrípeto ou concêntrico, gerado de fora para dentro e alcançando um centro. O 9 é um movimento centrífugo ou excêntrico, gerado de dentro para fora e buscando a periferia, sendo portanto irradiatório (já vimos também que 1998=9).

Um símbolo desta posição central é naturalmente o da cruz. Em seus vínculos com a tríplice Árvore, Tipheret tem sido simbolizado tanto como um rei, como por um deus sacrificado ou uma criança divina. Incorporando *Daath*, a esfera oculta deste nível, *Tipheret* teria uma função distinta, dando ao nome divino a letra *Shin* para formar IHSVH, Jeoshua, Josué ou Jesus.

O sentido de beleza associa-se ao seu caráter irisado e luminoso, assim como ao aspecto ético da justiça. Existe uma liberação neste estágio. 3/4 partes do trajeto de ascensão foram cumpridos, e o carma remanescente passa a ser diretamente administrado.

Este ciclo acarreta uma espécie de *renovação* do processo iluminativo ocorrido 10 anos antes. Observe-se que, se a iluminação representa a conquista do 4° grau (Centro do Coração, o Tipheret individual), o Portal do Sol ativa um centro racial que apresenta o mesmo significado (Centro cardíaco racial ou Hierarquia, o Tipheret grupal). É como se o Rei apenas então tomasse posse de sua própria coroa (ou de sua espada, neste caso), em termos externos, em favor de uma comunhão universal apenas então possível. Por isto apenas no Portal do Sol (1998) é que a glória obtida no Portal da Cruz (1988) será realmente vivida e expressa.

A. O Fogo Elétrico

A esfera de Tipheret emana a *energia elétrica*, que é o aspecto *luz* do fogo. É o fogo inteligente que estrutura os órgãos e organiza a vida superior.

Caracteriza-se pelo poder de explosão e irradiação. Materialmente é muito importante como fonte de energia, podendo proporcionar a tecnologia limpa necessária aos veículos do futuro. Os fios e os cabos elétricos são geradores de energia desequilibrada, por sua própria intensidade.

Associa-se também à energia atômica, que é a liberação da energia potencial da matéria. A principal motivação *pacífica* para a geração desta perigosa energia (cujos resíduos são terríveis), é a produção de eletricidade, geralmente obtida através das hidrelétricas nos países com amplos recursos hídricos.

A forma psíquica de sanar seus problemas é através da *iluminação interior*. A energial espiritual positiva é gerada inicialmente através do desprendimento e da coragem, assim como pelo exercício mental, seja no plano intelectual como no da criatividade em geral, incluindo processos meditativos. Corresponde ao *agni-manas* ou fogo mental.

É uma energia unificada e ascendente. É ela que gera o fator 3/4 responsável pela virtual conclusão de qualquer processo evolutivo. Nesta etapa se adquire a verdadeira *continuidade de consciência.*

A revelação básica deste fogo é que a vida é expansiva, despertando o sentido de crescimento interior e o sentido de universalismo, produzindo a noção de *síntese* entre todas as coisas.

Associa-se à ciência da Alquimia, ao elemento Ar e ao alinhamento do Espírito. Espiritualmente, corresponde à 3ª Iniciação no plano da Humanidade e, na forma superior de *éter solar*, à 7ª Iniciação na esfera da Hierarquia.

É o fogo da *Vida*, a fonte da existência organizada. No Plano de Shambala traz iluminação e auto-revelação, através da expressão do *Dharmakaya* do Buda.

O caráter mental deste fogo reforça a presença oculta de *Daath* neste portal, como veremos a seguir.

B. Reativando *Daath*, o Conhecimento

Tipheret acumula uma parte importante da energia rebaixada de *Daath*, a Esfera da Queda. Num certo sentido, *Daath* centraliza *Binah* ("Inteligência") e *Chochmah* ("Sabedoria"). É por isto o Conhecimento Real. Este vínculo explica a questão do sacrifício e a iluminação como caminho de conhecimento e revelação, da mesma forma que a Beleza se tornou um veículo para o conhecimento humano, sobrevalorizando a arte e a estética.

Por esta razão *O Livro dos Portais* é trazido à luz através do Portal do Sol, que é também o da Revelação. Neste ponto o conhecimento adquire um caráter universal, e tanto o grau de manifestação da Hierarquia, como o estágio de crises do mundo, já admitem ilusões acerca dos vínculos e das origens deste saber: *Shambala*, o trono divino.

Como vimos, este Portal surge 10 anos após o da Cruz, sendo o 10 um número solar. Deve-se ver que *Daath* se relaciona não apenas ao centro da garganta, mas também ao frontal *Ajna*, o Chakra de 2x48 pétalas situado entre os olhos. Ajna não é um Chakra verdadeiro, mas uma fonte oculta de direção, (re)conhecimento e consciência. Por isto este Portal reúne o símbolo oculto do Olho, junto ao da Espada.

A sephirah *Daath* corresponde a um oculto *Portal da Luz*, (Quintessência) simbolizado pela Visão e pelo Conhecimento, presente em potência neste momento, embora ainda não exteriorizado em função da Queda – o que deve no entanto mudar com a Manifestação da Hierarquia e sua "adoção" salvadora pela Humanidade.

Este se torna portanto o Portal da Revelação. Nele o Plano de Shambala é revelado. É a influência de *Daath* que traz a este Portal uma energia definitivamente ascendente. A restauração deste centro representa um evento da máxima importância para a humanidade. A Queda tinha a ver não apenas com o conhecimento do Bem e do Mal, como também com o mal uso das energias sexuais. Trata-se portanto de uma grande regeneração que ocorre neste momento.

Tudo isto representa, portanto, uma grande integração. É esta a razão pela qual o Conhecimento perfeito é dado junto ao umbral solar (ainda que de forma oculta). Ele simboliza a virtual consumação de todas as coisas. Quando 3/4 partes de um trabalho estão realizadas, pode-se dizer que o Todo está salvo. O 1/4 restante é uma síntese e seu reflexo, por assim dizer. É por esta razão que este Portal pode permanecer secreto em parte (mesmo gerando tais elevadas revelações), porque a maior parte do trabalho está realizado. Por isto um bebê de 7 meses sobrevive bem, e por isto um Mestre de 7° Grau *(Bodhisatwa, Maha-Chohan)* pode sustentar o mundo. Curiosamente, isto dificilmente pode ser realizado por um Buda de 8° grau, da mesma forma como um bebê de 8 meses tende a não sobreviver. Um Mestre não pode vencer o degrau da 8ª Iniciação sozinho (analogia com a Cruz: 2x4 – por isto esta *sephirah* se acha sobre o "Véu do Abismo" na Árvore da Vida), e o Portal da Terra teve como característica oculta a ascensão de Maitreya a este grau (8°), com o apoio dos Três Centros trabalhando unificados.

A esfera oculta, *Daath*, corresponde em certo sentido ao 4° grau, que representa a crucificação e a morte, física ou espiritual – um grau inacessível à humanidade árya, possível apenas à sua Hierarquia. Acima dela está *Kether*, a Coroa que, vista como o 5° grau, relaciona-se à Shambala e à Sucessão Apostólica árya. O abismo existente entre ambas apenas pode ser preenchido pelo Centro de Amor divino que é a Hierarquia.

A vitória sobre a morte é sempre um dom transcendente e secreto outorgado pela graça através dos Mediadores sagrados. O Portal do Sol relaciona-se a isto, ou seja: é o momento que abre esta possibilidade para a humanidade, através da consumação da Cruz e da revelação universal. Se o 5° grau chama-se *Revelação*, o 2x5 anos também se relaciona ao mesmo numa esfera maior e dialética.

A grande Revelação do Plano de Shambala marca uma identidade divina e prepara a chegada do Cristo. Por isto a data desta Tripla Revelação – passado, presente e futuro – está presente nas profecias, na fórmula 666 x 3 = 1998; como já foi demonstrado.

Finalmente, há que se considerar que, contando-se de forma ascendente, sem *Malkuth*, *Daath* seria a sétima esfera, responsável pelo *Sabat* (*Nirvana*, *Pralaya*), o que obviamente possui um aspecto de ocultamento. Mas, com *Malkuth*, *Tipheret* assume parte significativa desta tarefa, tornando-se a sephirah sabática que conclui o ciclo evolutivo real. Neste aspecto, o Portal do Sol assume um caráter **irisado** e terminal. *Daath* é o centro oculto de uma esfera setenária, tal como *Tipheret* o é de uma esfera manifesta. Por isto *Daath* é a sombra de *Tipheret*.

D. O Portal do Novo Ashram: *Shambala*

O Portal do Sol ativa o Novo Ashram da Hierarquia, relacionado à Quarta Rama de Shambala, denominada *Nova Albion*.

Vejamos inicialmente no que consiste Shambala, para depois averiguar suas manifestações.

A. O Trono Divino

Os Ashrams espirituais são dinastias organizadas com o intuito de reger a civilização ao longo de sua história.

Shambala é o 1° Centro sagrado planetário, seguido pela

Hierarquia e a Humanidade. É o Trono de Deus. Corresponde ao 3x3, incorporando as hierarquias avatáricas dos graus 7°, 8° e 9°.

A própria numerologia deste Portal é eneária (1998=27=9), com o número-círculo fechando o ciclo dos tempos, inclusive como resultado da conversão 6/9. Como o Arcano IX é o Ancião, Shambala representa a fonte de sabedoria perfeita, velando oculta e eternamente pela humanidade e dirigindo os rumos do planeta.

O 9 é também o Zero. Daí se aplicar à Shambala o epíteto de perfeição e completude presente neste algarismo, desenvolvido apenas pelos mais argutos matemáticos como foram os hindus e os maias.

Este Portal relaciona-se a uma grande revelação da esfera de Shambala, através da manifestação do poder divino, não como ofensa, violência ou ostentação, mas como cura, amor e ressurreição.

Alguns passos foram dados neste sentido, ao longo dos séculos. Mais especialmente, desde o final da Idade Média a influência unificadora de Shambala tem se feito sentir no mundo, visando o presente momento de virtual unidade.

Shambala é a fonte de Poder espiritual do mundo, relacionado ao aspecto "Pai" na Trindade. Destina-se a manifestar-se na Terra, gerando um foco de cultura sagrada que irá iluminar o planeta, ocasionando uma nova Idade de Ouro. Escreveu Alice A. Bailey a respeito:

> "Quando o Cristo vier desde o Lugar de Poder, trazendo seus discípulos, os Mestres de Sabedoria, este lugar de Amor e Poder estará situado na terra e será publicamente reconhecido."

Este Centro tem estado em formação desde o início das influências shambalianas, no século XV, encontrando-se agora praticamente completo. Corresponde a um lugar da América do Sul, no coração de seus novos processos históricos de integração.

B. O Novo Ashram da Hierarquia

Chegamos em nossos dias ao final do processo evolutivo desta Quarta Ronda mundial. Para isto está sendo fundado o 4º Ashram Solar no Extremo Ocidente, especialmente na América do Sul.

Está formado basicamente por Mestres de 6ª Iniciação, chamados *Chohans* (Senhores), um grau que tange amplamente a esfera de Shambala. Estes seres controlam energias de impacto mundial e estão prontos para deixar este planeta e este sistema solar, se fizerem esta opção. Atingiram um estágio de plena liberdade, e sequer o carma da Hierarquia os prende mais.

No que se refere ao trabalho com a Humanidade, destina-se a propiciar os Cânones da Consumação neste plano. A raça humana conhecerá as coisas Finais, aquilo que o Catolicismo denomina em sua escatologia como os *Novíssimos*: Juízo, Morte, Ressurreição, Paraíso, Purgatório e Inferno.

Após o Julgamento Final, existem duas grandes vias: uma que leva ao Paraíso através da ressurreição, e outra que conduz ao inferno através da morte da alma, a chamada segunda Morte (Ap 20, 14) que retira toda a proteção do ser. Enquanto houver carma, não haverá descanso, e sequer extinção.

Todas estas questões, e mais algumas pertinentes, foram desenvolvidas previamente pela raça atlante. Por isto pode-se dizer que muitas das velhas tradições serão restauradas e aperfeiçoadas, razão pela qual têm sido preservadas e hoje até desenvolvidas e pesquisadas por profissionais mais ou menos afins.

O Ashram é também uma expressão irisada e múltipla de energias espirituais, o que nos leva ao tema do *ecumenismo*.

Para seu nome, o Novo Ashram inspirou-se na mitologia celta: *Nova Albion*. Os celtas foram a 4ª sub-raça árya, associando-se portanto ao novo 4º ashram espiritual. Albion foi um gigante da mitologia grega, filho de Netuno e adversário de Hércules.

E. A Estação da Ursa

A Constelação da Ursa Maior está relacionada ao Portal do Sol, porque remete a energias "polares" e sagradas. No esoterismo de Alice A. Bailey relaciona-se às energias de Shambala.

Aqui temos a coroação do Portal da Cruz, sendo a Ursa Maior o complemento e o referencial superior daquela energia, por seu vínculo natural com as Plêiades, no Zodíaco, ambas as constelações com sete estrelas principais. Eis o que escrevemos na Revista Órion, nº 3:

> "As sete estrelas da Grande Ursa celeste têm acompanhado a humanidade desde os seus primórdios, sendo observadas no horizonte e servido de orientação superior.
>
> "Entre os hebreus a Ursa era denominada 'o Carro de Davi', talvez por conter sete estrelas como no emblema deste rei.
>
> "Os 'sete Rishis' da Ursa maior 'desposam' as igualmente *sete* Plêiades na tradição hindu. Tais 'Rishis' cósmicos são considerados os sete centros esotéricos de nosso Sistema Solar, apresentando um significado especial dentro deste Manvantara."

Esta Constelação oculta o mistério da Unidade e do Reino, estando associada às instituições áureas do ciclo áryo. E o vínculo Ursa-Plêiades simboliza o poder universal:

> "...a palavra *artur* significa 'urso'. Ora, este ciclo racial foi também o da realeza por excelência. O mito do rei Artur expressa a *nata* dos ideais da raça Árya, que foi a busca de harmonizar o poder temporal e o espiritual, no que haviam fracassado antes os atlantes.
>
> "A lenda da Távola Redonda comporta, é claro, à parte um sentido de unidade entre Rei e súditos, uma simbologia cíclica. As energias relacionadas à Ursa Maior *regiam* realmente as energias zodiacais simbolizadas pela Mesa Redonda, ao contrário do ciclo anterior em que a hierarquia não se encontrava ainda totalmente liberada do Zo-

díaco. Até por isto os reis de antanho necessitavam criar todo um aparato especial para demonstrar sua natureza divina e poder exercer suas funções. Já os reis áryos eram tão perfeitos e verdadeiramente nobres, que podiam estar acima de muitas formalidades, como foi feito em muitas oportunidades.

"A Ursa Maior carrega o signo do arco-íris e da ressurreição. Suas sete estrelas são tidas como as fontes que originam as energias de Raios que regem a nossa evolução atual."*

É importante observar que Artur é *aur* acrescido por um T, o tau ou a cruz sagrada da realização.

Expandindo seus vínculos, Alice A. Bailey considera que Ursa Maior canaliza seus Sete Raios para a Terra através da Ursa Menor, onde situa-se *Polaris*, a Estrela Polar atual (vide *Astrologia Esotérica*).

Portal da Ursa Maior no grande trílito de Tonga.

* Ver sobre isto na *Doutrina Secreta* de H. P. Blavatsky e em *Astrologia Esotérica* de Alice A. Bailey.

A. Calendário Arturiano: *Os Ciclos do Mundo*

O Calendário tradicional que emprega a Ursa Maior denomina-se *Calendário Arturiano.* A expressão "arturiano" não se refere portanto à Arcturus, a estrela "real" da Constelação de Leão, mas à tradução de "urso" na forma de *arthur.* Apenas indiretamente se poderia relacionar a Ursa Maior à Constelação de Leão, porque ambas acham-se em longitudes semelhantes. Por isto, na Era de Leão, a Ursa dominava realmente sobre as energias da Terra, embora a configuração do céu fosse então algo distinta da atual.

O ciclo arturiano – mais conhecido como *Era Solar* – compreende um período de 5.000 anos, ou 5.200 para os pré-colombianos da América Central. Também se pode associar à Idade de Ouro dos hindus (*Krita Yuga*), com 4.800 anos "divinos".

É, geralmente, o ciclo cósmico mais importante, porque seu múltiplo básico remete ao Ano Cósmico: 5x5.200=26.000 anos.

O último destes ciclos, que hoje se extingue, iniciou sob a "influência" da Ursa Maior, daí ter-se adotado seu nome. Os dados tradicionais o relacionam ao início do Kali Yuga em 3102 a.C. (hindus) e ao início do V Mundo em 3113 a.C. (maias). De modo que atualmente estamos em pleno encerramento.

Representa uma das formas mais importantes de se abordar as sucessivas Raças. Seu período compreende um completo percurso de evolução mundial, com "alfa e ômega", gerando sínteses globais e transições hemisféricas (especialmente longitudinais: Leste-Oeste e vice-versa).

Existem muitas subdivisões para este ciclo, sendo as principais aquelas de 2.500 anos, 1.000 anos, 700 anos, 500 anos e 250 anos. Tais divisões são avaliadas em detalhes em nossas obras *O Livro dos Chohans*, *A Coroa e a Tiara* e *O Pacto do Arco-Íris.* As subdivisões pré-colombianas são um pouco maiores: 2.600 anos, 1.040 anos, 720 anos, 520 anos e 260 anos, e dentre elas um ciclo de 400 anos (*baktun*). Os ciclos maiores trazem importantes manifestações da Hierarquia e mudanças mundiais.

Os Sete Rishis, por exemplo, associam-se a tais divisões, trazendo as energias dos Sete Raios ao mundo, seja grupal ou paulatinamente.

Associado a este Calendário cósmico de Eras Solares encontra-se o Calendário Solar, no plano da humanidade. Este Portal traz as energias espirituais mais elevadas, e portanto ativa o novo Calendário Solar.

I. A Tradição das Grandes Eras

A tradição das Eras do Mundo é muito difundida, estando relacionada a uma cosmologia racial.

São bem conhecidas as idéias gregas das Idades de Ouro, Prata, Bronze e Ferro, embora não resulte disto um calendário muito preciso.

Provavelmente deriva da mais conhecida tradição hindu dos *Yugas*, com um ciclo completo de 12.000 anos "divinos" (ou 432.000 anos "humanos") – o *Manvantara*. É a soma dos quatro *Yugas* (Idades), de Ouro (4.800 anos), Prata (3.600 anos), Bronze (2.400 anos) e Negra (1.200 anos). Incluem os períodos de transição que ocupam 10% do total antes e 10% depois, de modo que as Idades estritas ocupam apenas 4.000 anos, 3.000 anos, 2.000 anos e 1.000 anos respectivamente. Assim, 2.000 anos são empregados em transições.

Sua característica é a ausência de simetria, embora exista entre elas a proporção 4-3-2-1, e até a base numérica como vimos. Cada *Yuga* decresce portanto 1/4 de extensão em relação ao anterior. Esta proporção é temporal e espacial, e corresponde a uma redução dos horizontes raciais, de modo que na última Idade a raça predominante ocupa apenas 1/4 parte do globo, limitada a um único hemisfério, e vive apenas 1/4 parte do tempo de existência natural, seja individual como grupalmente. No geral, esta involução refere-se não tanto a espaço-tempo, mas à quantidade de energias disponíveis em cada *Yuga*.

No final de tudo é realizado um Decreto de Expansão, determinando o reencontro entre os 4 hemisférios e a reintegração da cultura universal. Foi o que Jesus realizou ao dizer que o seu Evangelho seria pregado em todo o mundo, pois a Era de Peixes também representa os 2 mil anos finais, "acumulando" os subciclos de transição.

Também se deve fazer menção aos ciclos caldeus, dos quais a tradição judaico-cristã herdou certas referências. Diz o estudioso Dick Edgar Ibarra Grasso: "Na Bíblia temos a mesma série de Idades: a primeira é a da expulsão do Paraíso, possivelmente relacionada com o elemento Terra; a segunda o Dilúvio, elemento Água; a terceira a dispersão quando da construção da Torre de Babel, elemento Vento; e a quarta a destruição de Sodoma e Gomorra, elemento Fogo; aqui temos a mesma chuva de fogo das tradições astecas. Com isto teríamos na Bíblia quatro idades passadas e estaríamos na Quinta, ainda que se costume contar outra a partir do nascimento de Cristo." (*La Verdadera Interpretación del Calendário Azteca*, Ed. Kier). Este registro caldeu parece se adequar realmente às Eras Zodiacais. O episódio de Sodoma e Gomorra, ocorrido à epoca de Abrahão, nos coloca aproximadamente no início da Era de Áries. O ímpeto arquitetônico da Torre de Babel é muito sugestivo do espírito taurino. O cataclismo universal do Dilúvio denota a Era de Câncer. E a Queda do Paraíso, da parelha original Adão e Eva, sugere a Era de Gêmeos. Mas as duas últimas estão trocadas em suas posições.

A questão da longevidade é muito valorizada na Bíblia. Sem a Queda se deixa entender que sequer havia morte. Os primeiros patriarcas hebreus viviam quase um milênio, e os últimos, após o Dilúvio, quando Deus reduziu a extensão da vida humana a 120 anos, viviam entre 200 e 100 anos. Os Salmos (90,10) falam 70 e 80 anos.

Uma quarta tradição razoavelmente conhecida é a pré-colombiana. Suas Eras correspondem a humanidades e apresentam um preciso vínculo cosmológico.

Embora não exista muita concordância entre os exegetas modernos que têm se debruçado sobre seus ciclos, podemos aceitar como a abordagem mais coerente a visão *mandálica* maia divulgada por José Argüelles, onde cada Era ocupa um total de 5.200 anos.

O marco inicial da última Era – o V Mundo – é a conhecida data maia de 3113 a.C., tida como o início mítico de sua "Conta Larga". Coincide com a data hindu para o início de sua Kali Yuga e morte de Krishna, em 3012 a.C., apesar de os ciclos orientais serem aparentemente distintos. Daí a correlação com a Ursa Menor, sob a qual o eixo da Terra encerra o ciclo da presente Era solar.

No ambiente nahuatl em especial, existe muita confusão sobre o início do V Mundo, gerado pelos deuses no grande centro cerimonial de Teotihuacan, segundo a conhecida lenda asteca. De forma semelhante ao que se passa com o conceito mítico/histórico/profético de Quetzalcóatl, a idéia do Quinto Mundo está sujeita a uma grande disparidade de interpretações. Isto se deve a que tais referências fazem alusão a realidades análogas, entre elas a mítica 5ª Raça e a profética Vª Ronda.

Como os pré-colombianos aguardavam a chegada de eventos cíclicos maiores anunciados pelos Antigos, e sem perceberem as coisas claramente, uma vez que a sabedoria dos *tlamantine* estava em decadência, a qualquer evento que tivesse certa importância procuravam atribuir os fatos anunciados, como ocorreu na identificação de Cortez com Quetzalcóatl, aceita inicialmente pelos astecas, e que apenas muito parcialmente poderia corresponder a tais expectativas.

No que se refere à clássica associação entre Teotihuacan e o Quinto Mundo, pode-se aceitar a idéia de que o Ano 1000 d.C. – ou seja: aproximadamente o final do ciclo teotihuacano – corresponde ao 5º Milênio do 5º Mundo. A grande metrópole teve seu período clássico já no início da Era de Peixes, quando iniciou um Ciclo Sótico e o próprio registro calendárico. Certamente algo muito importante ocorreu ali para dar lugar a tais criações. Mas o culto a Quetzalcóatl foi incrementado apenas muito mais tarde. Ambas as coisas – V Mundo e Quetzalcóatl – tendem a ser associadas nas escrituras. As funções Mercúrio e Vênus, regentes respectivos destes ciclos, constumavam ser fundidas na figura da Serpente Alada.

Para efeitos do Quinto Mundo enquanto ciclo racial, adotamos o registro maia de 3113 a.C., similar ao hindu de 3102 a.C. para a sua Kali Yuga e vinda de Krishna. A Vª Ronda surgirá naturalmente ao final deste período, esperado para breve em 2012 d.C. (tal como demonstra José Argüelles em *O Fator Maia – Um Caminho Além da Tecnologia*), embora se deva considerar todo o próximo milênio como uma transição entre a IVª

Ronda e a Vª Ronda. A nova 6ª Raça-Raiz traz consigo o IV Ashram (de Vênus) e a própria Vª Ronda (Mercúrio).

É entre os pré-colombianos justamente, que todo este saber tem adotado uma forma muito pragmática, através da criação de uma Astrologia cotidiana, como veremos a seguir.

II. Chaves Arturianas do Calendário Sagrado *(Tzolkin)*

O *Tzolkin* (a "conta dos dias"), o Calendário sagrado pré-colombiano, conforma uma síntese muito mais vasta do que se imagina. Abrange não apenas o conjunto das esferas do sistema solar, mas também enlaça e se relaciona a muitos ciclos cósmicos, como os originados em Sírius, nas Plêiades e até a Ursa Maior, a qual influencia a sua estrutura mais íntima, aquela que diz respeito ao seu padrão-mandala.

A astrologia pré-colombiana é muito mais complexa do que qualquer outra. Ela busca "individualizar" as energias mais amplas, trazendo as forças raciais para o próprio cotidiano das pessoas, por assim dizer, ou para suas existências individuais.

O Zodíaco nela empregado não era exatamente derivado do Calendário Pleidiano, como o caldeu, e nem do Calendário Siríaco. Os signos realmente procurados são *diários*, e é para catalogá-los que existe o *Tzolkin*, a "conta dos dias". Meses e Eras servem para fins "práticos", mas a sua Astrologia focaliza as "essências" diárias. É a partir delas, por exemplo, que os próprios nomes dos indivíduos são retirados. Corresponde portanto a uma *valorização da individualidade.*

Estes signos estão agrupados em meses de 20 dias, divididos em 4 semanas de 5 dias, distribuídos de forma alternada pelas 4 direções cardeais, formando uma espécie de mandala. Estes grupos de 5 dias podem ser associados aos epagomenais, os 5 dias restantes do Calendário Solar "vago" de 360 dias, ao passo que as direções cardeais correspondem à distribuição dos dias bissextos a um ritmo de 4 anos, de modo que neste calendário cada seqüência de 4 anos inicia pelos mesmos 4 signos em cada ciclo mundial – são os "abridores de anos".

As unidades diárias, denominadas *kin* (sol, dia, homem),

associam-se tanto ao bissexto, como ao dia sobrante do Calendário Lunar de 364 dias, com o qual se enlaça igualmente, centralizando os bissextos solares e até os epagomenais. Estes 9 dias formam uma hierarquia.

O Calendário-mandala tem o propósito de agrupar os dias extras, mas também harmoniza ciclos maiores, como os velados pela estrela Sírio e até as grandes Eras do Mundo classificadas através do Calendário Arturiano.

Os 20 signos do Tzolkin correspondem basicamente a graus do Calendário Siríaco, porém ampliados no tempo.

Quando reduzimos o círculo de 360 dias para os 260 dias do *Tzolkin*, eliminamos aproximadamente 1/4 da circunferência, ou 90 graus. Cabe observar que esta proporção é a mesma empregada para os ciclos dos Yugas no *Manvantara* hindu.

Quatro *Tzolkin* correspondem a 1.040 dias, análogo ao de 1.040 anos, um ciclo sempre muito importante, também para os pré-colombianos, por tratar-se do Milênio. Certamente eles tinham este cálculo em mente ao elaborar este calendário.

III. A Cadeia Venusiana

No Capítulo 1 tratamos sobre Sanat Kumara e os pais da humanidade.

Segundo o ensinamento oculto, estes "Pais que estão no céu", alcançam a Terra através de esferas variadas. Foi dito que Sanat Kumara, por exemplo, "veio de Vênus". Mas, nisto, existe um equívoco ocultista ainda não suficientemente desfeito. Quando H. P. Blavatsky revelou esta verdade a partir das escrituras hindus e sem maiores detalhamentos, especulações astronômicas começaram a ser veiculadas por toda a parte. E a moda ufológica, que tanto seduz as mentes modernas, foi reforçada por uma aura mística a partir de então. No entanto, nada disto tem diretamente a ver com a esfera física de nosso sistema solar material conhecida como Vênus, e sim com um subciclo de nosso próprio mundo, e dentro do sistema solar *esotérico*. Como Alice A. Bailey veio mais tarde esclarecer, Sanat Kumara surgiu, na realidade, *na cadeia venusiana do globo terrestre*. Trata-se, portanto, de astrologia esotérica (ou da expressão de certas energias psíquicas ocultas), e não de astronomia, astrofísica ou algo externo deste gênero.

Mais precisamente, diríamos que IHVH veio na quinta ronda do quarto globo, relacionado por sua vez a Vênus. Esta relação 4:5 está também presente no símbolo do *Terceiro Sendeiro de Chohans*, e fundamenta o *Tzolkin* ou calendário sagrado pré-colombiano na sua fórmula 4x5=20, número de seus signos solares. Como se sabe, este calendário está muito relacionado a Vênus, o planeta mais cultuado pelos povos avançados que habitavam o *Anahuac*, ou a América Central e o México antigos.

Tudo isto tem igualmente a ver com o fato de terem vindo na realidade cinco Kumaras (Sanat, Sana, Sanaka, Sananda e Sanâtana), para formar o *mandala* racial da presente Ronda planetária. De fato, estes Kumaras são os *Dhyân Chohans* da Doutrina Secreta, e também os *Dhyani Buddhas* do Budismo esotérico. Correspondem ainda aos cinco grandes Arcanjos do judaico-cristianismo. Sanat Kumara, especificamente, é o mesmo São Miguel, o grande protótipo dos arcanjos e chefe da legião de anjos. Daí a Bíblia denominar tanto Miguel como IHVH com títulos como "Senhor dos exércitos (celestes)".

Assim como são sete os Rishis da Ursa Maior, também existem originalmente sete Kumaras, dois dos quais permanecem ocultos nesta Ronda. Os Kumaras são também conhecidos como filhos da Mente de Brahma-Rudra, uma forma de Shiva, o deus-Yogue.

Tudo isto está, portanto, muito longe das especulações festivas de Mestres viajando em naves interplanetárias. Um grande Ser é sempre um alto Iniciado que empreende sacrifícios inimagináveis em favor da humanidade, da mesma forma como um pai prestimoso se dedica a velar e a cuidar de todo o necessário para o bem de seus filhos. A humanidade não é senão uma infante perto destes antigos Seres, vindos muitas vezes de outras evoluções. Os Mestres não esperam por gratidão. E, no entanto, ela é carmicamente essencial para dar mostras da maturidade e independência relativa de alguém.

Quando não é mistificado intencionalmente por seus divulgadores originais, o saber oculto é facilmente deformado por embusteiros e criadores de mitos infantis para ser consumido por uma humanidade sedenta de saber as coisas sem questionar a qualidade das fontes – o que também fazem todos aqueles místicos apressados em ser "mensageiros" – , gerando uma cultura "aquariana" híbrida e sem profundidade. Misturando ficção científica com esoterismo, abundam hoje falsos ensinamentos que apresentam Mestres viajando de cá para lá em naves intergaláticas e "intradimensionais". As elevadas considerações da astrologia esotérica têm sido muito corrompidas nesta mística ufológica rasteira pelos falsos esotéricos desejosos de levar às massas ávidas por conhecimentos exóticos aquilo que aspiram a qualquer preço.

IV. Um Pouco de Cosmologia Esotérica

Existe muita mistificação em torno dos conceitos da Astrologia sagrada. Devido à elevação das esferas relacionadas aos Seres de Luz, facilmente ficamos perdidos em seus conceitos e misturamos as coisas com aquilo que nos parece mais familiar. Temos já certa familiaridade, por exemplo, com os chamados Sete Planos de nosso sistema solar esotérico. Mas dificilmente concebemos que isto representa apenas um subplano – o Físico-cósmico ou o mais denso – de um sistema cósmico que nos engloba.

Como forma de velar certas realidades, as esferas são também muitas vezes empregadas com nomes trocados pelos ocultistas, sobretudo usando analogias. Além disto, ocorre de uma dada estrela ou planeta servir realmente para aludir a realidades distintas ou paralelas.

Os *Logoi* ou "Homens celestiais", como Sanat Kumara, podem habitar tanto o subplano monádico de nosso sistema solar, o *Akasha*, e desde lá vitalizar todo o nosso esquema evolutivo na forma de um dos sete *Logoi* planetários, como podem habitar o subplano Adi ou divino, o mais elevado, e permanecer trabalhando no *Mar de Fogo* de Shambala, na forma de um dos três Budas de Atividade, por exemplo. Suas origens mais remotas radicam-se no entanto no Coração do Sol ou no plano búdico cósmico, relacionado à constelação da Ursa Maior, sede número um dos Sete Rishis. Estes, por sua vez, emanam de um dos 49 *Logoi* solares presentes no monádico cósmico. Finalmente, acima disto há o plano Adi cósmico, ou Primordial, sede do Parabrahma cósmico. Como o plano búdico é relacionado ao centro do coração, compreende-se que os Pais da humanidade, sobretudo nesta ronda, sejam realmente verdadeiros *Sóis de Amor...*

Tudo isto pode ser observado no diagrama do Sistema Cósmico existente na obra *Telepatia e Veículo Etérico*, de Alice A. Bailey (ver Bibliografia), intitulado *Evolução de um Logos Solar*, onde suas sete divisões básicas pertencem ao Plano Físico do Sistema Cósmico ali explanado.

F. Os Três Anos Finais

Estes três anos finais afirmam toda a mística do número "3", tanto é assim que a partir de 1997 teve início mundialmente uma contagem regressiva até o Ano 2.000. De certa forma, é a contagem dos 1.000 dias finais. Existe certa confusão sobre o novo Milênio iniciar em 2.000 ou 2.001. Intelectualmente, a tendência é pelo último, mas tudo indica que as celebrações ocorrerão mesmo no ano 2.000.

Estes três anos simbolizam a própria Cúpula de Cristal em si, os três graus culminantes, provenientes da hierarquia búdica de Shambala. Por isto, sob certa simbologia eles são ocultos; pertencem a uma esfera transcendente. Ao mesmo tempo, representam a maior revelação da História, pela gravidade dos eventos que ocorrem. O mundo se conscientiza de que está chegando a um umbral sem par, e que pode estar às portas de finalmente prestar contas de todos os seus atos. Céu e Inferno deixam de constituir meras imagens teológicas ou perspectivas remotas. O Grande Bem e o Grande Mal se apresentam perante todos de forma clara. O Bem personificado no Messias que se revela, e o Mal na forma do passado cármico buscando ainda administrar as coisas por qualquer meio.

Em todo o final de milênio o sentimento de Terminalidade toma conta do mundo. Quando neste momento aparece um cometa, ele é o próprio arauto do Fim.

Nas circunstâncias atuais, assomam-se bastante tais possibilidades. Sabemos que a qualquer momento o ecossistema mundial pode entrar em convulsão. Desconhecemos a extensão do Caos que virá, mas as estimativas são as mais sombrias.

Este umbral solar trará muito à tona tais perspectivas. O Umbral da Cruz afastou amplamente as possibilidades de um confronto nuclear, consolidado na derrubada do Muro de Berlim, o qual simbolizava o estado *dual* havido ao longo deste século XX.

No umbral do Sol, jubileu do Portal da Cruz, a consciência da ameaça do fogo cósmico purificador profetizado virá de forma redobrada. A Cruz será lembrada. Todos serão chamados às suas responsabilidades. Não basta Alguém ascender à Cruz: é preciso que cada qual faça também a sua parte. Não basta alguém "encontrar" o Graal; é preciso reconhecê-lo e dispor-lhe no coração do mundo.

A. Subportais: *O Portal do Dharma*

Dentro dos subportais do ciclo solar, em 1998, tivemos certas sinalizações cósmicas importantes, como a tempestade magnética de raios gama ("luz densa") proveniente da remota constelação de Águia, cosmicamente relacionada ao signo de Leo. Ocorreu em Agosto (mês de Leão) e eletrificou metade da atmosfera da Terra, dinamizando toda a região sobre o Pacífico e a América do Norte (voltaremos ao tema no Portal seguinte, relacionado à Águia). Outro fenômeno importante foi a chuva de meteoros *Leônidas*, em Novembro, cujo pico ocorre a cada 33 anos.

Destaca-se também um importante subportal que antecipa 2001, no ano de 1999, que inicia numa 6ª Feira, dia de Vênus, sinal muito auspicioso porque este planeta corresponde ao regente da Nova Hierarquia, o Quarto Ramo de Shambala. É o planeta do Amor, das Artes e da Beleza, mas também do Sacrifício e da Iluminação.

No Plano de Shambala, 1999 é o terceiro Ano-Gêmeo, quando repetem-se os números finais do ciclo. É também um ano em que retorna o ciclo das manchas-solares, um ano-de-força portanto.

Na verdade, temos então um Ano-Trigêmeo, porque repetem-se (ou alinham-se) *três* algarismos iguais, servindo tal coisa para encerrar *todo* o Milênio.

A tarefa da década de 90 é realizar a síntese, o 3x3. O Arcano IX é o Ancião oculto, a sabedoria velada. De 99 as coisas não passam. Já não há alardes: tudo está realizado e completo. Resta a colheita.

Como demonstra a "prova dos 9", o Nove e o Zero possuem o mesmo valor cabalístico. Por isto o 9 também representa o *círculo*, a complementação do tempo. Simbolicamente, 1999 são três círculos concêntricos centralizados pelo ponto, semelhantc ao símbolo do Milênio portanto, com tudo o que isto significa. Por isto encerra o Tempo Cósmico desta Ronda (alguns o chamariam Portal Galático).

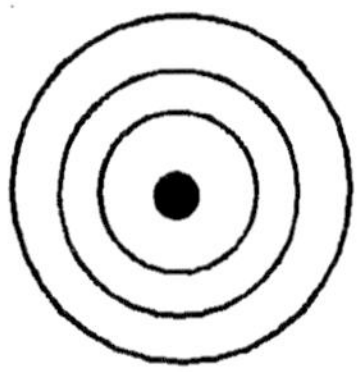

Este símbolo alude também à órbita da Terra, que é a terceira em torno do Sol.

O Dharma de Maitreya afirma o Terceiro Espelho de Sabedoria, que determina a correlação entre interior e exterior, unificando todas as coisas.

Este subportal reforça a definição do *Dharmakaya* do Buda, o seu "Corpo de Lei". O Dharma é lei num duplo sentido, como *energia* e como *doutrina*. A energia espiritual desenvolvida pelo Buda toma a forma de uma doutrina, através da qual a humanidade pode ter acesso às energias divinas que a fundamentam.

Pode ser tanto o corpo da Lei doutrinal, no sentido corrente de "corpo de idéias", ou uma idéia que toma corpo espiritual e depois cultural. Tudo isto forma o *Dharmakshetra*, o "Campo da Lei".

Isto corresponde à dupla esfera presente na cifra-gêmea 999. A Roda da Lei (*Dharmachakra*) budista contém esta espécie de simbologia circular/central, também presente na imagem da Roda da Fortuna do Tarot, o Arcano X. A Roda do Dharma é uma roda com 8 raios, cercada pelo aro como seu 9° elemento, e centralizado pelo cubo como seu 10° princípio (observe-se que 1999=28=10). A Roda da Fortuna representa o poder divino de transformar as coisas. E 1+0=1, o Arcano do Mago, a força originária da iniciação.

A função de mover a Roda da Fortuna é a do *Chakravartin*, "aquele que faz girar a Roda da Lei". Neste Portal, o Buda Maitreya assume plenamente a função e o Dharma é divulgado, embora tenha sido codificado previamente, como forma do próprio Buda afirmá-lo internamente. Daí o outro nome deste ciclo: *O Portal do Dharma.*

A espada é o símbolo deste Portal, tal como o Verbo, oculto, falado e escrito, é a sua essência. A espada é o instrumento para que a justiça seja feita, através do esclarecimento (visão). A justiça foi implantada no Portal da Cruz, que nesta época fecha seu ciclo.

A energia do Dharma representa realmente o "Círculo-Não-Se-Passa" racial. Fora dela não se pode participar de uma Raça-Raiz. Sem a doutrina que lhe corresponde tampouco se pode penetrar em sua esfera de conhecimento.

As duas coisas se complementam. Pensar que se pode ter acesso apenas pela fé é uma ilusão; *é preciso trabalhar.* E julgar que obrar sem crer no Mensageiro tampouco pode frutificar. Aqui se unificam os dois aspectos do Dharma: o *Dharmakaya* (Centro) e o *Dharmachakra* (Raios) na unidade do *Dharmakshetra* (Círculo).

Portal do Dharma, em arcada maia.

Capítulo 5

O PORTAL DO REINO

O Portal do Reino consolida a energia da Vitória e representa a unidade final entre todas as coisas, unificando os muitos reinos no *Reino Universal* ou "Reino de Deus". Por isto, seu símbolo expressa basicamente a união entre os três Centros planetários: Humanidade, Hierarquia e Shambala, para a geração do Reino.

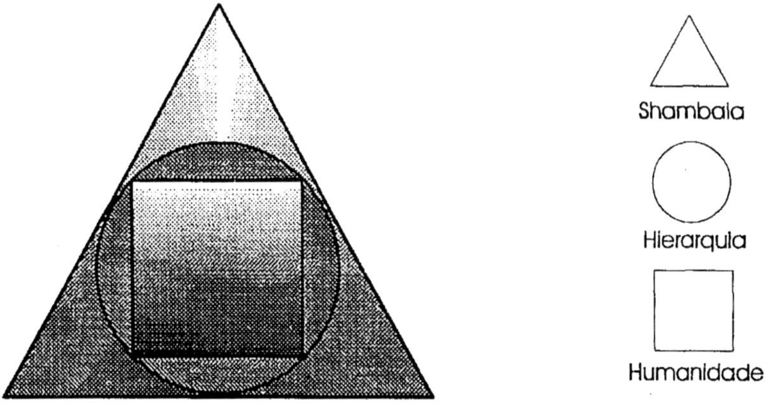

"*O Nove é o Número da Iniciação*" – O Tibetano (A.A.B.)

O símbolo anterior expressa a reunião **atemporal** entre os três Centros. Na Chave cromática do Portal da Terra, os três centros estão enquadrados na energia triangular espiritual, visando cumprir **no tempo** o Plano de unidade do Logos. Por isto eles evoluem em ritmos tríplices (a triplicidade é o signo do tempo) até a chegada do último Portal, o qual é de certa forma um portal de *saída*, e não mais de entrada.

Uma vez realizado este Propósito, os Centros podem voltar a adotar seus padrões regulares, conforme demonstra o símbolo anterior, os quais representam também a Personalidade *(quadrado)*, a Alma *(circunferência)* e o Espírito *(triângulo)* – ou seja: as Três Formas Fundamentais do Cosmos.

Como se observa, neste símbolo reencontramos de outra forma o *eneário*. Nove são os pontos de contato entre estas Formas. A primeira representa o reino do Espírito, a segunda expressa o universo da Alma, enquanto a terceira denota a realidade da Matéria.

Dos 9 pontos de contato entre as Três Formas, 3 são entre o triângulo e o círculo, 4 entre o círculo e o quadrado, e 2 *(aproximados)* entre o quadrado e o triângulo, *através* do círculo.

Isto significa, por exemplo, que no decurso das Idades do Mundo, dois ciclos mantêm o contato com o Reino (Shambala), *através* da Hierarquia, enquanto que nos outros dois o contato se dá apenas com esta última, ou seja, a própria Hierarquia.

Atualmente, o cubo volta a contatar o triângulo, na tríplice integração que constitui a coroação da *Cúpula de Cristal*, pela geração do Portal do Reino.

Este símbolo é idêntico, na prática, ao símbolo abaixo, de Teotihuacan, a "Cidade onde os Deuses criaram o mundo", dos antigos toltecas, que é igualmente uma variante do globo-alado-com-serpentes ou o *Farohar*, o clássico símbolo do Ashram manifestado.

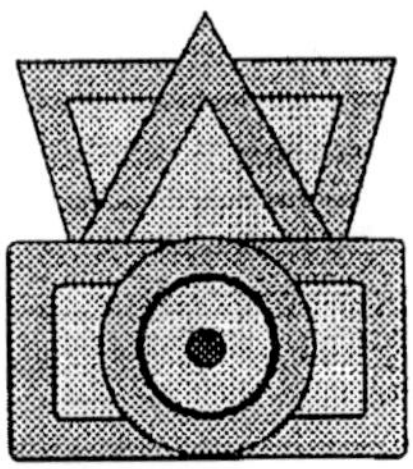

A. O Grande Portal do Milênio*

"Oriens ex lucis". Sabemos que, no decurso da Era passada, a Luz veio do Oriente. Testemunho disso nos dão as lendas e as expectativas de povos como os pré-colombianos. Os mitos astecas falam que o "Quinto Sol" surgiu a Leste, quer dizer, na região oriental do mundo, a qual corresponde também à zona de desenvolvimento da Quinta Raça-Raiz, a Árya. Além disso, sabe-se que aguardavam a volta de seu deus a partir do Além-Mar, razão pela qual foram dóceis com os Conquistadores europeus – na verdade, os astecas lhes entregaram tudo, embora logo viessem a suspeitar do grave equívoco cometido.

De qualquer forma, todo este processo teria um fundo muito real; sem o imediatismo que alguns poderiam desejar nas circunstâncias, já que toda uma complexa simbiose cultural deveria ainda acontecer no cadinho do tempo – processo este que finalmente desabrocha apenas em nossos dias...**

Um trabalho paulatino de transmissão da Tradição Sagrada ao Ocidente tem sido realizado por iniciativa de certos Guardiães do Sagrado.

De fato, este processo de preparação da humanidade para a Nova Era, direcionado ao Novo Mundo, foi particularmente administrado pela Loja Árya (Trans-Himalaya), embora com o apoio da Loja Atlante, face às semelhanças existentes entre esta última e a nova Loja Americana que vem sendo fundada: ambas têm por berço as terras Extremo-Ocidentais e energias de ordem *quaternária* como característica comum.

O Plano da Hierarquia para a Nova Era, realizado neste último século, foi baseado nos Conclaves cinqüentenários da Loja Himalaya. Agora devemos aprofundar a questão, tendo em vista inclusive os passos seguintes da Hierarquia, da Humanidade e, nas circunstâncias, até mesmo de Shambala.

---

* Reproduzido de nossa obra *Iniciação – O Plano da Hierarquia*, Capítulo 8, Editorial Agartha, Porto Alegre, 1995.

** De fato, Maitreya ostenta como signo astrológico nahuatl, o de *Quetzalcóatl* (Vento).

Ocorre que, nos termos de sua expressão ideal e acabada, os três grandes Centros do planeta – *Humanidade, Hierarquia e Shambala* – manifestam-se através das Iniciações 3ª, 6ª e 9ª, respectivamente. Por esta razão são chamados *Graus de Estabilização.* Formam as grandes divisões ternárias da Árvore Sefirotal, relacionados à manifestação perfeita dos três Alinhamentos divinos: *Personalidade, Alma e Espírito.* Relacionam-se também às três etapas do Plano e estão presentes em seu símbolo.*

A primeira divisão (3° Grau) caracteriza a Raça de Ouro, que corresponde a uma sub-raça (chamada *Hamsa* no hinduísmo) e inaugura uma Raça-raiz. O segundo grupo são os *Chohans,* que sempre apresentam um papel essencial na implantação de cada nova sub-Raça. O Avatar corresponde ao grau de *Buda,* que surge na ocasião para tudo dirigir e levar à conclusão. Tudo isto forma um Todo fecundo e intercomunicante.

Portanto, estes três grupos estão particularmente associados aos três grandes Centros da Terra – os quais se acham agora num especial processo de integração, inclusive em função do momento astrológico único que estamos vivendo. Este alinhamento está programado para se consumar no ano de 2001, numa quarta etapa do Plano que representará o seu Momento de conclusão, abrindo as portas para um novo período de Civilização mundial, de natureza solar e áurea, como veremos na continuidade. Este é, pois, o quadro em questão:

O Reino *ou O Grande Alinhamento d'o Ano 2001*

a. Nação Hamsa ... 3° Grau ...... *Personalidade Divina*.... Humanidade
b. Os Chohans ...... 6° Grau ...... *Alma Divina* .... Hierarquia
c. O Avatar .... 9° Grau ...... *Espírito Divino* .... Shambala

---

* O Plano de Preparação da Humanidade para a Nova Era, explanado originalmente por Bailey em *Os Raios e as Iniciações,* teve suas três etapas preenchidas pelos trabalhos de HPB, AAB e LAWS. Tal Plano universalista adota o símbolo baileyano de três triângulos unidos por um quarto ao centro, assim como a Chave cromática da *Cúpula de Cristal.* Ver mais em *Iniciação – O Plano da Hierarquia.*

Este grande Encontro histórico expressa, pois, um quadro de suprema harmonia e realização em todos os Centros da Terra.

Certamente podemos buscar compreender sua manifestação sobre bases cronológicas sagradas. No caso presente, tais ciclos estão determinados pelos chamados *Conclaves Resolutórios de Chohans.*

Tudo o que diz respeito aos Chohans tem um especial reflexo nas questões da futura humanidade, posto que este 6° Grau corresponde *analogicamente* à posição da Nova Raça, que é a Sexta igualmente.

Isto inclui, como seria de se esperar, a natureza dos próprios *padrões cíclicos* que vêm regendo o Plano da Hierarquia.

Estes Concílios acontecem então, na Loja Himalaya, a cada 49 anos, basicamente, quando os Mestres de Sexta Iniciação se reúnem para *decidir* sobre seus Sendeiros Evolutivos futuros. Tais "Decisões" sempre apresentam conseqüências importantes para a História do planeta.

Existem também ciclos maiores análogos a este, no caso, de 490 e 4.900 anos. É quando se reúnem grupos maiores para levar a cabo Decisões mais importantes ou dramáticas, como aquelas muitas vezes necessárias às grandes transições de épocas:

> *Todos estes Iniciados – em um dado momento –, formam um grupo que toma a decisão final sobre os assuntos humanos. A antiga civilização atlante foi levada ao seu fim pela decisão deste grupo de iniciados; a decisão que farão agora também produzirá grandes mudanças em nossa civilização moderna.*
>
> Alice A. Bailey, *Os Raios e as Iniciações.*

Cabe lembrar, neste aspecto, que Jesus disse a Pedro, porquanto fosse este o Chefe da Igreja, que ele deteria "as chaves do céu e da terra". Assim, um único Representante encarnado pode canalizar todo este imenso potencial.

Tais Conclaves também se caracterizam, pois, além da questão de tempo, pela dimensão de *energias* ("planos") nos quais são trabalhados, assim como pelo fato de se realizarem em regiões definidas do globo ou a elas relacionadas, mas com uma projeção final sempre *universal*, porque tratam-se de processos realmente planetários. Também se caracterizam pelo número definido de participantes que os integram, de forma proporcional à grandeza de cada ciclo. Daí se dizer que os Rishis podem se manifestar em grupos variáveis de 7, 14 ou mesmo 21 indivíduos.

Neste aspecto, o "49" (7x7) é apenas um *fractal* de ciclos universais, que podem ser de 490 ou de 4.900 anos.

Os Conclaves Menores (49 anos) respondem pelo rumo de um único Hierarca de grau de Chohan, com sua influência interna sobre uma geração, emanando energias basicamente intuitivas e possibilitando o avanço do intelecto humano, assim como a evolução das medidas econômicas. Define, por fim, a mudança no Pontificado Universal, semelhante ao modo como os pré-colombianos consideravam o seu ciclo de 52 anos.

Por sua vez, os Conclaves Médios (490 anos), têm a função de definir ciclos importantes no progresso da Civilização (sub-raças), com a emergência social de Chohans em alguma região em particular, e com uma expressão basicamente *religiosa* do mundo. O último aconteceu em 1511, selando a Renascença, a Idade das Explorações e o Protestantismo. Os nomes em ascensão foram os de Lutero, Leonardo Da Vinci e Cristóvão Colombo; denominados "Avatares Menores" por Bailey.

Quanto ao Conclave Maior (4.900 anos), representa a suprema congregação de Hierarcas na Terra, com o Advento dos Budas, dos Rishis e da raça Hamsa, e implantação conjunta da nova Civilização mundial (Raça-Raiz). Estes Conclaves Supremos têm portanto uma dimensão inclusive *política*, por assim dizer, e costumam ser representados através de símbolos como aquele da Congregação dos Deuses no Olimpo (referência a regiões centrais do globo). O último destes Grandes Conclaves aconteceu há cerca de 5.000 anos, com a vinda do Avatar (Manu) e dos Grandes Rishis ao mundo, dando lugar à última Idade de Ouro Mundial de que se tem notícia.

Sempre observaremos expressões positivas e negativas neste processo. Geralmente cada novo Momento de progresso traz uma reação negativa, acarretando crises na raça em extinção.

Dentro do processo de preparação da Humanidade para a Nova Era, o primeiro momento, inaugurado no Conclave de 1854, foi o *Ciclo da Aspiração*, podendo ser dialeticamente definido pela implantação de uma nova *tese* mundial – no caso, uma base sólida e espiritual para a Fraternidade mundial. Ali foram cultivadas as sementes do futuro *ciclo teosófico*. Teve também como conseqüência os movimentos anarquistas e comunistas.

O segundo Conclave, de 1903, semeou as energias para um *Ciclo de Aprofundamento nos Mistérios*, caracterizando uma espécie de antítese, na qual a busca se torna menos intelectual e mais prática. É também chamado *ciclo arcânico*. Abriu espaço para a Segunda Guerra Mundial, numa "evidente separação entre o Bem e o Mal, entre a prisão e a liberdade" (Bailey).

E o terceiro, de 1952, foi o *Ciclo de Realização do Arquétipo*, com a concretização de Metas básicas, como a frutificação do sentido de Fraternidade, a revelação da ciência espiritual superior e, acima de tudo, os preparativos por parte do Cristo e sua Hierarquia para encarnar "em breve" no mundo. Sendo este em certo sentido o atual *ciclo agarthiano*, durante seu curso deram-se um forte estímulo das energias de síntese sobre a humanidade, e os passos decisivos para a Manifestação da Hierarquia, concretamente, neste final de século e de milênio. De fato, após a infusão destas energias no mundo, não tardou muito para que a humanidade começasse a se transformar completamente, com a juventude se manifestando por toda a parte, através de um sentido expresso de universalismo pela tendência à busca da auto-realização interior aflorando de forma notável. Uma verdadeira *Busca pelo Graal* teve curso neste período, podendo-se esperar que, terminando o ciclo, seus frutos venham a se manifestar na forma de grandes sínteses, com a expressão revelada da Maestria universal.

Na sua implantação, e como que num *ensaio* para o futuro, reuniram-se no Tibet os grandes Hierarcas da Grande Fraternidade Branca, os quais projetaram as últimas etapas de seu Plano de Manifestação, quando passariam a atuar *objetivamente* sobre o mundo, através de futuras Encarnações no território ocidental. Observou-se então que, logo ao abandonarem a atmosfera tibetana, o "País das Neves" perdeu sua soberania política. Na verdade, foi um sacrifício em favor do Futuro, o realizado pela civilização tibetana, cumprindo um desígnio divino, e perdendo temporariamente seus protetores, da mesma forma como, cinco mil anos antes, os sábios da Ilha de Páscoa sacrificaram sua cultura, tendo realizado o mesmo em favor de uma nova difusão da Luz no Leste do planeta,* encarnando em Centros importantes do Oriente, desde o Egito aos Indus, passando pela Caldéia, mas sempre através da faixa de 30 graus, de Norte a Sul, de Leste a Oeste e vive-versa, seguindo um princípio oculto universalista. Este processo é cíclico e denota que por trás das raças e das distâncias, existe um Plano Maior dirigido por uma Fraternidade Mundial de sábios e iluminados, que transcende raças, épocas e distâncias.

Uma conseqüência direta desta Resolução de 1952, foi também o incremento e o final da Guerra Fria, oficializado pela Queda do Muro de Berlim no ano de 1989, o que resultaria numa virtual reunificação do mundo sob o impacto direto das energias de Shambala. Este foi um episódio histórico recente de grande importância e que teve por trás a mão do Governo Internacional de Luz,** e seu homólogo bíblico se encontra na queda das Muralhas de Jericó, dentro de um processo cuja simbologia pode projetar muita luz sobre os aspectos esotéricos e iniciáticos do que nesta fase ocorreu.

O próximo Conclave será, então, no ano de 2001, dando início a um novo Ciclo Universal, caracterizado pela *Matese* ou a realização em todos os níveis. Reunirá as energias dos Três Centros e oficializará a implantação do novo Ashram.

Isto pode ser melhor compreendido se tivermos em conta que será também um *Conclave Maior*, reunindo os três graus Concílicos: Menor, Médio e Supremo. Sua influência será a um só tempo *interna, localizada* e *universal*. Este fato explica em grande parte a origem do Plano, posto que deve ser concluído

---

* Ver *Teocracia y Tibet*, de Serge Raynaud de la Ferrière.

** Trata-se, como vimos, da iluminação do Avatar, em meados de 1988, data que já vem sendo incorporada por diversas correntes como um dos grandes marcos da Nova Era.

naquele Ano 1 do Novo Milênio. Será também uma espécie de Quarta Etapa do Plano, na verdade, sua Conclusão áurea. Nestes anos, o Cristo presidirá a Reunificação das Igrejas Cristãs, conforme está predito por Bailey, na oportunidade em que se reunirão os principais líderes das Igrejas Católica, Protestante e Ortodoxa no Concílio Ecumênico Cristão já marcado para o Ano 2.000, simbolizando o início da Terceira Religião, dedicada ao Espírito Santo e à Mãe Divina.*

Até lá, a energia divina estará plenamente difundida na atmosfera do planeta. Uma região em especial estará designada como foco da Luz universal, estendida a todas as partes, como foi o Egito, a Índia, a Caldéia, o Tibet e a Atlântida no passado da Civilização mundial. Corresponderá, neste caso, ao Brasil.

O Conselho dos Chohans se encontrará reunido na Terra uma vez mais: todos os principais Mestres da Loja Branca estarão ali manifestados, especialmente aqueles mais conhecidos do grande público espiritualista, os que têm sido mais diretamente responsáveis pelos Movimentos preparatórios para a Nova Era.

Atualmente, eles estão dando os passos finais para a conclusão de seus Planos divinos, integrados entre si e com o todo da Humanidade em suas missões históricas. Estarão reunidos para o Supremo Conclave, e em torno do Avatar, como é de praxe. Nesta reunião, definirão os rumos da futura Civilização para o Mundo, constituindo um grande Conselho Planetário, que pela primeira vez terá uma audiência mundial. Representará também a implantação do esperado Governo Mundial do Planeta. Nesta oportunidade será possível então apresentar ao mundo a natureza de seu futuro Programa Evolutivo, e demonstrar a tarefa que caberá a cada habitante do planeta Terra na sua elaboração. Também serão demonstradas as colheitas das raças e das últimas gerações, assim como oferecida uma orientação sábia, libertadora e condutora da humanidade a novos campos de experiência, conhecimento e realização, como costuma ser feito na implantação de cada novo ciclo histórico mundial, através da convocação de representantes de todas as Nações, efetuada

* Ver nossas obras *A Igreja do Novo Mundo* e *O Evangelho da Natureza*.

pelo Centro Supremo do Planeta, manifestado nesta ocasião única, e cercado pela Hierarquia de Mestres. Isto dará lugar a um novo ciclo histórico pautado pela paz, progresso e harmonia universal.

A tarefa de Agartha é abrir os caminhos para a realização deste Supremo Sínodo que "reporá o mundo em seu eixo", permitindo que um novo ciclo histórico tenha lugar para a Humanidade.

Isto deve ser feito, neste momento, especialmente através de padrões reais de relacionamento entre os três centros, para fins de trabalho conjunto. Determinados empecilhos cármicos necessitam ser removidos. A humanidade deve relacionar-se com a Hierarquia de uma forma isenta e confiante. As Instituições Sagradas devem ser solidamente implantadas no seio da Civilização, a começar pela *verdadeira* Sucessão Apostólica, baluarte universal que sempre deve reger a vida do mundo.

Os Adeptos têm sempre representado a verdadeira nobreza, adaptando-se para cumprir o Plano dos grandes Senhores através das Idades. Na Nova Raça, sua expressão estará matizada pela energia do 6° Raio, de modo que as Instituições que administrarão estarão devotadas especialmente à expressão do idealismo, da compaixão e do discernimento acerca dos verdadeiros caminhos do coração. Numa palavra, caracterizadas por um "amor inteligente".

B. Kether: *A Coroa*

O Portal do Reino corresponde à "coroa" da Árvore da Vida, *Kether*.

Kether é o Ancião, a Inteligência Oculta segundo o Zohar, a 10ª esfera que culmina o plano de trabalhos espirituais, revelando o Todo obtido na síntese solar, a qual representa e exterioriza. Faz desta forma alfa-e-ômega com Malkuth, o Reino, ao qual complementa. Pode-se dizer que este Portal dará abertura oficial ao Reino de Deus na Terra.*

---

* Ver sobre o Reino em nossas obras *Nova Albion – A Emergência de Uma Nova*

Nos casos mais exaltados (como o de Cristo ou Buda), a coroa é tríplice. Na Árvore Sefirótica esta triplicidade está representada pelo tríplice AIN, presente acima de Kether. Corresponde ao Tríplice Logos, formado pela síntese dos Alinhamentos.

Da mesma forma, o Reino é tríplice. Kether expressa glorificação e integridade, possibilitando que emerja e subsista o Reino.

Por isto Kether incorpora também os 12 princípios. Nisto relaciona-se a *Sahashara*, o Chakra de 1.000 pétalas, situado nesta região do ser humano (a cabeça), e que apresenta 12 subdivisões que são as chaves de individuação no Reino, tal como no coração *(Tipheret)* estes princípios representam a individualidade pessoal. Corresponde no Plano dos Portais ao Milênio sagrado, que é aberto na História mundial através deste Portal.

A. O Fogo Plasmático

Este é o mais elevado dos fogos, reunindo todas as características dos fogos cósmicos. É o fogo sagrado que coroa todo o sentido de ciclo e fundamenta o Eterno.

Esta energia alimenta as unidades grupais e é quadridimensional. Harmoniza a constância do fogo frictivo com a suavidade do fogo magnético e a força do fogo elétrico. Por isto pode ser considerado perfeito e seu poder ilimitado.

Caracteriza-se pela continuidade e preenchimento, assim como pela supraconsciência. Está associado à energia atômica em seu temível poder de gerar uma *reação em cadeia* através da explosão de uma série de bombas, assim como às energias solares nocivas liberadas pela destruição da camada de ozônio.

Este perigo apenas pode ser sanado pela energia crística e pela grande difusão de uma nova consciência mundial.

A revelação básica deste fogo é que tudo é eterno em sua

Civilização de Luz, A Nova Civilização Solar (O Governo Internacional), e *Shambala – O Retorno à Ocidentalidade.*

essência, gerando paz e alegria real. Esta energia corresponde ao "mar-de-fogo" das mitologias e das profecias.

Associa-se à ciência da Hierofania, ao elemento Fogo e ao alinhamento do Corpo Causal. Espiritualmente, corresponde à 4ª Iniciação no plano da Humanidade e, como *éter solar*, à 8ª Iniciação na esfera da Hierarquia.

É o fogo da *Vitória*, pois sua onipotência traz a coroação de todos os processos.

No Plano de Shambala associa-se à energia do *Vajrakaya* búdico, que é o poder universal de cristalizar definitivamente o novo tônus vibratório no planeta.

C. O Rito da Fênix

Os egípcios valorizavam vários ciclos, entre eles os de 30, 400 e 1460 anos de Sírius (cf. T. Rundle Clark, *Símbolos e Mitos do Antigo Egito*). Próximo a ele está o ciclo de 500 anos, muito valorizado entre os antigos, por ser o 5 o número do *Tempo* por excelência. Daí também observarem os ciclos de 5, 50 e 5.000 anos, atribuindo-lhes caráter escatológico: os 5 dias epagomenais, os 50 anos do ciclo humano, os 500 anos do ciclo sub-racial, os 5 mil anos da Era Solar/Racial. E 500x50=25.000, o número de anos do Ano Cósmico (Grande Ano de Platão).

No Egito o ciclo de 500 anos estava relacionado ao Templo do Sol e ao mito da Fênix *(Benu* ou *Ben-Ben)*, uma das formas primitivas do deus supremo, vindo a simbolizar também a alma de Osíris e o planeta Vênus, que se oculta durante certo período para depois reaparecer no outro lado do Sol. Alguns dizem que se trata na realidade do ciclo sótico de 1.460 anos, o qual pode no entanto ser dividido em três subciclos de quase 500 anos, numa variante da clássica divisão do ciclo sótico em 4 "anos divinos" de 365 anos. Este fato está presente nos mitos, seja na idéia de que ela põe três ovos antes de morrer (dos quais se diz nascer uma fêmea e dois machos), como ao tardar a Fênix três dias para ressurgir, configurando-se assim numa imagem do Cristo.

Heródoto narra a versão deste mito que conheceu no Egito:

Existe uma ave sagrada chamada Fênix. É extremamente rara, aparecendo, de acordo com o povo de Heliópolis, uma vez a cada 500 anos, quando é vista após a morte de seu pai. É representada com uma plumagem em parte vermelha e em parte dourada, e quanto ao formato e tamanho é como uma águia. Contam uma história incrível: diz-se que a Fênix vem da Arábia, trazendo a ave-mãe numa bola de mirra, que é depositada no Templo do Sol e ali enterra o corpo.

O "pai" da fênix é o Sol. Um texto funerário diz que a fênix vem da "Ilha de Fogo". A "Arábia" simboliza aqui apenas a aridez do deserto, o lugar em que o Cristo e o povo judaico peregrinaram na preparação de suas missões históricas. Quanto ao formato, na verdade, a fênix egípcia era uma garça *(Egretta Tula)*. Heliópolis é aqui "o centro simbólico da Terra" (T. Rundle Clark, op. cit.). Porém, como situa-se no paralelo 30, esta centralidade é efetiva sob o aspecto solar ou das estações.

Os autores divergem sobre sua origem, ela pode vir da Síria, da Arábia ou da Índia. A idéia de fundo é o Oriente. Geralmente é apresentada como um ser único, raramente como um casal.

O Rito da Fênix no Templo do Sol, Heliópolis (alegoria).

A fênix tem o mesmo significado da ressurreição, daquele "que criou a si mesmo", conforme as realizações dos deuses supremos Atum-Rá e Ptah, semelhante a Melquisedec, o "sacerdote sem pai nem mãe". Jesus, olhando para o Templo de Jerusalém, pediu três dias para reconstruí-lo. Falava de seu próprio corpo. No Egito, *Benu* costumava ser representada sobre um pilar encimando três pirâmides, ou seja: o 3x3 da completa iniciação.

Mas é possível observar que o ciclo do templo hebraico é realmente de 500 anos, sendo destruído neste período para ser depois reconstruído, ou abandonado de todo ao final do ciclo-maior. De fato, o profeta Daniel, habituado aos mistérios babilônicos, atesta numa revelação especial que o Templo seria reconstruído após "setenta semanas de anos" (Dn 9, 24).

Foi construído por Davi e Salomão em torno do ano 1000 a.C.. Antes de 500 a.C., ele é destruído. Ezequiel tem a visão do templo futuro, e este é reconstruído por Zorobabel e Josué. Em 70 d.C é novamente destruído por Tito, e não é mais reerguido. Terminara o grande ciclo hebraico, representado pelo carneiro sacrificial, símbolo da Era de Áries. O Judaísmo foi a terceira sub-raça da 5ª Raça-Raiz, e sua herança permaneceu forte através do Cristianismo, da mesma forma que herdara dos caldeus a sua cultura através de Abrahão. O "sacrifício perpétuo" foi instaurado com Abrahão, a quem foi pedido o holocausto de seu filho. Deus poupou Isaaque e ofereceu um cordeiro em seu lugar, simbolizando que Israel não traria o verdadeiro Messias, mas prepararia a sua vinda.

O desenho da página anterior é alegórico e apenas ilustra a simbologia em questão. O verdadeiro altar solar é mais complexo. Todo feito em alabastro, é também quadrangular e possui um disco solar ao centro, com quatro furos dos lados, nas direções cardeais, para encaixar os troncos ou os obeliscos nos quais se amarravam os animais a serem sacrificados (no caso, incinerados). O leitor pode encontrar um estudo sobre a sua simbologia em *Geografia Sagrada del Egipto Antiguo*, de Fernando Schwarz.

Entre os maias, onde possui 520 anos, este ciclo chama-se *Kaltun*. No Peru é denominado *Pachakuti*. Trata-se na verdade de um termo genérico que significa "mudança do mundo". Vem sendo mais usado na acepção de *Pachakpisqa*, "cinco centos de anos".

Na América Central a base de tempo era de 52 anos, ao termo dos quais era realizada a Cerimônia do *Fogo Novo*, quando se acendia uma fogueira sobre um animal ou mesmo um ser humano sacrificado, no alto de uma montanha. Esta base de tempo é mais exata sob certo sentido, mas inferior do ponto de vista de *geometria* espaço-temporal.

Ocorre que o ciclo solar *setentrional* é 52, e o ciclo solar *meridional* é 50. Uma das razões esotéricas disto é que, na atualidade, apenas no Sul existe, para a Nova Raça, a realidade do *Milênio* sagrado, pela presença do Ashram racial neste hemisfério; ou seja: quando se usa a fórmula "redonda" de 5x5=25, sobra um milênio no Grande Ano de Platão. Mas, se empregarmos 5,2, então o cálculo dá exatamente 26, encerrando o ciclo dentro do próprio padrão matemático, e sem sobras especiais "fora do tempo".

Tal coisa foi preparada pelos sábios áryos/pré-colombianos, que, cientes de que a Terra de Cristal não ocorreria novamente ao Norte, elaboraram o seu "exótico" mas fantástico Calendário sobre a base vigesimal e o padrão 26/52, no início da segunda metade da última Era Solar, visando encerrar estes 2.600 anos (Místicos) de forma precisa.

Para isto, criou-se o mito de que os dias "extras" são nefastos, ao contrário do antigo ideário egípcio, por exemplo, onde eram considerados sagrados ou divinos, uma vez que, à época, esta cultura vivia o verdadeiro Tempo Sagrado (ou Hierárquico), inclusive o Milênio original.

O *Pachacuti* tem demonstrado sua força nas celebrações dos 500 anos da Descoberta das Américas, em 1992, junto à qual reuniram-se vários eventos, inclusive a abertura do Portal da Terra, com uma ampla mobilização mundial, até porque dizia respeito ao advento da nova energia avatárica. A época da

Descoberta coincidia, senão com um Fogo Novo, certamente com um novo ciclo sótico, cujas divisões em 500 anos são também evidentes.

Assim, para finalizar este tema, diremos que o Portal 2001, como já tivemos a oportunidade de mencionar, terá um significado especial para o Brasil, porque encerra os 500 anos de seu descobrimento, na epopéia especialmente encomendada por Portugal à Ordem dos Cavaleiros de Cristo que abrigou grande parte dos antigos Templários, convertidos em "cavaleiros do mar" pela Coroa Portuguesa, que os protegeu das perseguições movidas pelo infame conluio entre o rei francês e o Papado por ele formado e trazido para Avignon, interessado em apoderar-se dos bens da rica Ordem do Templo. Apesar das centenas de mortes, seus bens foram protegidos e levados para Portugal e outros países, gerando um novo surto de desenvolvimento, num dinâmico processo de expansão e integração das Civilizações através do mundo.

O último *Pachakuti* pós-incaico encerrou-se no ano de 1992, posto que o anterior iniciou no ano da Descoberta das Américas por Colombo, 1492. Face inclusive à transcendentalidade da Descoberta, pode-se considerar sua data como abrindo um novo ciclo de *Pachakutis*, numa Nova Era para o Continente extremo-ocidental.

Assim, estamos atualmente no II Pachacuti N.E.. O cômputo maia apenas encerrará em 2012, fechando também a 5ª Era solar e com isto todo o ciclo cósmico do Grande Ano de Platão. Porém, para o Brasil em especial, o ciclo encerrar-se-á no ano 2000.

A imagem do Reino relaciona-se a tudo isto. O Brasil é a Terra Prometida, a sétima sub-raça "de ouro" destinada a gerar o novo degrau da Civilização mundial, pelo encontro fraterno e fecundo das raças e culturas.

É claro que isto não significa que tudo se dará de forma indolor. Por todos os sinais, a civilização moderna está caminhando para uma grande hecatombe, através de algum dos tantos meios que para isto vem gerando, na eterna guerra entre Eros e Tanatos. Esperamos que, pelo menos, possa ela realizar o destino da Fênix.

D. Nos Anéis do Dragão

O Portal do Reino expressa o grande Final do ciclo, o fim de Milênio e de Era para a humanidade. Daí seu vínculo com a Constelação do Dragão, o grande Centro polar que representa o Alfa-Ômega de tudo.

É a circularidade perfeita e o seu centro em repouso. Novamente o Zero entra em ação, numa nova forma de Ano-21, agora como fractal de 2001.

Observe-se, neste sentido, que no Portal do Reino temos a conclusão do Portal da Terra, 9 anos após. O 9 representa o círculo, é o próprio Zero exaltado pelo Ano-21 de 1992, expressando agora uma *oitava* superior de atividades. Como o "número da iniciação", o 9 é a estrutura arqueométrica sagrada desencadeada pelo 21. Totalizam (21+9=) 30, um número de Perfeição.

Relaciona-se a tudo isto o artigo que escrevemos sobre a Constelação de Dragão, na Revista Órion, nº 5:

> "Em termos astronômicos, a suprema harmonia está representada pela Constelação central do Dragão. Corresponde ao espaço cósmico em torno do qual gira o pólo celeste da Terra, em movimento de pião, demarcando as grandes estações mundiais. De modo que, apenas simbolicamente, o Dragão se acha no centro de tudo. Mais que um centro espacial ou temporal, é uma região neutral, posto que todos os ciclos de tempo se desenvolvem ao seu redor criando uma espiral cósmica que evolui através das idades e dos ciclos do mundo, e onde, à imagem da inacessível Perfeição, a figura desta serpente central, jamais alcançada de todo, permanece sempre intocada como o próprio mistério das Origens.
>
> Esta imagem é como a do Absoluto, do qual partem todas as coisas e em torno do qual tudo gira sem jamais tocar Sua presença. O Criador posiciona-se exatamente desta forma no mundo. Sem haver sido criado, Ele é imperceptível e inalcançável. Isto corresponde ao Supremo mistério espiritual do planeta que é o Trono divino, seja

Portal do Dragão, em motivo hindu (budista).

em suas remotas origens cronológicas como geográficas. Na verdade, apenas relativamente pode-se falar em termos materiais deste Absoluto, pois, ainda que o Centro terrestre que representa esta energia, denominado *Shambhala,* tenha um lugar assinalado na Terra, não ocupa um lugar físico como o concebemos, mas sim etéreo e superior."

Por tudo isto, Dragão já foi definido como o "Zero Absoluto".

"...em algumas regiões do Himalaya, entre vinte e dois templos que representam os vinte e dois Arcanos de Hermes e as vinte e duas letras de certos alfabetos sagrados, Agartha forma o Zero místico, o que não pode ser encontrado.*

* Os 22 *nomos* ou regiões do Alto Egito se aplicam bem a este quadro arquetípico.

"O Zero, significa Tudo ou Nada, tudo mediante a Unidade harmônica, nada sem ela, tudo mediante a Sinarquia, nada mediante a Anarquia."

Saint-Yves d'Alveydre, em *A Missão da Índia.*

Shambala é nada para quem não crê, e tudo para quem conhece. Por isto se associa à sabedoria oculta:

"No Arcano IX, observamos um ancião envolto num manto encapuçado, com um bastão e portando uma candeia. Em sua simbologia, costuma ser exaltado o ritmo ternário (3 x 3), ora pelos seis ou nove lados do lampião, ora pela colocação de três nós em seu bastão. A figura inspira mistério e reverência, sendo o nove "o número da iniciação" (Alice A. Bailey).

"É este algarismo que inspira várias cosmologias polares, especialmente a chinesa, como na Astrologia das Nove Constelações, onde os oito trigramas do I Ching são dispostos em torno de um centro."

Como Centro supremo, Dragão é o Um, que é dinamismo potencial, liberando em movimento como Nove (Círculo), como prova a imagem da Roda da Fortuna. Por isto Dragão é também o "Fiat", quando libera para um novo ciclo.

"Os Pólos são, por assim dizer, pontos 'fixos' na rotação da Terra, porquanto se acham relacionados ao eixo terrestre. Daí os mitos polares das regiões onde o tempo 'se detém', como imagem da eternidade, na 'região dos deuses'. Ali a Terra deixa de girar e de mover-se, a não ser em relação a outros movimentos maiores e mais sutis, como o da inclinação do eixo, que determina a variação das estações no decurso do ano. Fosse reto este eixo, em tese nada mudaria em parte alguma, e os pólos teriam luz

---

Mas, terá acaso o grande cabalista Saint-Yves, criador do *Arqueômetro*, endossado o equívoco da 22ª letra como o Zero? – ver sobre isto no Capítulo 2, sobre o Portal da Terra.

perpétua, ao invés de seis meses de luz e seis meses de sombra (cujos ápices se dão nos solstícios), em contrapartida ao equilíbrio diário de luz e sombra observado no Equador (cujos ápices se dão, por sua vez, nos equinócios). Existe, assim, uma analogia de um ano para um dia na relação entre o pólo e o Equador, fato simbólico que deve ser sempre considerado em Astrologia Esotérica em relação ao Grande Ano de Platão e aos Manvantaras."

Daí que suas grandes estações configuram etapas especiais de evolução para a humanidade e marcam a implantação de raças-raízes, sempre iniciando com uma Idade de Ouro cada, através da fundação de um grande ramo de Shambala nas raças, também chamado "*Ashram* solar" – ver para isto o Calendário Arturiano.

No Dragão o mundo repousa em seus *pralayas*, nos seus *sabats*.

A. Calendário Draconiano: *O Ciclo Cósmico*

Este é o 5° Portal, porque *Dragão* também vela pelo Pentagrama.

As energias de Dragão envolvem a Totalização. É representado por *Vega*, quando libera o Portal da Águia, como complemento de *Sírius* (o 5.° Logos cósmico, regente do 3° Portal do Plano de Shambala). Daí ser o Dragão comumente representado com 5 patas. Simboliza o Centro oculto que vela pelo conjunto do Mandala cósmico e o representa, *Alfa-Ômega*.

> "Na numeração posicional de 1 a 9, da Astrologia do I Ching, a posição central (Dragão) recebe sintomaticamente o número 5, pois o pentagrama centraliza realmente todos os grandes mandalas e representa o algarismo mais importante em termos de divisão cronológica do tempo, do ponto de vista do Grande Ano de Platão, que vem a ser 'o dogma mais importante da Astrologia'" (André Barbault).

"Na cosmologia pré-colombiana, o cinco é o algarismo do Movimento por excelência, aquele que dinamiza o estático quaternário elemental, gerando a *Totalidade*. E assim é o Dragão, um animal fabuloso dotado de cinco garras que reúnem e expressam os quatro elementos numa unidade misteriosa. Por isto, o cinco é tradicionalmente representado pelo dragão, um ser mítico cuja natureza alude a uma fusão dos quatro elementos resultando num quinto, o éter ou quintessência. Com suas 5 garras, o Dragão forma um mandala invocando as divisões do Ano Cósmico, semelhante ao Cristo cruci-*fixado*.

"Pode-se dizer, então, que o nove é a expressão dialética simplificada do 5, ou seja: 5x2-1, ou a *neutralização do movimento ambivalente do pentagrama*. Daí o Dragão bicéfalo."

Todos estes mistérios virão à Luz no Ano 2001, quando a "loucura divina" tomará conta do mundo. O sagrado Milênio terá início, quer se queira ou não. É o Umbral intransponível da transformação.

Este Portal encerra o ciclo menor da Cúpula de Cristal, a *Idade do Diamante*, e abre o do Milênio, a Idade Crística.

Tudo isto tardou 12 anos, de 1988 a 2000. Após mais 12 anos surge o grande Portal Cósmico de 2012, que encerra o Grande Ano de Platão no cômputo maia. Em certo sentido, naquilo que diz respeito ao Hemisfério Sul, esta data foi comemorada 20 anos antes, em 1992, no Portal da Terra.

B. O Portal de Vega, a Águia

Existem no ciclo solar duas grandes colunas solsticiais. No ciclo cósmico também existe a mesma analogia. As duas Colunas Cósmicas são Vega ("Câncer") e Polaris ("Capricórnio"), o Falcão e a Pomba que representam Hórus e Osíris no Tuat.

A coluna Vega (com Altair) está associada aos princípios, ao Sol e ao 1º Raio, e a coluna Polaris (com Sírius) ao final, a Saturno e ao 7º raio.

Atualmente o ciclo veguiano está concluído. Por isto a força cósmica que o alimenta passa o cetro ao sucessor polariano. As mensagens que seguem foram publicadas na *Revista Amaluz* e traduzem este processo-maior.

I. Sussurros do Pássaro-Trovão

Saudações aos filhos da aurora.

Certamente não somos estranhos, a vós que atendeis ao chamado da Profecia.

Desde tempos imemoriais sou o protetor dos povos das planícies. Os povos das montanhas me conhecem como a Águia (Quauhtli), e outros se referem a mim como o grande Condor (Kuntur). Sou o conselheiro dos xamãs e o protetor das ordens de guerreiros da luz. Sou aquele que carrega o trovão em suas asas e o raio em seus olhos. Todos aqueles que buscam a luz já viram pelo menos a minha sombra.

Quando o homem branco aportou neste Continente, sabíamos que viriam tempos difíceis para os povos indígenas. Como sabeis, isto apenas foi possível naquele momento porque o conquistador se apresentou em nome do amado Quetzalcóatl. Isto foi aceito pelo Espírito porque, se tivesse se apresentado em nome da Pomba, ele não teria sido reconhecido e os desígnios teriam sido frustrados ou retardados.

Ainda assim, o uso do sagrado Nome acarreta num carma enorme sobre os recém-chegados, até porque muita destruição gratuita e injustiças foram cometidas, prejudicando a humanidade como um todo. Por isto este resgate cabe grandemente a vós realizar. Nós só podemos auxiliar com aquilo que nos resta e pedir aos espíritos ancestrais, a Tatanka, o Búfalo-Branco, e à Aztlan, a Garça-Fênix, que auxiliem também a vós, homens de boa vontade, dando-lhes a coragem e o amor para realizar todo o necessário para se fazer cumprir a Profecia.

Para isto, devemos conhecer-nos bem. Trazeis novos desígnios e os aceitamos como necessários. Quanto a nós, carregamos uma herança que não pode ser perdida, da mesma forma como a criança jamais pode morrer dentro do homem, porque de outra forma a vida não seria plena.

Somos índios, e amamos ser índios, porque assim vivemos no ambiente sagrado da Criação e nos sentimos in-Dios. É a nossa forma de abraçar o Eterno.

Mas não se trata apenas disto, porque aqui neste Extremo-Ocidente tudo soa à Mãe-Terra, a Pacha-Mama dos filhos do Condor. Esta é a nossa Sabedoria sagrada e emana do próprio solo em que pisamos.

É portanto isto que pode unicamente significar esta nova humanidade: o casamento do novo com o antigo.

Deveis saber então que a Religião da Natureza é o novo degrau da redenção cósmica, e aquele que ofender também a Criação, além do Criador e da Criatura, será réu no Juízo de Fogo que se aproxima, conforme vossas próprias Escrituras.

Compreendemos perfeitamente o avanço da Lei. Inicialmente, o Povo-Pardal adotou o deus-Criador, o primeiro e o mais antigo. Depois dele o Povo-Pomba adorou também o deus-Criatura, implantando o amor ao próximo, e o trouxe até nós. Agora, com o nosso auxílio, o Povo-Quetzal adorará igualmente a

Portal da Águia, em motivo grego.

deusa-Criação, trazendo a perfeição final e a liberdade procurada por todos os povos da Terra. Tudo isto corresponde, pois, às grandes revelações de vossa Trindade Pai-Filho-Espírito Santo. A difusão universal do Espírito é a nova grande Lei!

Este era portanto o grande Propósito por detrás de tudo. A América estava destinada a realizar uma outra fusão das raças, tendo em vista a formação de uma nova humanidade. Havia pois um Decreto cósmico e a hora era chegada. Apenas por isto o Espírito aceitou o árduo processo da Conquista e o sacrifício de tantos povos.

Então foi lançada a profecia do Povo do Arco-Íris. O Espírito renasceria como a Fênix que sempre ressurge após 500 anos. E seu veículo seria o Povo-Quetzal, gerado pela fusão das raças, manifestando o espírito irisado da nova Lei, simbolizado pelas plumas coloridas do formoso pássaro que nomeava o grande Benfeitor do Anahuac, responsável por todas as suas verdadeiras glórias, o amado Quetzalcóatl, o Pássaro-Serpente.

Sabemos também que a Profecia se realizará trazendo de volta o seu Espírito através d'Aquele que disse: "Eu sou a estrela da Manhã". E com isto todas as coisas se terão cumprido.

Se temos aceitado que tudo pelo qual passamos obedece a um desígnio do Espírito, também deveis vós aceitar que tal coisa representa para todos uma nova Ordem, e então acatar o Compromisso da mesma forma como temos feito, em nosso caso muitas vezes ao preço de sangue, afinal havíamos sido treinados para isto.

Desejo concluir esta mensagem com um recado para os filhos do Condor, porque a eles se destina um desígnio muito especial.

O grande Condor Branco está para pousar entre vós, para promover o renascimento dos Homens-Pássaros.

Inicialmente seu vôo se estenderá por todo o Continente do Sul, e depois abrirá suas grandes asas para cobrir a todos os três Continentes americanos e dali voará para o mundo.

Saudemos portanto o grande Condor em sua chegada, pois em suas asas os povos da luz serão livres e o planeta então renascerá como uma estrela radiante de luz e glória.

Que o Grande Espírito abençoe a todos.

II. O Chamado da Águia

Sou a Águia das Origens, o Grande Espírito que paira sobre vossas vidas desde o começo dos tempos. De meu coração sai o sopro que anima as vossas existências.

Sou aquele que voa mais alto e por isto minha visão percorre a vastidão do tempo e do espaço. Também sou conhecido como o Pássaro-Trovão, o Senhor dos Raios, pois os raios emanam de meus olhos. E meus dois olhos são Vega e Altair, as estrelas do Norte. Meu bico poderoso repousa sobre a Via Láctea, a Estrada das Almas, porque desde ali separo a colheita boa da má. Em sua hora derradeira, as almas chegam até mim através do Sendeiro de Estrelas, e é então que lhes apresento o Portal da Luz. Aqueles que podem passar por este Portal tornam-se um comigo por toda a Eternidade, mas aqueles que se revelam incapazes são engolidos pela Grande Serpente e retornam pelos ciclos afora.

Estamos atualmente nos preparando para grandes acontecimentos, pois sabemos que tempos finais têm chegado para a vossa Terra. O Grande Juízo está diante de vós e já começa a selecionar aqueles que seguirão futuro adentro e os outros que deverão permanecer nas esferas intermediárias ou até rumar para os fogos da expiação.

III. A Mensagem de Altair

Por isto têm chegado a vós sinais importantes. Fostes informados que no presente ano, no mês do Sol (Agosto), chegou à Terra um sinal enviado desde o meu olho esquerdo, Altair, acarretando mudanças inéditas no campo vibratório de vosso planeta. Como disseram os cientistas, "a noite virou dia na ionosfera" sob o impacto desta "chuva cósmica", tal era a descarga radiativa que chegava das profundezas da Galáxia. Isto deveria servir para lembrar que existem forças desconhecidas e imensuráveis agindo fora dos limites do Sistema Solar, e elas anunciam a hora de os povos da Terra prepararem-se para grandes transformações.

O sentimento de mudança de "noite para dia" traduz bem

aquilo que se pretendia anunciar, pois atualmente a Terra vive a sua Grande Meia-Noite cósmica, reiniciando um novo ciclo de luz após as graves crises destes dias, as quais poderão chegar a um ponto terrível caso medidas urgentes não sejam tomadas, conforme reconhece vossa própria Ciência.

A pequena tempestade radiativa emanada de meu olho, além de representar um Chamado Cósmico para um de nossos Filhos e um anúncio da mudança de Postos hierárquicos, foi um sinal daquilo que virá através dos próprios atos da humanidade. Por tudo isto, não negligencieis o meu sinal. Ele é o último aviso e também o prenúncio daquilo que já está entre vós, seja o caos ou a ordem, dependendo apenas de vossa própria sabedoria.

A crise ambiental de vosso planeta está muito avançada. A humanidade já não pode controlá-la, de modo que o colapso da atmosfera é iminente.

No entanto, tudo isto pode ser atenuado e até revertido pelos Homens-Pássaros, meus Enviados a vosso planeta. Somente eles poderão tomar as medidas necessárias para mudar os critérios culturais de vossa civilização que atualmente ruma para o suicídio. Eles são os únicos que não têm ilusões sobre o livre-arbítrio porque são experientes nas Ciências do Destino e sabem qual a origem e o fim de todas as coisas.

Sedes sábios e tomeis as medidas necessárias a tempo, para que um sofrimento imensurável não vós atinja dentro de poucos anos. Estas medidas deverão ser administradas pela sucessão do Vigilante Silencioso ao qual se destina o Chamado de Altair.

C. As Garras do Dragão – *Os Ashrams Solares*

Como já vimos, as grandes estações polares configuram etapas especiais de evolução para a humanidade, marcando a implantação de raças-raízes e iniciando uma Idade de Ouro através da fundação de um grande ramo de Shambala, também chamado *Ashram* solar. Diz Alice A. Bailey em *Tratado Sobre Fogo Cósmico*:

"Outro fator maior na computação cíclica reside no efeito que produzem as seguintes estrelas e constelações sobre nosso sistema solar e qualquer planeta particular dentro do sistema:

1. A Ursa Maior 2. A Ursa Menor
3. A Estrela Polar 4. As Plêiades
5. A Constelação de Capricórnio 6. O Dragão."

Achamos acima descritas ou sugeridas todas as principais constelações presentes no círculo celeste polar norte, na medida que Capricórnio vela Cisne ou mesmo Lira, e as Plêiades velam a constelação de Baleia. Dragão não pode exercer uma influência direta a não ser de natureza muito ampla e geral, ou senão simbólica, podendo aludir também a Lira.

Em certo sentido, o Dragão apresenta quatro grandes Emanações nesta Ronda planetária. Seus Regentes correspondem aos quatro *Kumaras* do Hinduísmo, "oriundos" de Vênus, dentre eles Sanat Kumara, o grande Diretor divino responsável por Shambala, o primeiro Ashram espiritual da Ronda e o Centro supremo do planeta, do qual todos os outros são emanações.

Na seqüência, vamos analisar a *mandala* destas manifestações de Shambala para a presente Ronda, a partir da implantação do Centro supremo, posto que estudar os mistérios do Dragão celeste nos induz a abarcar o Todo, sempre tendo em vista que, como afirmou Dane Rudhyar, *"o que deveríamos estudar, e o que a futura astrologia oculta estudará, é o círculo descrito pelos pólos durante o período de 26 mil anos – nosso 'Grande Ciclo Polar'"*.

I. Shambala, Lemúria e o Mistério das Origens .... *Constelações de Hércules e Lira*

Shambala é esta Fundação eterna e incorpórea que representa a Fonte primeira de vida, luz e criação para o nosso planeta, e que teve no entanto um começo e um lugar designado na Terra. Isto se deu segundo os anais ocultos sobre o deserto de Gobi, numa época em que era ainda um fundo de Oceano, durante a época lemuriana.

Como Dragão, a primeira Constelação tem uma influência insondável sobre a humanidade. A imponderabilidade de Shambala reside em parte no fato de haver sido implantada ainda dentro de um período de Pralaya ou ocultação da Criação. Além disto, suas coordenadas misteriosas rezam que Shambala veio ao mundo sob as bênçãos do triângulo, e neste aspecto, diz-se que nosso Deus, chamado *Sanat Kumara* ("o jovem eterno") nos Puranas, veio à terra em meados da Terceira Raça-raiz, a lemuriana, ou seja, quando havia chegado a metade do ciclo setenário desta ronda mundial. Ocorreu ao mesmo tempo no decurso da cadeia terrestre de Vênus, na linguagem astrológica esotérica. A complexidade desta questão e a simbologia inerente a ela fez alguns expositores menos habilidosos do tema declararem que Sanat Kumara veio do próprio planeta Vênus, o que não representa realmente a verdade. De modo que a visão correta é aquela trazida por Alice A. Bailey, e que permite relacionar esta Fundação original a uma influência *astrológica* (e não astronômica) venusiana.

Tal coisa diz respeito à natureza da presente Ronda planetária, que sendo a Quarta Ronda se relaciona diretamente a Vênus, que é a quarta esfera planetária do sistema solar e da qual dependem por conseqüência todos os grandes movimentos mundiais. Daí muitos mitos da criação estarem relacionados a este planeta através dos deuses que o simbolizam, como Ishtar e Quetzalcóatl, assim como ao signo que lhe corresponde, Libra, ao qual Ibn Arabi atribui a criação do mundo, e que sendo denominado Tula na China e na Índia, a mesma palavra designava as origens hiperbóreas na América Pré-colombiana e entre os gregos (Tule). Na verdade, a influência de Vênus se estende a todos os restantes ashrams raciais das mais diferentes maneiras, estando de qualquer forma na base de tudo, sempre a energia quaternária da atual ronda planetária, com sua complexa influência interativa.

Enquanto unidade e primordialidade, Shambala se manteve neutra e absoluta. Esta mesma idéia é atribuída por Saint-Yves d'Alveydre à Agartha, ainda que, a rigor, este ashram corresponda antes ao ciclo de Ram (Raça Árya) e, portanto, a um momento posterior. É que se costuma relacionar por analogia o

Centro às suas grandes Emanações históricas.

Além de Vênus no sistema solar, outros vínculos siderais "hiperbóreos" importantes com a Shambala Eterna são a estrela Vega e a constelação de Hércules, por seus vínculos com o Sol. Tudo o que diz respeito a estes centros refere-se também à Shambala. Além disto, os cultos solares se relacionam também diretamente a este primeiro Ashram racial.

II. Ibez, Atlântida e o Dilúvio Universal .... *Constelação de Baleia*

O segundo grande Centro espiritual da Terra foi o ashram de Atlântida ou o Templo de Ibez, situado, segundo Alice A. Bailey, no centro da América do Sul, o que deve ser entendido como o seu centro esotérico ou cultural. Neste segundo momento, a matéria já pode ser incorporada e Shambala se manifestou de fato, influenciando a cultura e dando origem à civilização superior do homem. Na verdade, as instituições eram ainda precárias e materialistas, embora, por parte de muitos, já existisse boa vontade e condições para realizar alguma coisa realmente superior em termos de civilização. As condições raciais e espirituais eram também ainda precárias naqueles primitivos dias da Atlântida.

Este segundo Ashram foi praticamente dedicado à Lua e o culto à terra e à fertilidade tiveram lugar neste ciclo racial. A constelação de Baleia foi uma das mais importantes deste ciclo, e tal fato está relacionado ao mito de Jonas onde o profeta permaneceu três dias no ventre da baleia, o que, além de fazer alusão ao Cristo, também se refere à natureza deste Ashram solar-lunar, regido pelo elemento água, razão de seu destino final sob as catástrofes ecológicas da Atlântida. Além disto, faz alusão à sua posição no quadro geral da presente ronda planetária. Sendo este o segundo ashram solar, haveria apenas mais dois até o final da ronda, de modo que os três são como os três dias em que Jonas permanece ainda na baleia até ser cuspido na praia. Outra constelação importante aqui são as sete estrelas das Plêiades, nome que significa "as estrelas d'água". A palavra também diz respeito ao zodíaco, cujo vínculo com este segundo ashram é de fato notório. Paralelamente, deve-se dizer que Sírius, a grande Estrela meridional, iniciou sua influência cósmica sobre a Terra neste momento, ainda que apenas "exteriormente". Finalmente, cabe mencionar uma poderosa influência de Vênus também neste momento da cultura universal através da quarta raça, a Atlante, a primeira considerada propriamente "humana", inclusive pelo fato de ser a humanidade o quarto Reino da Natureza. O número quatro permite a concreção das coisas, mas não ainda a sua síntese luminosa.

III. Aryavartha e a Harmonia dos Mundos .... *Constelação da Ursa Maior*

Por alcançar Shambala, neste terceiro momento, uma síntese e uma forma geométrica adequada e perfeita – novamente o triângulo –, este foi o ashram mais importante em termos de civilização e cultura. Ali todos os grandes centros – Shambala, Hierarquia e Humanidade – realizavam sínteses importantes, por corresponder também à Quinta raça-raiz, que é a Árya (a Era de Áries esteve incluída nesta Raça, de modo que a semelhança dos nomes não é fortuita). Sob a influência do pentagrama vieram os verdadeiros Mestres à Terra e a harmonia geral seria alcançada. Isto se deveu em parte ao incremento da influência de Sírius (a "Loja Azul") enquanto 5° logos cósmico, proporcionando aquela "síntese luminosa" necessária.

Talvez devido a isto é que a descrição de Saint-Yves leva a identificação entre a Agartha eterna e o ashram Áryo às suas últimas conseqüências, mediante certas atribuições cabalísticas primordiais, conforme já vimos, ao mesmo tempo em que a situa ou repõe, tardia mas corretamente, através das reformas áryas realizadas após o cisma de Irshú. O texto que segue é de sua obra *A Missão da Índia:*

> *Mais de três mil anos depois de Ram, e a partir do cisma de Irshú, o centro universitário da Sinarquia do Cordeiro e do Carneiro sofreu um primeito translado, que não convém aclarar mais.*
>
> *Finalmente, quase quatorze séculos depois de Irshú,*

pouco tempo depois de Sakya Muni, se decidiu por outra mudança de lugar.

Baste saber a meus leitores que, em algumas regiões do Himalaya, entre vinte e dois templos que representam os vinte e dois Arcanos de Hermes e as vinte e duas letras de certos alfabetos sagrados, Agartha forma o Zero místico, o que não pode ser encontrado.

O autor francês segue então fornecendo descrições sobre a perfeita organização e ordem do Reino de Agartha, sua grande característica devido à mencionada harmonia cabalística alcançada pelos centros mundiais.

Em termos geográficos, a Aryavartha compreendia a região que fica entre os Montes Vindhya (sob o Trópico de Câncer) e os Himalayas. Mas se estendeu na realidade a várias nações, e a Suméria está também muito relacionada a este Ashram, donde o Monte Su-Meru dos mitos hindus.

Astrologicamente, esta raça foi regida pelo planeta Mercúrio, donde o culto a Hermes Trismegisto, dito "três vezes grande" também porque reunia três ciclos espirituais e raciais em si. A constelação mais destacada deste ciclo foi a Ursa Maior, com suas sete estrelas e cuja relação com os Rishis é bem conhecida, e a respeito do que se diz serem esposos das sete Plêiades, formando desta forma um pólo complementar entre o zodíaco e a região polar. Trata-se da energia que rege a evolução cósmica que hoje termina, razão pela qual a Astrologia esotérica lhe dá tamanha importância. Isto é resumido por Dane Rudhyar:

> "Os sete 'Rishis da Ursa Maior' muitas vezes também são correlacionados aos sete raios cósmicos e com os sete planetas "sagrados", mas pouco importa que a constelação da Ursa Maior esteja fora do círculo descrito pelo pólo norte. A simbologia destas constelações ao redor e parcialmente dentro deste círculo é por si só um tema de estudo fascinante. De todas, Dragão é presumivelmente a mais sagrada e misteriosa. O corpo do Dragão corta o círculo do giro polar por volta do lugar em que o pólo se encontrava em 3102 a.C., o começo do grande ciclo de

> Kali Yuga na cosmogonia hindu. Talvez este deva ser considerado, quando não o começo do ciclo polar inteiro, ao menos uma de suas principais divisões." (em *Astrologia da Personalidade).*

A visão de Rudhyar é precisa e correta. Os maias colocam também nesta data (3113 a.C.) o início de sua Quinta Era Solar, encerrando e centralizando a mandala do atual Grande Ano de Platão. Certamente, se pode relacionar esta Quinta Era à Quinta raça-raiz, a Raça Árya. O símbolo chinês do *qilin,*que une dragão e unicórnio (o cavalo é símbolo áryo por excelência) é excelente para representar aquele momento em que um novo grande ramo de Shambala foi fundado no Oriente uma vez mais, desta vez com uma perfeição inédita tal que invoca com toda a exatidão o Sublime Ideal da Agartha Eterna. Nas imagens do dragão com o Espelho do Vazio, vemos que uma das chamas penetra o Espelho. Trata-se, precisamente, do Ashram de Meru ou Agartha, na Aryavartha, num momento em que, como escreveu Rudhyar, a constelação do Dragão (sua Alfa) corta o círculo polar celeste. Foi assim que, sob a "influência" da Ursa, a Civilização chegou à sua perfeição.

IV. Albion, América e a Coroação da Humanidade ...... *Constelação da Ursa Menor*

Finalmente, está sendo fundado nas Américas em nossos dias o quarto ashram solar da humanidade, destinado a culminar a presente Ronda planetária e coroar a cultura mundial com instituições que promovam a realização da natureza mais profunda e própria do ser humano, que é o amor em todas as suas dimensões. Aqui a influência venusiana já acontece a nível ashrâmico ou espiritual, denotando que a nova energia a ser espiritualizada no mundo é a do *amor.* É este, pois, o grande Plano desta quarta ronda em que o reino humano alcança a sua perfeição, por ser este também o quarto reino da criação como vimos. E isto coroa a influência de Vênus na atual Ronda planetária.

A constelação diretamente relacionada a este novo centro

de luz racial é a Ursa Menor, outra que corta o círculo polar como se vê, sendo sua Alfa, a estrela Polaris, a que melhor incide sobre o círculo celeste. Ao lado de Vega, é também a única Alfa deste círculo que costuma ter um nome, e na verdade isto apresenta uma razão adicional no fato de ambas formarem *polaridades* ("Polaris" remete a isto e não apenas a "pólo"!) e estações cósmicas de primeira grandeza. Outra estrela é exaltada aqui, Sírio, a "Senhora dos Céus", que representa o Hemisfério Sul, enquanto Polaris alude à Ocidentalidade, assim como Vega simboliza o Hemisfério Norte e a Ursa Maior o Oriente. Os planetas exaltados neste ciclo são Saturno e Júpiter, sugerindo a primordialidade "Olímpica" deste novo Ashram. Através de Saturno (Cronos) tem-se a Era de Ouro dos primórdios, e com Júpiter (Zeus) um novo ciclo de elevadas realizações humanas a nível de religião e filosofia. De modo que os mitos que dizem respeito a este ciclo são igualmente imponderáveis.

Trata-se novamente de um ashram extremo Ocidental, este que vem sendo fundado na América do Sul. Corresponde também à implantação da sexta Raça-Raiz, mas esta desenvolverá apenas uma parcela de seu ciclo ainda dentro da presente ronda.

E. O Portal Cósmico – *O Grande Farohar*

O *Grande Farohar* é a força que controla todas as outras dentro da evolução mundial. Este domínio apenas é completo na Idade do Diamante, a Fenda Cósmica do tempo que acontece unicamente uma vez em cada Ronda. A partir dali se estabelecem as bases para todo o Grande Ciclo, fincando-se potencialmente os Quatro Pilares do Mundo, que são suas quatro Esfinges. No segmento seguinte vamos apresentar uma análise espiritual da Quarta Ronda, que atualmente alcança sua última etapa, a da confluência com a Quinta Ronda futura. Esta recapitulação serve para estabelecer potencialmente o Plano cósmico dentro de cada um, ativando a memória ancestral de todas as etapas vividas pela humanidade, as quais se relacionam às iniciações individuais e as fundamentam, auxiliando pois a elaborar a grande síntese necessária para a experiência do novo.

Estes anos são os dos preparativos finais para a Grande Sucessão, para o Vôo do Grande Farohar (ver nossa obra *O Portal de Farohar*).

A. Os Horizontes da Nova Ronda

A Quinta Ronda Mundial representa uma ascensão definitiva nos rumos do planeta Terra. A matéria se tornará um veículo para o espírito, e não mais um obstáculo. Com a chegada da etapa média da evolução mundial, tem início a sua fase de ascensão ou de "retorno ao Pai".

O aspecto divino que se destaca agora é o do *conhecimento superior*. Toda a imensa carga de informação que hoje é despejada pela mídia planetária dará lugar a um ambiente intelectual único, no qual a busca da síntese representará o seu grande Graal. E esta síntese apenas poderá apresentar um fundo vivencial e revelado, de modo que seu veículo será a Hierarquia.

Se o Pecado Original impediu a expressão da Ciência em boa parte do ciclo que lhe correspondia – o ciclo áryo – na Ronda que se extingue, este mesmo princípio se afirmará na nova Ronda como um princípio irremovível.

A palavra *conhecimento* voltará a adquirir uma conotação prática, não apenas porque será fruto da realização, como também veículo para ela. E assim a Transmissão sagrada será restaurada.

O conhecimento do Bem e do Mal dará lugar à compreensão das Leis, do Amor e da Perfeição divina, e assim à aceitação consciente da vontade do Criador.

O Senhor do Mundo já não será conhecido como o "Grande Sacrifício", mas como o "Grande Sábio". A Ciência será especialmente valorizada, até porque se tornará cada vez mais sutil, compreendendo o conjunto das leis espirituais.

F. O Testamento Cósmico de Sanat Kumara

Como dissemos antes, "Vênus e Terra são esferas quaternárias, assim como o são tanto a presente Ronda mundial e o atual Ashram solar em implantação. Razão pela qual é chegada a hora para A Grande Revelação."

E esta suprema Revelação inclui a passagem do Cetro cósmico para o Sucessor. Inicialmente trataremos da natureza da Revelação, e depois do processo atual de transmissão do Trono divino.

A. A Fulgurante Revelação de um Pai Celeste

A atual Ronda culmina neste momento, com a chegada da Nova Era e a fundação do Quarto Ashram Solar (Dinastia Espiritual) no seio da Sexta Raça-Raiz em implantação. Daí surge a Grande Revelação, em parte caracterizada como o seu último grande sacrifício, e que assim definimos em matéria do Jornal Paralelo ॐ – A Cultura da Idade de Ouro (nº 21):

> "Após muitos milhares de anos, Sanat Kumara está para revelar seu verdadeiro Propósito a esta humanidade que tanto amou e zelou. Esta quarta Ronda está para se extinguir, mas antes disto um grande fulgor de luz espiritual será encaminhado, através de Seu Filho e Herdeiro, o Cristo, que está retornando para revelar o supremo Objetivo de toda esta evolução mundial na qual surgiu e se desenvolveu o Reino Humano. Este Objetivo é *a perfeição do amor*. A energia do amor é o sinal característico e a própria essência do reino humano e subjaz em todos os seus atos. Por milhares de anos a humanidade viu apenas reflexos do que fosse a verdadeira energia-motriz desta Ronda. Poucos foram aqueles que a conheceram de uma forma mais plena, mas isto foi o suficiente para mover toda esta evolução, tendo o amor como uma ponte perpétua entre o sacrifício necessário e a graça merecida."

O presente quarto *Ashram* solar, último desta Quarta Ronda, está sendo neste momento implantado no Extremo-Ocidente (Américas) com o objetivo de trazer de uma forma definitiva e estável para toda a raça esta conquista suprema que é o amor perfeito e absoluto, em sua universalidade e divindade intrínseca. Última dinastia de Mestres a reger a Civilização na geração de uma nova e derradeira Idade de Ouro mundial, tais seres são da categoria de Chohans, uma espécie de "Super-Mestres", e estarão especialmente a serviço da auto-realização da humanidade naquilo que ela possui de melhor e mais característico: o progresso dos relacionamentos em geral, o amor levado a todas as esferas, especialmente o amor *humano* por excelência, que é aquele relacionado às *almas-gêmeas...*

A suficiente difusão desta energia universal do amor permitirá então o acesso da raça humana a uma nova condição: o Reino Espiritual. Neste mundo futuro, caracterizado pelo conhecimento revelado das coisas, novas leis regerão o planeta, e este campo de conflito que é a humanidade de hoje terá sido definitivamente deixado para trás. Graças à maturidade do amor que vem sendo revelado em sua plenitude pelos Pais da humanidade.

A Lei Cósmica revelada diz respeito à compreensão, à assimilação e à expressão do *amor irisado*, tornando cósmica esta energia mediadora entre os mundos. Todas as sete formas de amor devem ser realizadas pelo Homem Perfeito. São elas:

1. Amor social;
2. Amor espiritual;
3. Amor paternal;
4. Amor conjugal;
5. Amor natural;
6. Amor filial;
7. Amor fraternal.

O *amor social* diz respeito à ordem natural das coisas, naquilo que se refere à natureza e à vocação dos indivíduos.

O *amor espiritual* se dirige a Deus (1° Mandamento) e se estende aos seus Representantes, especialmente os reis sagrados e os sacerdotes.

O verdadeiro *amor conjugal* será talvez a maior das conquistas da humanidade, porque através disto o homem chegará diretamente a Deus através da forma mais bela e prazerosa possível. Sua edificação mobiliza os melhores esforços do Novo Ashram e está no cerne do Dharma de Maitreya, resumido nas Três Grandes Verdades do *Reino da Felicidade.*

O *amor natural* é muito importante porque diz respeito à Ecologia, cuja observância integra a essência do novo 3° Mandamento trazido pelo Cristo. Seu aspecto científico conduzirá diretamente para os portões da Nova Ronda, ao fazer da Terra novamente o Paraíso de Deus.

O *amor fraternal* é a chave para a futura unidade do mundo, sobre a qual se definirá pragmaticamente a harmonia das nações possibilitando o novo passo da cultura mundial. Associa-se à Nova Era de Aquarius, embora baseie-se em parte ainda na premissa pisciana do "amor ao próximo" (2° Mandamento).

A humanidade terá todo o próximo milênio para semear e colher os frutos desta perfeição, enquanto se prepara desta maneira para o mundo futuro, no qual a condição humana dará lugar à espiritual, e a forma será meramente um veículo para a luz.

Jesus foi o Ser que melhor assimilou o Propósito do Senhor do Mundo. Ele "ascendeu ao Trono do Pai" conforme o profetizado, e por esta razão ficará como Sucessor de Sanat Kumara na nova Ronda cósmica que inicia, a Quinta, a qual já será regida por uma nova energia e por outros princípios. Jesus, na função de Maitreya, é o quinto Buda cósmico esperado (ver nossa obra *Maitreya – A Luz do Novo Mundo*, Ed. IBRASA / Nova Albion, São Paulo, 1998).

B. A Mudança do Vigilante Cósmico

Por muitos anos o Senhor do Sacrifício, Sanat Kumara, esteve vigiando os rumos de nosso planeta. Agora chega a hora d'Ele partir para um novo destino cósmico, deixando o Posto terreno para o seu Sucessor, o Primogênito da Terra, o Buda Maitreya, também conhecido no Ocidente por Jesus Cristo.

É ele o grande Filho do Sol aguardado, e também o Quetzalcóatl das profecias pré-colombianas (a "estrela da manhã"), assim como o sagrado Jaguar, a divindade original destas terras. Todos estes signos representam Sinais celestes que vos auxiliarão a identificá-Lo em Sua chegada.

Chega um momento na evolução espiritual em que o Iniciado deve se enfrentar com a Morte. Isto ocorre com o indivíduo e também com a coletividade em suas iniciações raciais – o "grande Homem Planetário" –, como também com o Logos em suas iniciações cósmicas.

O Pai celeste vai voar para o Coração do Sol; ele sabe qual é o seu Destino.

Cada Iniciado que enfrenta a Morte entoa o seu canto de amor pela Terra. Se o canto for convincente e seu destino o permitir, a Morte o poupa e ele renasce naquela própria existência, ou seja, ressuscita dentre as cinzas de suas provações.

Então, através de seu canto ele permanece e também parte, empreendendo a grande Ponte à qual se destina realizar a sua iniciação cósmica, deixando as condições necessárias para a chegada do novo.

Esta é uma hora difícil para todos. O grande Ser está enfrentando a última etapa de sua Cruz Cósmica, através da qual se liberará dos antigos compromissos com este planeta.

Por isto o Canto de despedida do Grande Pai tem uma nota triste, não apenas porque deixa esta Terra à qual tanto amou e se dedicou, mas porque vê que o planeta ,está para sucumbir sob os atos da humanidade, e não pode aceitar que tanto esforço tenha sido em vão. Foram bilhões de anos que tardaram para que a vida se desenvolvesse desde as suas formas minerais. Depois outros milhões formando seres superiores, retirando-os das águas e elevando-os às alturas. Finalmente tardaram milhares de anos para que o homem pudesse obter o dom da razão e organizar a sua civilização, realizando finalmente o contato com seu Criador.

Por todo este tempo, a dedicação da Hierarquia foi imensurável. O aprendizado do homem tem exigido uma infinita paciência, e o sacrifício dos Mestres tem sido contínuo para compensar o carma gerado pelos erros humanos em seu aprendizado no uso do livre-arbítrio.

O homem recebeu por herança a Terra, tendo-lhe sido dado o poder sobre todos os reinos da Criação. No entanto, isto seria para o crescimento e não para o abuso. Toda a vida é sagrada e deve ser respeitada. A caça gratuita, a poluição, a ganância e a fome representam espetáculos que jamais estiveram nos planos de Deus. O Criador já não pode suportar a visão de tanta destruição, por isto também é chegada a hora d'Ele se aposentar.

O certo é que o homem colherá aquilo que semear. Assim como a piedade divina foi incapaz de suster as chamas sobre Sodoma e Gomorra, e como se fez necessário o Dilúvio para purificar a Terra, também agora o céu desabará sobre os povos deste planeta, se as medidas necessárias não forem tomadas. Lembrai-vos da profecia do *Xabori* yanomami: quando o último xamã morrer, o céu desabará sobre a humanidade. E é isto que está para acontecer, pela rápida destruição da camada de ozônio e o superaquecimento da Terra.

A vitória da Terra depende de cada uma das pequenas células-conscientes deste organismo planetário, que são os homens, na medida em que despertem e procurem objetivamente o auxílio superior.

Se depender apenas da humanidade, o Grande Caos que se está preparando será desencadeado, tão certo como as nuvens negras e os relâmpagos prenunciam a tempestade.

Por isto é preciso invocar as forças sagradas e redespertar os potenciais superiores da Terra. E, novamente, a humanidade ressurgirá para a luz, consciente uma vez mais que necessita de Deus acima de tudo, que a Hierarquia deve guiar os seus passos e que a vontade do Pai deve ser feita tanto no céu como na terra.

Então um novo Pacto será realizado, como fizeram Melquisedec e Abrahão, como fizeram Noé e seu Senhor, e como fizeram Jesus e os Apóstolos. E este Pacto incluirá um compromisso pela Terra, uma promessa de zelar e proteger o planeta, de trabalhar pela restauração de sua imagem original, tarefa esta que certamente ocupará muitas gerações e dará uma motivação acima de quaisquer mesquinharias.

Mas este espetáculo terrível de destruição o antigo Vigilante não ficará para assistir, seja ou não ele sustado. Todo o novo que virá também fará parte de algo que já não Lhe pertence.

Chega um momento em que o Guardião se depara não com o fracasso, mas com seus próprios limites. Então ele solicita a sua aposentadoria neste plano, e parte para tarefas maiores em outros mundos. Aqui ele já pouco tem a fazer, e sua posição deve ser ocupada pelo Buda cósmico vindouro, Maitreya. É preciso um alento renovador.

O ciclo dos Kumaras está esgotado. Nenhum Mestre verdadeiro tem sido autorizado há muitas gerações. As linhagens antigas estão todas terminadas. É chegada a hora do grande Sucessor Cósmico, o Senhor Maitreya, para receber o Cetro Cósmico das mãos de seu Antecessor. As dores de parto atuais representam também a chegada do novo Menestrel mundial.

Por isto diz o Pássaro-Trovão:

> *É em seu nome e por seu intermédio que a grande renovação será possível. Deveis saber que Ele virá fisicamente no território das Américas, onde vem se constituindo a nova Raça-Raiz.*
>
> *Meu grande Irmão o Condor-Branco vai descer das montanhas e sobrevoar as planícies, trazendo em sua sombra a esperança do Mundo. Isto é dito para que a oportunidade não vos passe desapercebida, uma vez que toda a salvação dependerá da compreensão deste fato.*

APÊNDICES

Apêndice 1

O TEMPO E O ESPAÇO SAGRADO

Os Portais Cósmicos são basicamente *umbrais de Tempo* coordenados a partir do Yoga e da Astrologia Esotérica, direcionados também a certas regiões especialmente relacionadas aos novos ciclos, como se verifica através da Geografia Sagrada. Este Espaço Sagrado diz respeito ao aspecto iniciático do Portal.

Assim, um Portal induz a uma coordenação entre Tempo e Espaço, através dos Elementos Sagrados.

A. Os Elementos Sagrados

Os Elementos sagrados comportam uma verdadeira síntese do Cosmos.

No caso do Tempo, corresponde ao processo de transformação de ciclos, através de certas Chaves Cabalísticas.

No caso do Espaço, corresponde a uma Terra sagrada – ou a isto predestinada.

No caso da humanidade, corresponde ao Avatar em especial, junto a u'a humanidade "de ouro".

A. Chaves Numéricas

Existem várias chaves numéricas que devem ser conhecidas no trabalho dos Portais. Estas são as principais:

1. Números Fractais.

Os Números Fractais são proporções simétricas ou constantes de números proporcionais: 3, 30, 300... Expressam períodos harmônicos entre si, e possuem um poder de "ressonância" conjunta. O fractal é, portanto, um verdadeiro *holograma numérico*. Por seu poder analógico, um fractal menor é um período que resume ou comprime o maior, assim como este, por sua vez, desenvolve ou estende o menor.

Isto significa que um fractal tem o poder de *representar* o outro. Para exemplificar, um fractal de 5 anos é capaz de resumir os eventos de um ciclo de 50 anos. Sob um quadro mais intenso, o mesmo fractal de 5 anos pode até resumir os eventos de um ciclo ainda maior, 500 ou 5.000 anos, mas dificilmente se considera muito esta possibilidade. No geral, trabalha-se com um único zero para obter maior eficiência. Pode-se dizer que o zero *dilui* o fractal, gerando a multiplicidade, simbolizada pelo círculo que o representa.

A Ciência dos Fractais tem muito a ver com o Carma. Temos comumente, na vida, a oportunidade de obter algo ideal e rapidamente num ciclo-síntese fractal (possivelmente através de algum esforço especial). Se perdemos isto, entramos num circuito-circular para obter os mesmos resultados, ou semelhantes – mas neste caso, os resultados visíveis podem ser menos garantidos e plenos, porque os ciclos se tornam longos.

2. Números Quadrados.

Para obter as chaves cíclicas se pode contar também com os números *quadrados*, que são aqueles múltiplos por si mesmos: 2x2=4, 3x3=9, etc. Representam uma base importante para os ritos e para a Astrologia, sobretudo a solar (exemplo: 6x6=36).

Os Portais empregam certos fractais-base de tempo e espaço, assim como certos números quadrados elementares.

3. Números Gêmeos.

Números-Gêmeos são algarismos que se repetem numa cifra de forma contígua. Por exemplo, em 122, os 22 são números-gêmeos.

O Plano dos Portais segue o ritmo básico destes números, determinado pela cifra mística 11, número-primo que agrupa o decimal.* Corresponde ao ciclo das manchas solares, que ocorrem a cada 11,3 anos, e que parece responsável pelo bio-ritmo humano. E devemos lembrar que o signo de Aquário, que é o da Nova Era, ocupa a 11ª posição no Zodíaco.

É bem conhecida a importância deste número e seus múltiplos na Tradição de Sabedoria. O 11 relaciona-se à Árvore Sefirótica (através da 11ª sefirah, *Daath*, especialmente), sobre a qual se estrutura o Plano de Shambala – ver Capítulo 3 adiante –, e determina o número de graus de certas hierarquias espirituais. O 22 é bem conhecido dos cabalistas. O 33 é familiar aos cristãos (é a "idade do Cristo") e maçons. O 44 está na base do tarô indígena e dos Arcanos Menores do Tarô cigano, relacionados aos 4 Mundos da Cabala. O 55 é familiar aos alquimistas. O 66 e o 77 são conhecidos dos astrólogos e dos profetas (no "666" do Apocalipse, nas 7 semanas de Daniel, etc.).

No Plano Geral dos Portais, o 11 se aplica sobretudo às datas 1988 e 1999, assim como, previamente, a 1977 e, posteriormente, a 2011. Não por acaso, são anos-clímax nos ciclos de manchas ou de tempestades solares, e pode-se dizer que derivam daí a sua especial "força".

Analisemos suas bases e funções.

1977: O Arcano VII é o Carro divino, que é o Avatar, de modo que marca o início da carreira espiritual do Mestre, com a formação de seu *Nirmanakaya*, o "Corpo de Manifestação" do Buda na filosofia budista, e que corresponde à esfera da Personalidade.

---

* Trata-se também do algarismo mais importante da numerologia pessoal do Avatar, gerado pela soma de seus números natais.

1988: O Arcano VIII é a Justiça, e nesta data as coisas devem ser definitivamente equilibradas, seja pelo Caos absoluto, ou pelo sacrifício expiatório de um deus, tal como ocorreu, nesta que foi a data do Portal da Cruz. Representa a formação do *Sambhogakaya*, o "Corpo de Compaixão" do Buda, que corresponde à esfera da Alma.

1999: O Arcano IX é o Ancião oculto, quando a Presença divina é revelada em sua soberania ao mundo. Representa a formação de seu *Dharmakaya*, o "Corpo da Lei" do Buda, e corresponde ao plano do Espírito. Isto encerra um ciclo completo do ritmo-11.

2011: Aqui temos a retomada e a afirmação do princípio-11, dito "A Força" no Tarô. Representa uma data terminal segundo os cômputos maias, inserindo-se no quadro dos Portais na forma de um decênio relacionado ao *Vajrakaya* ou o "Corpo de Diamante" do Buda, no pleno estabelecimento do Corpo Causal racial, pela disposição da atmosfera cultural adequada ao seu desenvolvimento superior.

O tema será mais desenvolvido nos Capítulos correspondentes.

B. A Terra Sagrada

A *Terra Sagrada* é uma região destinada a abrigar uma nova Raça ou sub-raça original.

Deve, no geral, apresentar certas peculiaridades, como elementos culturais de síntese e, no que se refere à região, aspectos climáticos equilibrados.

O aspecto cultural dá-se pela confluência de culturas no tempo e no espaço (por isto o Brasil é, modernamente, o grande modelo). As perspectivas que se abrem a partir daí podem ser imensas, pela soma de informações e caracteres obtidos. Outrossim, é preciso ter clara a necessidade da síntese interior e também exterior, no caso, através da *maestria*. A diferenciação tende a ser complicada de administrar, e é preciso um maestro que saiba coordenar a variedade para gerar a sinfonia. Um Mestre é capaz disto porque, sendo assim uno em si mesmo, ama o Todo.

A questão climática – importante por seus reflexos ambientais e psicológicos – requer idealmente uma zona de clima temperado e com estações variadas. Existem, nos hemisférios, zonas centrais que atendem a tais características, centralizadas na faixa do paralelo 30, o qual tem sediado a maioria das civilizações sagradas da História.

C. A Raça de Ouro

A Raça de Ouro constitui-se numa sociedade universalista e dirigida pelos sábios divinos.

É formada pela confluência dos povos numa região predestinada. É a matese (realização) dos processos de síntese, a quintessência cultural, o diamante que surge da pressão e do calor infernal, mas também recebendo a luz e nela revelando sua pureza e beleza.

É uma raça experimentada no frio e no fogo como o bom aço. Suas aspirações se dirigem firmemente ao Mais Alto, ao novo e ao superior, sem jamais perder o pé da terra.

Uma raça assim não poderia representar apenas uma etnia material, mas uma elite espiritual emergente em toda a parte, destinada a formar uma sociedade mundial conectada pela cultura e pelo pensamento.

Todavia, certamente existirão pólos privilegiados para isto, destinados a se tornarem centros de irradiação e peregrinação, assim como ambientes propiciatórios de grandes encontros e trabalhos. As Universidades do Espírito destinam-se a difundir a luz em cada Nova Era. Cidades especiais também devem ser criadas para abrigar pessoas com aspirações em comum e para levar a cabo um grande projeto cultural inspirado diretamente pela Hierarquia.

Este final de século caracteriza-se por esta efervescência, em meio a tantas experiências pessoais e mundiais. As bases estão sendo preparadas, pela dor, pelo conhecimento, pelo amor, pela tecnologia.

O decênio sagrado da Cúpula de Cristal destina-se a fomentar e concluir as bases para este magno processo cultural que fundamenta toda a verdadeira Idade de Ouro.

Apêndice 2

ENSAIOS SOBRE TEMPO ESCATOLÓGICO NA BÍBLIA

O *tempo* é o grande objeto focalizado pelas profecias. Os sábios antigos tinham plena certeza do Plano divino para a Criação. Não viam sentido em realizar esta Criação sem empreender um acompanhamento e sem haver por trás um Objetivo transcendente.

Nosso propósito é investigar a simbologia do tempo nas Escrituras, especialmente no Apocalipse de São João, que é um livro repleto de *chaves* cronológicas.

Muitas destas *chaves* completam-se com elementos fornecidos em outros livros da Bíblia, inclusive no Antigo Testamento. O Apocalipse, à parte sua originalidade, é também um grande resumo de símbolos e profecias, reunindo elementos dispersos e dando-lhes um sentido superior.

É claro que toda esta simbologia emprega padrões cronológicos definidos, de modo que um dos aspectos que devemos analisar aqui é o dos *padrões* usados por São João.

1. O *Millenium* ou A Grande Fórmula da Criação

Alguns conceitos são certamente esotéricos em suas origens, outros mais correntes, como a idéia de "dia". O que possibilita a compreensão é a correlação entre ambos efetuada pela Tradição. O grande exemplo é a semana de 7 dias e o ciclo sétuplo da Criação.

Afinal, a Bíblia fala muito do "dia" simbólico, e São Pedro chega a aperfeiçoar a fórmula dos Salmos 10,4:

> *"Há, contudo, uma coisa, amados, que não deveis esquecer: é que para o Senhor um dia é como mil anos, e mil anos como um dia."* (2 Pe 3,8)

Assim, tal coisa nos remete diretamente a duas cronologias algo simbólicas; o "Milênio" e o "Dia", relacionando-as entre si.

A imagem simbólica do "dia" foi empregada no Gênesis para descrever o processo da Criação em 7 "dias". Em termos de milênios, isto poderia ser comparado a 3 Eras Astrológicas, sobretudo às 3 últimas sob o ciclo religioso judaico-cristão, as quais podem ser relacionadas à Trindade, mais ou menos como empreendeu Joaquim de Fiore. Por outro lado, Pedro tem em vista o processo cristão, no caso, simbolizado pela ressurreição de Jesus Cristo, analisada na seqüência.

O Milênio é um ciclo muito exaltado nas escrituras judaico-cristãs. Ele pode ser deduzido a partir do ciclo maior de conjunções de segunda ordem de Júpiter e Saturno, chamadas *máximas* ou *climatéricas*, com um período entre 800 e 960 anos e num total entre 40 e 46 conjunções. Isto também confere a base para outro cômputo de extrema importância.

2. A Ressurreição do Cristo e a Nova Era

Também pode-se usar a fórmula milenar para compreender o tempo de ressurreição de Jesus, nos seus 3 "dias" incompletos. Transposto para milênios, poderíamos de fato chegar aos nossos dias, até porque o sepultamento não completou 3 dias, e sequer 2, na verdade, embora dividindo-se este tempo em 3 dias da semana. Analisemos isto.

O padecimento de 3 horas de Jesus deu-se entre as horas 6ª e 9ª (quando fez-se uma escuridão). Para a moderna exegese, o padrão é romano (que conta 24 horas no dia), de modo que corresponderia entre o meio-dia e as três horas da tarde (e isto pode ser relacionado a Peixes, regido por Júpiter, o 6° planeta do sistema solar). Se o padrão de tempo fosse hebreu, seria a partir do amanhecer.

Como o dia hebreu começa no final da tarde, o Sábado iniciou ali. De modo que já não se permitia empreender trabalhos. A morte de Jesus foi então apressada.

Foi apenas no final do dia hebreu, logo antes do Sábado, que Jesus expirou (por assim dizer). Aliás, a expressão "entregou o espírito", e até o "está consumado", não significam necessariamente a morte, podendo se referir a um estado de *rendição* espiritual ainda mais completo.

Segundo os Evangelhos (especialmente Mateus), isto é seguido por uma hierofania: o véu do templo se rasga em dois, a terra treme e as rochas se fendem (realmente, o momento cósmico é um divisor de águas). Para culminar, muitos santos ressuscitam, entrando na Jerusalém Celeste. Esta ressurreição coletiva segue portanto a crucificação.

Quando Maria Madalena vai no Domingo ao sepulcro e o vê vazio, é madrugada e ainda está escuro (cf. João 20,1). Com isto, temos até menos que 2 dias cronológicos, embora ocupando espaços em 3 dias da semana (tal como definimos o "fim-de-semana" no Calendário da Nova Era).

Estes dois dias incompletos representam a Era de Peixes, com cerca de 2 mil anos. O sepultamento do Cristo está simbolizado por Jonas no ventre da baleia. A Era de Peixes está regida pelo elemento água.

A ressurreição dá-se agora, às vésperas da Nova Era. Na verdade a Cruz já a anunciava através do ressurgimento dos santos. Mas a cruz se repete na Nova Era, completando-se. É a sua parte *vertical*, por assim dizer, na verdadeira Ascensão.

3. O "Século dos Séculos" e o Manvantara

No Apocalipse, o reino do Cristo deve perdurar pelos "séculos dos séculos" (11,15). A expressão é vaga, mas pode conter uma fórmula precisa. Sugerimos para isto a expressão "século de séculos". Ou seja, trata-se da fórmula 100x100 anos, totalizando 10 mil anos. Este seria o tempo aproximado da Ronda mundial.

Mas existem outras considerações. Serge R. de la Ferrière emprega por vezes o ciclo de 12 mil anos para uma Raça-raiz. Este é também um dos cômputos tradicionais para a medida do *Kalpa* ou do *Manvantara* hindu. Maitreya vem de fato abrir uma nova Ronda mundial, na Era de Aquário, quando um novo *arco* sideral do Zodíaco inicia, na etapa cósmica setenária. Este é o arco que o Logos-ginete traz nas mãos (Ap 6,2), ou o arco-íris sobre o qual o Cristo é colocado nas hierofanias (Ezequiel, Apocalipse), o mesmo significado da cimitarra do Kalki Avatar nos Puranas.

4. A "Meia-Hora de Silêncio"

Outro elemento importante é o silêncio de "meia hora" descrito em Ap 8,1. Isto ocorre quando o Cordeiro abre o "sétimo selo" do Livro sagrado. O momento solene é descrito como "meia-hora de silêncio". É natural o repouso neste momento. Notavelmente, a Criação foi feita em 6 dias e no 7° Deus descansou. Assim, este 7° dia também pode ser identificado à "meia-hora de silêncio".

O que devemos todavia avaliar é o conteúdo desta meia-hora – o qual pode ter várias aplicações, necessitando resgatar porém o seu *padrão original*.

Consideremos, para isto, que para os povos mesopotâmicos o dia não tinha 24 horas, mas sim 12. Isto permite, é claro, correlações astrológicas especiais, posto que o Zodíaco-padrão tem 12 signos. Qual o elo de ligação entre este dia e o Zodíaco? É, justamente, a Lua, que percorre o Zodíaco completo no período aproximado de um dia. Estes povos tinham realmente a

Lua em alta conta na elaboração de seus calendários, empregando normalmente calendários soli-lunares. Também era muito comum entre os antigos, como entre os hebreus, o emprego de dois calendários paralelos, um cultural ou sagrado e outro agrícola ou profano.

Deste modo, o dia de São João possuía 12 divisões. Mas o Zodíaco permanecia igual ao atual, com 360 graus. Assim, cada hora reunia 60°. Esta fração representa por isto uma das mais importantes bases para os cômputos dos povos orientais, inclusive ciclos mais esotéricos.

Pois bem; não é difícil relacionar estes 60 graus a *minutos* de tempo, divisões imediatas da hora local. O calendário cristão empregou este mesmo padrão matemático, apesar de ter expandido as horas para um total de 24, adotando a numerologia romana, embora não as correlações matemáticas exatas, posto que o dia romano começava ao amanhecer. Pode-se com isto até pensar que os antigos eram mais sábios e sua cronologia mais sagrada, até porque os cristãos, temerosos da "idolatria", geralmente desprezaram as ciências secretas do tempo, apesar de empregá-las em suas profecias. A tentativa de trocar os nomes dos dias retirando os vínculos astrológicos, foi significativa, como também foi o fracasso generalizado desta proposta, que vingou apenas em Portugal.

Vimos que a hora hebraica teria 60 minutos – tudo em correlação exata com o Zodíaco lunar. Assim, a analogia de "meia-hora" seria de 30 minutos. Se o padrão é romano (e portanto similar ao cristão atual), a "meia-hora" tem 60 minutos, em relação ao anterior. Dessa forma, a hora hebraica tem 120 minutos romanos.

O calendário moderno "romanizado" tem 1440 minutos de tempo por dia. Mas o hebreu teria apenas 720 minutos romanos "duplos", análogo portanto ao padrão de 72 dias por grau de arco zodiacal (o *Telektonom* apresenta 72 divisões internas no circuito Terra-Urano). O Apocalipse vale-se muito da base 144, mas também a divide. De fato, tudo isto indica uma busca pela harmonia entre os dois mundos, como seria a tarefa histórica da Europa e do Oriente Médio, simbolizada no encontro entre Roma e Israel.

Sem dúvida, o primeiro pensamento que nos vem à mente, é sobre a grande ousadia daqueles que tentaram manipular os padrões de tempo, correndo o risco de alterar os cálculos e as medidas das profecias.

Porém, também seria possível encontrar correlações sagradas com o novo padrão cronológico, que é o romano, e o Livro do Apocalipse contém mais de uma vez o número 24, de forma direta ou indireta. Tal coisa também encontra paralelo no Cosmos, de modo que não se pode dizer que *foge* a um padrão tradicional.

Todavia, não devemos perder de vista o padrão que ainda era empregado por São João na elaboração de sua profecia, e que era aquele do universo cultural conhecido, e quem sabe, ao mesmo tempo vislumbrar uma adaptação do quadro ao novo esquema cristão de tempo – o que não deixa de ter seus riscos.

5. A "Chave 49" ou as "Setenta Semanas" de Daniel

No Livro de Daniel, o profeta anuncia o verdadeiro ciclo da cultura judaica. Em seu exílio na Babilônia, o profeta declara que buscava compreender "o número de anos que, segundo a palavra do Senhor ao profeta Jeremias, haviam de completar-se sobre as ruínas de Jerusalém". Já havia passado os setenta anos preditos pelo grande profeta. Que mistérios pairavam então?

Daniel reza intensamente e, como resposta, o Arcanjo Gabriel é enviado para lhe instruir. A chave é esta: 70 *semanas*, e não anos. A economia do processo é bem explicada: 62 semanas (434 anos) de reconstruções em tempos difíceis, seguida pela chegada de um Ungido que é sacrificado, e por uma semana na qual realizam-se alianças. Também por "meia-semana" suspende-se o sacrifício no Templo, ficando em seu lugar a "abominação da desolação". Esta "abominação" costuma ser identificada aos ídolos pagãos, mas, esotericamente corresponde ao sacrifício *pessoal* do Ungido, que se mantém em estado desolador – a suprema injustiça. Nada pode haver de tão abominável como colocar o Filho de Deus na mais absoluta desgraça física, moral e espiritual: "Pai, por que me abandonaste?" No entanto, isto é necessário, por compaixão ao mundo, para salvá-lo. É como os 3 dias de sepultura do Cristo, que de fato corresponderia a 3 anos, no que diz respeito ao seu processo individual de cura, ou até a 3 mil anos do ponto de vista racial.

Existe um ciclo cultural de 4.900 anos, *macro-racial*. O de Daniel, *sub-racial*, é de 7x70=490 anos. Este ciclo está muito presente na história de Israel, marcando o ritmo de reconstruções do Templo.

O Templo simboliza a Alma, e a alma tem os seus ciclos. Uma raça-raiz e suas sub-raças representam humanidades destinadas a gerar escalões de consciência superior. Estas "raças eleitas" têm seus períodos matematicamente determinados.

Trata-se então de um ciclo cármico. Por isto, quando Jesus foi perguntado se perdoar 7 vezes era o ideal, respondeu que não, o melhor seria "setenta vezes sete". Em 500 anos expira um ciclo sub-racial. Os Mestres sempre dão uma visão ampla e grupal para as coisas. Os incas chamam o ciclo de 500 de *Pachacuti*, e os maias denominam *Kaltun* ao seu ciclo de 520 anos.

Qual a base matemática deste ciclo? Bastaria o fato de ser ele uma analogia do ciclo solar de 5 mil anos. Existem porém outras considerações.

Daniel era um estudante caldeu (Dn 9,2), de modo que conhecia as efemérides caldaicas. Sabe-se que os caldeus empreendiam uma correlação quase exata entre 490 anos lunares e 475 anos solares, quando eram feitas as correções calendáricas. Este período corresponde também a 24 conjunções climatéricas dos Cronocratores.

Por extensão, instituiu-se o Jubileu a cada 50 anos, quando não se trabalhava a terra, que até era redistribuída entre a população. Os pré-colombianos observavam um jubileu idêntico, a cada 52 anos, quando se desfaziam de suas coisas.

Uma outra famosa visão de Daniel, também com elementos astrológicos, determina o tempo de "2.300 tardes e manhãs" (8,14), em que o santuário permaneceria desolado. Ora, este é semelhante ao ciclo da Era Astrológica, 2.160 anos (por vezes registrada como 2.300 por Alice A. Bailey). Aliás, segundo Nicholas Devores, a data na qual Daniel situa o começo das "setenta semanas", e para a reconstrução do Templo em 444 a.C., coincide praticamente com uma conjunção de Júpiter-Saturno.

6. Os 40 anos de Êxodo no Deserto

40 é um número-padrão dos mais citados nas Escrituras. 40 dias foi o tempo que durou o Dilúvio, e em que a Arca de Noé navegou sobre as águas. Foi também o número de anos que o povo de Israel vagou pelo deserto – e isto sem qualquer necessidade aparente, posto que 3 anos eram suficientes para alcançar a Galiléia. Moisés teria retido o povo a fim de prepará-lo para outras coisas, provando-o, educando-o e até ensinando-o a lutar, o que era necessário para tomar a nova terra. Além disto, deveria punir aquele povo idólatra que recusara as Tábuas da Lei originais.

Este foi um processo racial, mas, de certa forma, Jesus fez isto no deserto com seu jejum de 40 dias, mas também observou um ciclo de 40 anos para maiores realizações. No Apocalipse, a mulher divina vaga no deserto por 1260 dias, que é uma variante para 42 meses.

40 dias também ficou Jonas no mar antes de naufragar. No Apocalipse, o Templo fica 42 meses entregue às nações. O processo oculta o ciclo de provações do próprio Microcosmo, o Cristo.

42 é a metade de 84, o ciclo de Urano. É análogo portanto ao 36, metade de 72 (um grau ou dia no Ano Cósmico), assim como a 33 enquanto metade de 66 (da chave "666" do Apocalipse). Expressam esferas ou órbitas de culminação, sendo a de 42 a mais elevada, um verdadeiro "círculo não-se-passa" dentro das etapas preparatórias de ciclos completos que expressam o Microcosmo. O *Bodhisatwa* Jesus foi liberado aos 33 anos: é a Pequena Cruz (7ª Iniciação). O *Buda* Gautama foi liberado aos 36 anos: é a Cruz Média (9ª Iniciação, donde seu "Caminho-do-Meio"). E o *Adi-Buda* Maitreya o será apenas aos 42: é a Grande Cruz (11ª Iniciação) – ver mais sobre o tema no Apêndice seguinte.

Vimos que o número 40 também se relaciona às conjunções

dos Cronocratores, num período de 800 anos, chamado ciclo-máximo ou climatérico, o que relaciona o 40 ao Milênio.

Neste aspecto, o Apocalipse apresenta no Capítulo 11 a descrição de três variantes para um mesmo período expiatório: 1260 dias, 3,5 anos e 42 meses. O que significam estas variações? Relacionam-se, entre outras coisas, aos mesmos 33, 36 e 42 anos crísticos, alusivas a esferas alternativas de trabalho avatárico.

7. Os 12 Anos do Menino Jesus

Doze é também um número sagrado na Bíblia, a partir das 12 Tribos de Israel, derivadas dos 12 filhos de Jacó, bisnetos de Abrahão.

Jesus teve 12 apóstolos. O templo de Ezequiel enaltece esta numerologia, e o Apocalipse de São João a enumera várias vezes – como nas 12 estrelas que cercam a Mãe divina no capítulo 12 e nas medidas da Jerusalém Celeste –, inclusive o quadrado (144), e também os pares (24).

Na vida de Jesus Cristo temos um episódio onde, aos 12 anos de idade, Jesus se dirige ao Templo para ensinar aos Doutores da Lei. Este é apenas mais um elemento mitológico, pois a verdade reside em aspectos esotéricos. O fato é que se trata de uma idade simbólica, relacionada a um ciclo místico.

Sabemos que Júpiter é o planeta da espiritualidade. O ciclo ou a revolução de Júpiter é de 12 anos, e é esta correspondência que vale para determinar o *Padrão-Áureo* evolutivo do Microcosmo, o qual todo Avatar deve percorrer.

O começo deste ciclo não está diretamente indicado na Bíblia, embora na biografia de outros avatares esteja bem codificado. Na Bíblia ele pode ser deduzido pelo seu fim. Observe-se que a chamada "missão pública" de Jesus tem início aos 30 anos, e é esta a idade em questão. De modo que 30-12=18. Ou seja: Jesus percorreu 12 anos de buscas espirituais, após seu nascimento *espiritual* aos 18 anos de idade, culminando com sua crucificação *simbólica* aos 30 (o registro da cruz aos 33 anos é mais um equívoco, pois esta data já inclui os 3 dias de sepultura *simbólica* – ver item seguinte). E isto coincide com as biografias de outros avatares, como Krishna, Buda e Osíris.

São 12 chakras do coração, como são 12 anos para chegar a iluminar este centro, na 4ª Iniciação. O 12 é também o Zodíaco, que traz a formação da Personalidade espiritual.

8. Os 30 anos do Cristo, o Dragão e a Estrela de Belém

O ciclo de 30 anos corresponde à revolução de Saturno, o planeta das grandes provas e da cruz. Esta é portanto a verdadeira idade da crucificação esotérica no Microcosmo. E é um grave contra-senso que um Avatar apresente uma lei espiritual antes de passar por estas grandes provas, as únicas que podem tornar alguém mais que um homem.

Mas, com isto, quando o Cristo faz 30 anos, ele na verdade está *reunindo* ambos os ciclos em si, e realiza com isto uma conjunção esotérica dos dois Cronocratores. Isto corresponde à chamada "Estrela de Belém", que anuncia a chegada do filho de Deus. Simboliza a necessidade das duas dimensões, a psíquica e a terrena, para a construção de algo maior. O resultado é a conquista do nível mental, o terceiro princípio, através da resultante condição de Adepto.

Tudo isto deve ser correspondido com "sinais" visíveis também no exterior, tal como exigiram os fariseus de Jesus. A conjunção astronômica se dá a cada 20 anos. Ela ocorre no começo da carreira *espiritual* do Avatar, em seu nascimento místico, e não no físico. Ultimamente, ela ocorreu nos anos de 1980/81, daí ter Alice A. Bailey anunciado corretamente este momento como a chegada (espiritual) do Cristo. Voltará a acontecer após o ano 2000, trazendo os frutos deste processo.

A analogia material/astronômica com a espiritual/astrológica, confere duas dimensões de trabalhos, assim como dois níveis de interpretação da biografia sagrada. A primeira corresponde à "Chave de Prata" e a segunda à "Chave de Ouro", conforme o Tibetano.

O Dragão que persegue a Mulher em Apocalipse 12 pode representar isto. As 12 estrelas que cercam a cabeça da Mulher correspondem, entre outras coisas, ao Zodíaco (solar ou joviano).

O Dragão-Zodíaco costuma ser simbolizado pela água. O Dragão é também um símbolo do Adepto em suas contradições e crises iniciáticas. A descrição cosmológica em questão se presta a várias interpretações, como elementos geográficos, mas também representa um verdadeiro *horóscopo*.

Como Jacó, o Dragão-Adepto luta contra o anjo do destino. Ele quer vencer a situação a qualquer preço, mas fracassa e fica ferido. É expulso, e então já não há nenhum lugar seguro no céu para ele.

9. O Ano Proto-Cristão

De passagem, cabe lembrar que o ano dos primeiros cristãos estava baseado nos calendários existentes, seja o judaico, o babilônico ou o romano. Por isto certos cálculos que apenas devem ser feitos no "final dos tempos" (ou seja: em nossos dias), devem ter em conta os calendários da época.

Se pensarmos que o Calendário cristão sofreu drásticas reformas ao longo de sua história, inclusive com deformações bastante conhecidas, podemos realmente nos assustar. Mas este é um cálculo mais amplo.

Para certos efeitos, limitamo-nos a observar que o ano religioso dos judeus iniciava em Março, na Primavera (e o ano civil no Outono), sendo portanto de fundo *Zodiacal*. Resquícios disto nos dá também o calendário romano, cuja nomenclatura "ordinal" ainda permanece em alguns meses: Setembro, Outubro, Novembro e Dezembro. Mais tarde o calendário romano sofreu influências persas e se tornou Solsticial, iniciando em Janeiro, padrão este legado à cristandade.

10. Os 33 anos do Cristo e a Chave "666"

Já afirmamos que os 33 anos incluem os 3 dias de sepultura simbólica do Avatar, o momento em que o Mestre alcança a condição Avatárica. Ali ele elabora a sua Lei. Nos Evangelhos, Jesus apresenta sua Mensagem antes sequer de ter sido crucificado! Isto deixa vago o significado de sua ressurreição. O Buda começou sua pregação somente aos 36 anos, após ter se credenciado superiormente com a *Iluminação*, mas certamente havia codificado seu Dharma bem antes, posto que através dele se iluminara (aos 29 anos), segundo se diz, embora não pudesse tê-lo formalizado ainda. Na verdade, certos elementos da Regra disciplular contemplados no Dharma não podem ser os mesmos da Via Crucis pela qual passa o Avatar.

Jesus, com certeza, não codificou a sua Lei antes dos 33 anos, época de sua Ascensão iniciática, ou seja, a liberação da Cruz esotérica. Quanto à Maitreya, sabemos que elaborou seu Dharma aos 33 anos', embora apenas o tenha completado aos 38 anos.

O quaternário da cruz corresponde, entre outras coisas, a 4 anos (as idades de 30, 31, 32 e 33 anos), assim como as 4 iniciações (os graus de 4º, 5º, 6º e 7º). 33 é um número muito importante na Cabala, por ser 10+22(+1). A Maçonaria o emprega para enumerar suas iniciações.

A Chave-666 pode ser muito esotérica e possui várias derivações. Entre outras coisas, expressa um ritmo, e aqui apenas diremos que se relaciona à proporção "1/3" tão mencionada nas Escrituras, sendo ainda o valor oculto da "Estrela de Belém", esotericamente entendida. A exposição de São João faz com que pareça maldito o "número da Besta", que é um "número de homem". É muito perigoso ao profano interpretar as profecias – e até as Escrituras em geral –, porque elas contêm alegorias impensáveis. Vimos como o Dragão pode representar o próprio Messias, e o faz realmente em muitas tradições.

A chave ternária relaciona-se, como vimos, com a idade de 33 anos de Jesus, trazendo a conquista da condição Avatárica. 33+66 resulta em 99, que é a Totalidade, onde o 33 é a parte visível e o 66 a oculta. Neste aspecto pode-se dizer que 666 é um símbolo alusivo ao poder do Avatar em gerar um vórtice final de tempo-energia, terminando o ciclo antigo, pelo reaproveitamento alquímico de todas as energias, dando lugar a um novo universo. É o que denomina-se "pôr em movimento a Roda do Dharma"... Diz por isto o Livro do Dharma: *"... o Dharma é um Portal transdimensional de tempo sagrado e energia harmoniosa gerado pelas iniciações cósmicas do Avatar."* No Apocalipse, corresponde àquele momento em que o Anjo do Arco-Íris declara, sob solene juramento: *"Já não haverá mais tempo"* (10, 6). Paradoxalmente, seguem as narrativas, inclusive cronológicas, pois o "tempo" extinto é antes de ordem *espiritual.*

O Avatar tem no mínimo 7 iniciações, podendo chegar a 10 no mesmo período, e até 14 num total (donde as 14 "divisões" de Osíris). O que determina sua grandeza é a extensão da cruz que assume, assim como a natureza de sua Missão. Por isto o Apocalipse menciona tanto o número 7 como o 10, relacionados à Besta e ao Dragão, que são símbolos da condição "maldita" do Avatar sob o carma expiatório do mundo, assim como do trabalho aparentemente autônomo e "luciférico" que realiza, posto que sua missão é a de renovar todas as coisas a partir de si mesmo, posto que, na proporção de seu trabalho, inexiste no mundo uma Ordem regular para auxiliar seus passos, obrigando-o a seguir a *autóctone Via Crucis.*

A "Besta" tem 7 cabeças e 10 chifres. O Avatar tem 10 Iniciações, sendo que 7 delas recebe após a iluminação: 4ª, 5ª, 6ª, 7ª, 8ª, 9ª e 10ª. Esta é a visão *solar* do candelabro sagrado, que é também apresentado como possuindo 7 canais para cada lâmpada, num total de 49. Pois esta é a soma dos 7 números iniciáticos-solares, e remonta novamente à Chave de Daniel, as "Setenta semanas".

Como o Avatar, a "Besta" é apresentada mortalmente ferida numa de suas sete cabeças, e como o Avatar ela também se cura. Cabe observar que a "Besta" adquire poder para agir por 42 meses, que é o mesmo tempo dado às nações para pisar a Cidade santa, sendo também o tempo em que prevalece a "abominação da desolação". Isto se refere portanto ao período mais largo de expiações.

Entre os 30 e os 33 anos há 3 anos, mas também existem 3 anos até os 36. E mais 6 anos até os 42 anos. Estas estações estão descritas no Apocalipse através de expressões como "um tempo, tempos e metade de um tempo" (Ap 12,14), bem como em Daniel.

Cada missão tem um período *expiatório*, proporcional à sua

extensão. A cruz de Jesus foi a pequena, que o liberou aos 33 anos. A cruz de Gautama foi média, liberando-o aos 36 anos. E a cruz de Maitreya é a maior, liberando-o somente entre os 39 e 42 anos (é a "cruz completa" ou "perfeita", sendo o 40 uma projeção do 4, a cruz). "O átrio externo do Templo foi entregue às nações, que durante 42 meses calcarão aos pés a Cidade santa" (Ap 11,2). Este verdadeiro "período de carência" destina-se a auxiliar a humanidade, que assim tem mais tempo para se preparar. O Mestre trabalha calado e na sua dor. Nisto, os profetas devem realizar a sua parte. "Às minhas duas testemunhas, porém, permitirei que profetizem, vestidas de saco, durante 1.260 dias" (Ap 11,3). São 3,5 anos, *período que falta para o ano 2001* (ingresso do novo Milênio) desde a data em que escrevemos.

Temos portanto aqui *sinais* a nível dos três Centros:

1. "O Templo" .... Shambala
2. "As Testemunhas" .... Hierarquia
3. "Os Inocentes" .... Humanidade

Tecnicamente, um trabalhador pode até nem pertencer a um dado Centro, mas, se por uma especial disposição interior ele assume compromissos a este nível, então poderá galgar rapidamente os degraus. Estas são as vantagens do verdadeiro contato hierárquico, pois permite adquirir uma nova perspectiva das coisas, na medida em que se faz da visão do Mestre a própria visão.

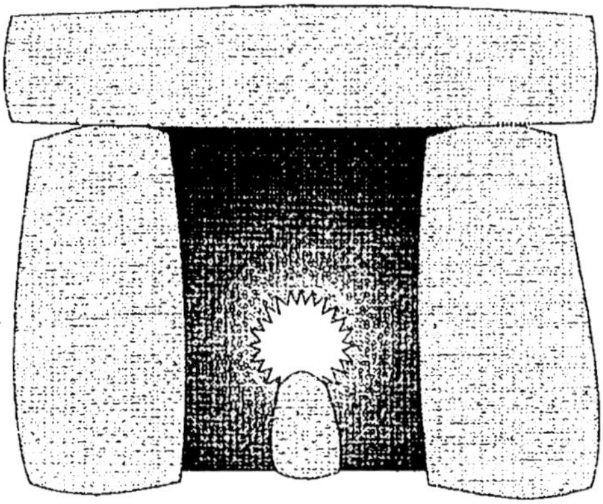

Porta Solar de Stonehenge, Inglaterra.

Apêndice 3

RESUMO DO TRABALHO DE QUETZALCÓATL

Ao longo de toda a nossa participação nos grandes movimentos de Abertura de Portais de Tempo ocorridos neste final de século, temos procurado demonstrar que existe uma complementaridade entre as energias das duas grandes áreas continentais que compõem a *Grande Amerrikua* ("País dos Ventos", em maya), ao Sul e ao Norte do Equador.

Em termos gerais, isto se dá no sentido de que a América do Norte participa com a *Forma* – aspecto exotérico; Arcano 5 – e a América do Sul integra a *Essência* – aspecto esotérico; Arcano 7. Sabidamente, estes Arcanos integram o Calendário Lunar e o Calendário Solar.

É claro que cada parte comporta ambas as dimensões (o 12+12 da Jerusalém Celeste), mas com ênfase sobre um dos aspectos, de modo que apenas a sua integração proporciona a Verdade universal e o efeito desejado.

Estas duas regiões são responsáveis pela conclusão do Plano divino para a Raça Árya e, ao mesmo tempo, pela implantação da nova Sexta Raça-Raiz. Isto se explica pelo fato de representarem aquilo que Alice A. Bailey denominou como "as duas Sub-Raças sintetizadoras", sendo a do Norte a Sexta Sub-Raça Árya, e a do Sul a Sétima Sub-Raça Árya. Esta verdadeira Geografia Sagrada pode ser entendida nos termos de Geometria Sagrada. Consideremos que o símbolo da Sexta Sub-Raça é a Estrela de Salomão, emblema da Forma universal perfeita e acabada, a reunião de todas as dimensões do cosmos. Sua integração, todavia, se dá apenas através do Setenário, cujo símbolo apenas é obtido colocando o Ponto no centro do símbolo anterior, representando a centralização, a Unidade e a Síntese. Compreende-se assim que o cânone setenário tão em voga alude especialmente à América do Sul, na qual praticamente todos os grandes Mensageiros da Nova Era focalizam o verdadeiro coração do Novo Mundo (o Norte poderia ser o seu cérebro, formando a mencionada polaridade). Mas este símbolo setenário, que é essencialmente o Ponto sagrado, é a própria expressão da Unidade. Daí que no prospecto de divulgação do Portal 11:11, a mensageira Solara declarou que apenas Um poderia passar pelo Portal. Esta Unidade podia ser externamente entendida como o Grupo unificado, mas, ao mesmo tempo, tratava-se do próprio Cristo, a Unidade cósmica perfeita. Prover este aspecto oculto Supremo tem sido a grande tarefa da América do Sul para o Novo Mundo (como disse Blavatsky, Maitreya se encarnaria na Sétima sub-raça *áurea*). O Norte tem contribuído com seus Mensageiros e arautos, assim como com a massa humana espiritual, completando o plano da Profecia (ver Apocalipse, Cap. 11).

Esta revelação é feita em função da necessidade de se identificar e reconhecer a Fonte de Luz para os trabalhos espirituais, pois de outra forma esses trabalhos permanecem apenas como as vozes isoladas de Babel, sem legitimidade, unidade e profundidade. É preciso encontrar o coração de Hunab Ku e a origem da cruz de Pacal Votan. "Em nome desta Cruz vencereis", dizia o sonho a Constantino antes da batalha vitoriosa que daria origem à Civilização cristã.

O que segue é uma análise deste quadro através dos grandes Eventos espirituais já ocorridos neste final de século, os chamados Portais.

1. Convergência Harmônica (1987) .... Ascensão à Cruz

Houve certos eventos mundiais preparatórios. Mas com a Convergência Harmônica de 1987, coordenada por Macaco Galático (José Argüelles), a demanda espiritual e a aspiração coletiva dos discípulos da Luz alcançaram reunir a energia necessária para potencializar a Iluminação do Mago Cósmico Branco-Quetzalcóatl (LAWS) no ano seguinte (1988), sob a cruz convergente do Novo Mundo, no chamado *Portal da Cruz.* Através deste Portal, saldou-se boa parte do carma planetário, resultando na convergência (reunificação) do mundo, com a queda do Muro de Berlim (1989). A união destes dois eventos, que trouxeram luz oculta e esperança concreta ao mundo, redespertou a humanidade maciçamente para a necessidade de salvar a Terra (resultaria no Primeiro Encontro de Cúpula para o Meio Ambiente, no Rio de Janeiro, no Portal seguinte). Este primeiro Evento proporcionou a coroação da Humanidade como um Centro espiritual historicamente operante, suscitando os 144.000 eleitos. O Mensageiro publicou em *A Arte da Unidade* uma síntese de ciência alquímica para estes novos Iniciados da Nova Era.

2. Portal 11:11 (1992) .... os 1.260 dias (Ap 11,3)

Assim está escrito: três anos após a Cruz, a ressurreição na Glória divina. Estes são os 1260 dias mencionados na Profecia. 1992 foi o ano do grande Evento transdimensional chamado "Portal 11:11". Tratava-se na realidade de um Evento Crístico, destinado a estabelecer a *Cúpula de Cristal,* ou seja, o padrão de energia crística na Terra, em termos reais e "concretos", pela manifestação do próprio Cristo, conforme havia sido comunicado pela Hierarquia. Na década de 50 Bailey transmitiu o decreto hierárquico no sentido de que o Cristo viria ao mundo "em torno de 1980", e nisto foi precisa, sendo o Portal 11:11 a sua confirmação histórica. Sabe-se que a Maestria do Cristo (simbolizada ao ensinar no Templo os doutores da Lei) foi obtida nos seus 12 anos *iniciáticos.* Isto corresponde às datas conferidas, 1980-1992. Na época, o Mensageiro também recebeu a *Chave*

Triangular Dimensional para acionar internamente o Portal (vide a respeito na obra *Terra 2001 – A Cúpula de Cristal*) e liberar as energias da Quarta Dimensão no *Rito de Turya*. Era a chegada *oficial* de Quetzalcóatl, embora ainda discreta e oculta, e o início da manifestação da Hierarquia. Com isto o Mensageiro deu início a um intenso processo de publicações preparatórias.

3. Portal 13:20 (1995) .... os 3,5 "dias" (Ap 11,9)

Outros três anos e meio após (são os 3,5 "dias" da profecia), a Ascensão na Luz. Como se lê na biografia de Gautama, um Buda apenas se acha realmente *liberado* aos 36 anos, período que é metade da Unidade de tempo sideral de 72 Anos (um grau do Grande Ano de Platão), e que representa a etapa *formativa* do Microcosmo perfeito, seguida pela etapa *expressiva*. O Mensageiro nasceu em 1959, ano da desocupação do Trono do Tibet (fuga do Dalai Lama) e da extinção oficial das Dinastias espirituais do Oriente, e portanto do Dharma de Gautama (o Tibet era oficialmente o baluarte da Tradição para o mundo, simbolizada através da Teocracia, onde Deus governa o mundo através de seus Representantes). Em 1995, Maitreya alcançou sua idade búdica, por assim dizer, dando início aos trabalhos preliminares de revelação do Dharma. No evento de implantação do Calendário Sagrado (através do "Lunar"), demonstrou que todo o Portal tem uma Essência esotérica; sendo finalmente externalizada a participação esotérica da energia meridional no Processo. Revelou-se então como o Grande Maia, o grande Mago. O Mensageiro também conferiu o *Decreto do Povo do Arco-Íris* para abrir o Portal sagrado e ser usado no *Rito de Ascensão Racial*. Com este novo Momento estava oficialmente liberada a energia de Shambala no mundo.

Através destes três Eventos-Portais, deu-se também a progressiva união entre os três grandes Centros planetários: Humanidade, Hierarquia e Shambala, da seguinte forma:

1. Convergência Harmônica (1987): uniu a Humanidade à Hierarquia.
2. Portal 11:11 (1992): uniu a Hierarquia à Shambala.
3. Portal 13:20 (1995): uniu a Humanidade à Shambala.

Estas três combinações não representam todavia o Fim do processo, pois apenas potencializam a Unidade final, correspondente ao Ponto central-setenário. É preciso que tudo isto se integre ainda de forma tríplice, consciente e universal, conforme a unidade dos 3 ciclos do Novo Mundo, reunidos num quarto: Nova Era, Nova Raça e Novo Ashram, dentro da Nova Ronda. Isto nos levará a um supremo Momento espiritual chamado o "Portal do Reino", em 2001, após a conclusão das 7 Profecias da Vitória.

4. O Portal do Reino (2001) .... Os 42 "meses" (Ap 11,2)

Para que a Sagrada Tradição esteja plenamente restaurada no Novo Mundo, cabe a Integração final entre todos os três Centros planetários, a ocorrer no grande Evento espiritual de 2001, através do Supremo Sínodo de Chohans que dará abertura oficial ao Novo Mundo. Isto trará a oficialização do Reino de Deus na Terra. O Centro mundial para isto já está definido, e corresponde ao Centro solar da América do Sul, coração do subcontinente onde se reúnem as Quatro Raças, junto às Duas Almas herdadas, a portuguesa e a hispânica. O Mensageiro terá então os 42 "meses" (anos) da Profecia (42 é a metade de 84, o ciclo de Urano, planeta regente da Nova Era).*

* Nesta descrição, realizada em 1997, não se inclui o Portal do Sol, anunciando a possibilidade de permanecer este Portal algo oculto, como reflexo de vir a acumular as energias de Daath.

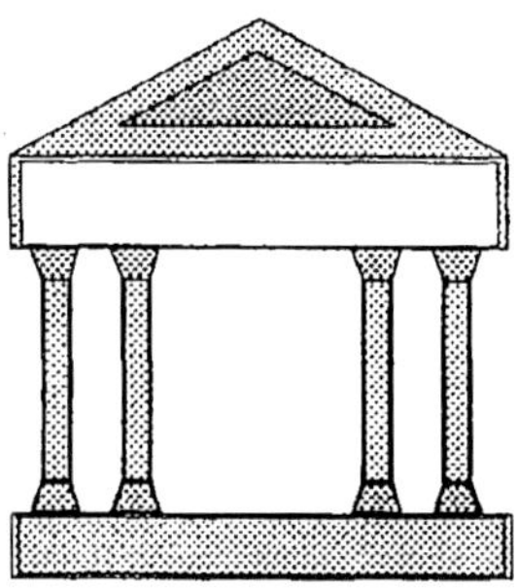

BIBLIOGRAFIA

AMRARA, SOLARA ANTARA – *11:11 – A Abertura de um Portal Cósmico*, Fraternidade Pax Universal, 1992.

ARGÜELLES, JOSÉ – *O Encantamento do Sonho – A Viagem da Nave do Tempo, A Terra 2.013*.

— *A Ascensão da Terra* (polígrafo).

— *O Fator Maia – Um caminho Além da Tecnologia*, Ed. Pensamento, SP.

— *O Telektonon* (curso).

BAILEY, ALICE A. – *Tratado Sobre Fuego Cosmico*, Ed. Kier, Bs. Aires.

— *Cartas Sobre Meditação Ocultista*, FEEU, P. Alegre, 1977.

— *Telepatia e o Veículo Etérico*, F. C. Avatar, 1986, RJ.

— *Los Rayos y las Iniciaciones*, Ed. Kier, Bs. Aires.

— *Astrologia Esoterica*, Ed. Kier, Bs. Aires.

— *La Exteriorización de la Jerarquia*, Ed. Kier, Bs. Aires.

— *Iniciação Humana e Solar*, F. C. Avatar, RJ.

— *Psicologia Esoterica*, Vol I, F. C. Avatar, RJ.

BLAVATSKY, H. P. – *A Doutrina Secreta*, Ed. Pensamento, SP.

— *Glossário Teosofico*, Ed. Kier.

BRODA, JOHANNA (ORG.) – *Arqueoastronomia y Etnoastronomia en Mesoamérica*, Universidade Nacional Autônoma de México.

CASTAÑEDA, CARLOS – *O Fogo Interior*, Ed. Record.

IBARRA GRASSO, DICK EDGAR – *La Ciencia Antigua y los Zodíacos del Viejo Mundo y América*, Ed. Kier, 1995.

— *La Verdadera Interpretacion del Calendário Azteca*, Kier, 1986.

MASCHEVILLE, EMMA COSTET DE – *Luz e Sombra – Elementos Básicos de Astrologia*, Ed. Hipocampo, RJ, 1991.

MÜLLER, MAX – *Mitologia Egípcia*, Edicomunicaciones, Barcelona.

Piña Chan, Román – *Historia, Arqueología y Arte Prebispánico*, Fondo de Cultura Económica, México.

Raynaud de la Ferrière, Serge – *Hacia una Edad de Paz: Teocracia y Tibet.*

Roerich, Helena – *Folhas do jardim de Morya*, I, F. C. Avatar, RJ.

— *Folhas do jardim de Morya*, II, F. C. Avatar, RJ.

Rudhyar, Dane – *Uma Mandala Astrológica*, Ed. Pensamento, SP.

— *Astrologia da Personalidade*, Ed. Pensamento, SP.

Rundle Clark, T. – *Símbolos e Mitos do Antigo Egito*, Ed. Hemus, SP.

Salvi, Luís A. W. – *A Idade do Diamante e a Geração-Hamsa.*

— *O Calendário da Nova Era – Nova Síntese da Ciência do Tempo.*

— *A Iniciação – O Plano da Hierarquia*, Ed. Agartha, 1995.

— *Shambhala – O Retorno à Ocidentalidade*, Ed. Agartha.

— *Nova Albion – A Emergência de uma Nova Civilização de Luz.*

— *A Nova Sociedade Solar – O Governo Internacional.*

— *A Igreja do Novo Mundo.*

— *O Evangelho da Natureza.*

— *Maitreya – A Luz do Novo Mundo*, IBRASA/N. Albion, 1998.

— *Tushita – O Dharma do Arco-Íris de Maitreya Buda,* IBRASA/N. Albion, 1999.

— *Jornal Paralelo ॐ – A Cultura da Idade de Ouro*, FEEU, P. A.

— *Revista Órion de Ciência Astrológica*, FEEU, P. Alegre.

Saint-Yves d'Alveydre – *La Mission de la Índia*, Luís Carcamo Ed., Barcelona.

Schwaller de Lubicz, R. A. – *Le Roi de la Théocratie Pharaonique*, Flammarion, Paris, 1961.

Schwarz, Fernando – *Geografia Sagrada del Egipto Antiguo*, Errepar, B. Aires, 1996.

Thot, Max – *As Profecias das Pirâmides*, Ed. Record, RJ, 1979.

Obras de Luís A. W. Salvi

A Iniciação da Raça
A Arte da Unidade – *Ocultismo Prático*
O Livro dos Códices – *Estudos Sobre Astrologia Pré-Colombiana*
O Retorno à Tradição Perene (em 3 Volumes: I. Os Mistérios Antigos, II. O Primado de Sophia, III. O Testamento Eterno)
A Idade do Diamante e a Geração-Hamsa
O Pacto do Arco-Íris – *O Mistério das Sete Igrejas do Apocalipse*
Tushita, O Reino da Felicidade – *O Novo Dharma de Maitreya Buda*
Comentários ao Livro do Dharma de Maitreya Buda
Nova Albion – *A Emergência de uma Nova Civilização de Luz*
A Cidadela do Amor
Para Além das Estrelas – *Os Horizontes da Astrologia Esotérica*
Os Peregrinos de Tula – *A Procura das Origens*
A Aurora do Novo Mundo – *Segundo a Doutrina dos Ciclos Históricos*
América Latina: *Magia e Poder*
Teocracia – *Tradição & História*
A Nova Sociedade Solar – *O Governo Internacional*
Shambhala – *O Retorno à Ocidentalidade*
Mitos, Símbolos e Dogmas do Budismo
O Jardim do Sol – *Signos da Idade de Ouro*
A Iniciação – *O Plano da Hierarquia*
Tradição e Transmissão
A Coroa e a Tiara – *O Pulsar da História*
Almas-Gêmeas – *O Graal da Nova Raça*
O Portal de Farohar – *O Mistério de Deus na História*
O Livro dos Chohans – *A Manifestação da Hierarquia*
Maitreya – *A Luz do Novo Mundo*
As Estações Astrológicas – *O Livro-Mandala da Astrologia Esotérica*
O Evangelho da Natureza – *A Ecologia como Base da Nova Lei Espiritual*
A Igreja do Novo Mundo
Cartilha Universalista – *Considerações sobre a Unidade na Diversidade*
O Regresso de Hiran – *A Cúpula do Templo*
O Ramo de Acácia – *Ensaios de Neo-Maçonaria*
O Segundo Templo – *A Missão da Ordem de Aquarius*
O Calendário da Nova Era – *Nova Síntese da Ciência do Tempo*
O Livro dos Portais – *O Plano Divino para o Final dos Tempos*
Terra 2001 – *A Cúpula de Cristal*
O Vôo do Condor – *O Renascimento Espiritual da América do Sul*
A Volta da Mariposa de Fogo – *A Tradição Tolteca e o Novo Nagualismo*
Jornal Paralelo ॐ – A Cultura da Idade de Ouro
Revista Órion de Ciência Astrológica